西古村镇系列丛书

西省住房和城乡建设厅组织编写

湘峪古村

薛林平 杨光 张稣源 于丽萍 高亚奇 著

中国建筑工业出版社

图书在版编目(CIP)数据

湘峪古村/山西省住房和城乡建设厅组织编写. —北京：中国建筑工业出版社，2013.2
（山西古村镇系列丛书）
ISBN 978-7-112-15852-2

Ⅰ.①湘… Ⅱ.①山… Ⅲ.①乡村-古建筑-介绍-沁水县 Ⅳ.①K928.71

中国版本图书馆CIP数据核字（2013）第219461号

责任编辑：费海玲 张幼平
责任校对：姜晓莲 赵 颖

山西古村镇系列丛书
山西省住房和城乡建设厅组织编写
湘峪古村
薛林平 杨 光 张稣源 于丽萍 高亚奇 著

*

中国建筑工业出版社出版、发行（北京西郊百万庄）
各地新华书店、建筑书店经销
北京方舟正佳图文设计有限公司制版
北京盛通印刷股份有限公司印刷

*

开本：787×960毫米 1/16 印张：$16\frac{1}{2}$ 字数：396千字
2014年1月第一版 2014年1月第一次印刷
定价：65.00元
ISBN 978-7-112-15852-2
(24595)

《山西古村镇系列丛书》

主　编：李栋梁　李锦生　翟顺河

副主编：于丽萍　张　海　薛林平

《湘峪古村》

著　者：薛林平　杨　光　张稣源

于丽萍　高亚奇

丛书总序

我曾多次到过山西，这里丰富的历史遗存和深厚的人文底蕴，令人赞叹，给人的印象非常深刻。山西省建设厅张海同志请我为《山西古村镇系列丛书》作个序，在这里我就历史文化遗产和古村镇保护等有关问题谈一些粗浅的想法。

国际经济社会发展的经验证明，一个国家城镇化水平达到30%以后，城镇化进程不断加快，随之出现城市建设的高潮；人均生产总值达到1000～3000美元时，进入经济发展的黄金期，也是多种矛盾的爆发期，这个时期不仅可能引发各种社会矛盾，还会出现许多问题。我国城镇化水平2003年就已经超过了40%，人均生产总值2006年已经超过了2000美元，国民经济快速发展，城镇化进程不断加速；在城市建设日新月异的发展中，中央又审时度势提出了"两个趋势"的科学判断，作出了加强小城镇和新农村建设的决策。过去，我国城市的大批建筑遗存，正是在大搞城市建设中遭到毁灭性破坏。现在，我国农村许多建筑遗产，能否在小城镇和新农村建设中有效保护，正面临着严峻考验。处理好小城镇和新农村建设与古村镇保护的关系，保护祖先留下的非常宝贵、不可再生的文化遗产，是历史赋予我们义不容辞的责任。

对于建筑历史文化遗产的保护，人们的观念不断创新、思路逐步调整、方法正在改进，从注重官府建筑、宗教建筑的保护，向关注平民建筑保护的转变；从注重单体建筑的保护，向关注连同建筑周边环境保护的转变；尤其是近年来，特别关注古村镇的保护。因为，古村镇是区域文化的"细胞"，是一个各种历史文化的综合载体，不仅拥有表现地域、历史和民族风情的民居建筑、街区格局、历史环境、传统风貌等物质文化遗产，还附着居住者的衣食起居、劳动生产、宗教礼仪、民间艺术等非物质文化遗产。我国现存有大量的古村镇，其历史文化价值和社会经济价值都是巨大的，按照英格兰的统计方法，古村镇的价值应占到GDP的30%以上。然而，认识到这一点的人并不多，甚至有人认为古村镇、古建筑是社会发展的绊脚石，这种观点对于文化的传承和社会的进步都是极为不利的。在快速推进的城乡建设浪潮中，我们所面临的最大问题就是，大批历史古迹被毁坏，大批古村镇被过度改造，使中华民族的历史文化遗产严重损坏。在这个时候提出古村镇的保护，实际上是一项带有抢救性的工作。

2008年1月1日开始实施的《城乡规划法》，突出强调了保护历史文化遗产的重要性；2008年4月又颁布了《历史文化名城名镇名村保护条例》。历史文化名城保护工作已开展近30年，历史文化名镇名村保护工作也已启动，现在大家基本达成共识，保护有价值的古村镇，其实就是"保护文化遗产，弘扬优秀的传统文化……保持民族性，体现时代性"。但是，当前全国历史文化村镇保护的形势仍然不容乐观，保护工作极不平衡，一些地方还未认识到整体保护历史文化村镇的重要性，忽视了周边环境风貌和尚未列入文物保护单位的优秀民居的保护，制定和完善保护历史文化村镇规划的任务还十分艰巨；一些地区片面追求经济效益，对历史文化村镇进行无限度、无规划的盲目开发；一些地方擅自改变国有文物保护单位的管理体制，交给企业经营管理。

作为华夏文明的发祥地之一，山西有着丰厚的文化积淀和历史遗存，不仅有数量众多的古建筑，还保存有大量的古村镇。由于山西历史悠久、民族聚居、文化融合、地形差异等多因素影响，再加之较为发达的古代经济，建造了大量反映农耕文明时代、各具特色的古村镇。这些古村镇，一是分布在山西中部汾河流域，以平遥古城为中心，以晋商经济为支撑，体现晋商文化特色；二是分布在晋城境内沁河流域，以阳城县的皇城、润城为中心，以冶炼工业及商贸流通为支撑，体现晋东南文化特色；三是分布在吕梁山区黄河沿岸，以临县碛口古镇为中心，以古代商贸流通、商品集散为支撑，体现晋西北黄土高原文化；四是沿山西省内外长城，在重要边关隘口，以留存的防御性村堡，体现边塞风情和边关文化，在山西统称为“三河一关”古村镇。这些朴实生动和极富文化内涵的古村镇，是人类生存聚落的延续，是中国传统建筑的精髓；保存有完整的古街区、大量的古建筑，体现着先人在村镇选址、街区规划、院落布局、建筑构造、装饰技巧等方面的高超水平；真实地反映了农耕文明时代的乡村经济和社会生活，凝聚了劳动人民的智慧，沉淀了中华民族的优秀文化，传承了丰富的历史信息；具有浓郁的地方特色和很高的研究价值，是人类共同的文化遗产和宝贵财富。

山西省建设厅一直对古村镇及其文化遗产的保护非常重视，从2005年开始，对全省的古村镇进行了系统普查，根据普查的初步成果，编辑出版了《山西古村镇》一书；同年，主办了“中国古村镇保护与发展碛口国际研讨会”，并通过了《碛口宣言》。报请省政府下发了《关于历史文化名镇名村保护工作的意见》，并分两批公布了71个“山西省历史文化名镇名村”，其中18处已经成为“中国历史文化名镇名村”。为大部分古村镇制定了科学的保护规划，开展了多层次的保护工作，逐步形成了科学、合理、有效的保护机制。为了不断提高人们的保护意识，他们又组织编写了《山西古村镇系列丛书》，本系列丛书撷取山西有代表性的古村镇，翔实地介绍了其历史文化、选址格局、建筑特色、非物质文化遗产，内容较为丰富。为了完成书稿的写作，课题组多次到现场调查，在村落中居住生活了相当一段时间，积累了大量第一手资料。通过细致的测绘图纸和生动的实物照片，可以看到他们极大的工作热情和辛勤劳动。这套丛书不仅是对古村镇保护工作的反映，更有助于不断增强全社会的文化遗产保护意识。让我们以此为契机，妥善处理保护与发展的关系，做到科学保护、有效传承、永续利用历史文化遗产，不断开创历史文化名镇名村保护工作的新局面。

是为序。

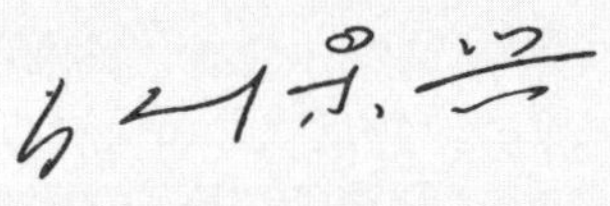

住房和城乡建设部　副部长

目　录

C O N T

E N T S

【第一章】

湘峪古村的历史文化

LISHI WENHUA

一、综述

漫溯九曲黄河一路东去，转而入晋，有支流沁河。顺沁河南下二十里，复逆湘峪河再进五里，有湘峪村背倚山崖，面水而居。晨钟暮鼓、流转传承间，这座山崖之上的小小堡寨，依稀还留存着三百余年前烽火战乱时的警惕和戒备。

时至今日，这座小小村落逐渐淡去了硝烟弥漫里的焦虑和紧张，已与一般的静谧乡村别无二致。花开花落、云卷云舒间，阡陌交通，鸡犬相闻，一派宁静与祥和的景象。唯有残留的残垣断壁和残砖瓦砾，默默讲述着明末滚滚硝烟中的往事。午夜梦回、乌鸟夜啼之时，不知又悄然入了谁的迷梦。

湘峪古村位于山西省东南部（图1–1），隶属晋城市沁水县郑村镇，距晋城市区约43公里。古村东与下东山村接壤，南与大安头村隔山相望，西连上半峪村，北靠南闵村。村中历史建筑区域东西长约280米，北宽约150米，南宽约100米，总占地面积约3.25公顷，总建筑面积达26800平方米[1]。村内建筑遗产独具特色，建筑群格局严整统一，是难能可贵的保存较为良好的明末堡寨式村落。2006年，湘峪古村被列为第六批全国重点文物保护单位。2010年，湘峪古村被列为第五批中国历史文化名村。

湘峪古村，原名相谷村。[2]因其山环水绕，环境优美，故在“相谷”二字上加上“氵”字和“山”字，更名为湘峪村。[3]湘峪古村的主要建筑群选址在湘峪河谷北侧的山崖上，建筑群周边堡墙环绕，东西南北四个方向各有独立要塞，拱卫主建筑群，用于屯兵防御。堡墙

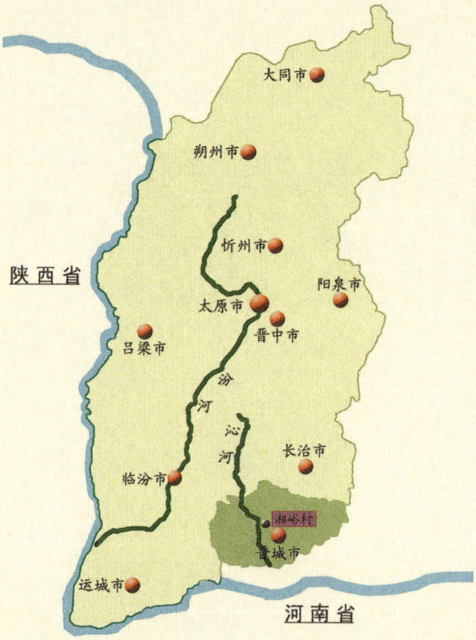

图1–1 湘峪古村区位图

1 国家文物局编．全国重点文物保护单位（第六批）[M]．第Ⅳ卷．北京：文物出版社，2008：411．

2 湘峪古村在不同历史年代有不同的命名方式，但为行文方便，后文中涉及村名时，统一采用“湘峪”二字。

3 何时更名不确定。民间讲更名者为当时的山西巡抚。相传他以为相谷村的孙家兄弟均科举有成，身居高位，是因为此地有山有水，风水极佳所致，故而更名。据资料记载，万历二十五年二月孙居相写给祖先的墓志铭上，仍称此为“相谷村”。而在康熙本《沁水县志》上，已经改成“湘峪村”。

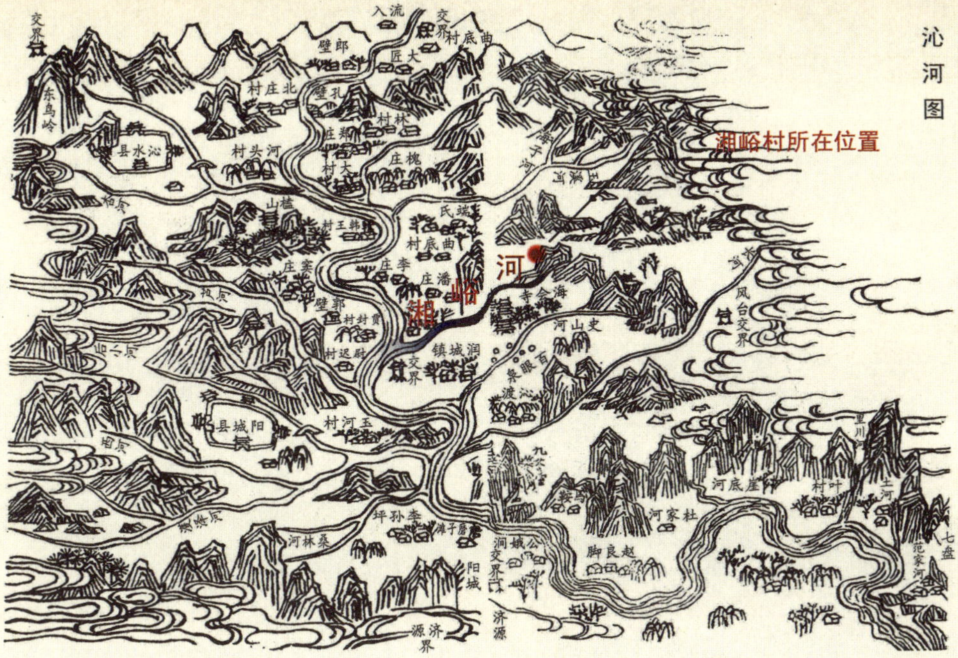

图1-2 清雍正《泽州府志》沁河图

图1-3 清雍正《泽州府志》沁水县境图

图1-4 湘峪古村远眺图

之下，有溪流自东向西缓缓流过，其名湘峪河。湘峪河由山间雨水汇集而成，水量充沛，终年不断。湘峪河流经湘峪村后，河道向南偏移，流经上、下半峪村，最终汇入沁河（图1-2、图1-3）。

古村格局在明朝末年已经基本形成，至今仍保存完整。村中主要的街巷为中街和南街。其中中街为古村的主轴，东西走向，基本贯穿各村落。南街平行于中街，地势比中街略低，亦是主要的公共生活走道，且与藏兵洞结合紧密，体现了独特的防御特征。村中其余街道皆垂直于中、南二街，北高南低，共九条，与中街、南街成丁字、十字交接，共同形成了“两横九纵”的形制，构成了湘峪古村的基本道路系统。

古村中遗存的历史建筑主要分布于中街两侧，并向南北方向顺山势延伸。古村中建筑类型完备，居住建筑及公共建筑各具特色。主要居住建筑有帅府院、三都堂、双插花院、“积庆”院、大男院、小男院、绣楼院、“居之安”院等，防御建筑有藏兵洞、瞭望楼，庙宇建筑以东岳庙为首，大大小小，数目众多。绝大多数建筑为砖木结构小式建筑，仅有藏兵洞为砖石结构的窑洞式建筑。地形的高差使古村建筑呈现出局部非对称的特征，在一

定程度上打破了平地建筑“四大八小”及簸箕院的严整格局，以求与地形环境相适应，体现了民居建筑的灵活性（图1–4）。

二、湘峪古村的历史沿革

1.群山之中，三县之交

晋东南地区丘陵遍布，山峦众多。其中，太岳山支脉岳神山位于沁水县东南部，山体自东向西。清康熙本《沁水县志》[1]中载：“（岳神山）在县东一百二十里。山高十余里，耸隆巍郡，亦沁水东南之巨瞻也”。湘峪村位于岳神山支脉之下，群山环绕间，与

1 （清）赵凤诏编纂：清康熙本《沁水县志》卷1，《沁水县志三种》本。

阳城、泽州二县相距不过数里，《沁水县志》中又说："……其上为岳神山，西南数里为湘峪村，又东南数里有老母掌，在凤台、阳城之界"[1]，"东岳深山，一曰洞阳山。仙洞一百二十里，接凤台界。高十余里，东北连老马岭，山麓为湘峪村。"[2]湘峪村与三县相邻，隔山而望，素有"鸡叫一声听三县"之说（图1–5）。

沁水、阳城、泽州三县在历史上分分合合，屡经废置，行政区域上多有重叠和变迁。三县地理环境优越，很早便有人类居住于此，历史文化逐步积累，如潺潺溪水，源远流长。该地区人类活动最早的遗迹可以追溯到两万多年前的下川遗址。[3]其后，因其独特的地理历史环境[4]而具备的重要战略意义，使得王侯将相多会于此，为后世留下了不少佳话。周

图1–5 清雍正本《泽州府志》泽州府四境图

1 （清）徐品山总修：清嘉庆本《沁水县志》卷6，《沁水县志三种》本。
2 （清）朱樟纂修：清雍正本《泽州府志》晋城市地方志办公室，2001年。
3 下川遗址位于沁水县城西70公里的下川乡，是一处旧石器时代晚期文化遗址，1970年发现。下川遗址分布于中条山主峰历山及其附近的阳城、沁水、垣曲三县毗邻的山岳地带，纵横二三十公里，以沁水县下川地区保存较好，遗存最为丰富，故称为"下川遗址"。据放射性碳素断代，年代距今约2.4万年至1.6万年，认定下川遗址为旧石器时代晚期后一阶段以细石器为主要特征的石器文化。
4 该地区独特的地理环境主要体现在交通上。想要从外省入晋，只有两条线路可供选择：其一为北走大同；其二则为穿河南走晋东南。总其言之，交通要冲的地位，是晋东南地区丰富历史文化的决定条件。

武王"封建亲戚，以藩屏周"，将第十六子封原[1]，开沁水县建制之先。之后，燕太子丹屯兵于燕丹寨[2]，秦名将白起阅兵于马踏营，光武帝刘秀讨伐铜马贼于汉天子岭，宋名将梁兴破金人于丹坪寨。[3]百年以来，硝烟不停，传说亦不歇。

三县不仅历史悠久，风景如画，且人才辈出，是科甲连绵的宝地。此间涌现出一批官场仕宦，文人雅士，述作繁盛，冠盖如林。如泽州县黄城村的陈廷敬[4]，极工诗文，器识高远，文词渊雅，入仕五十三年，曾历任工部、户部、刑部、吏部尚书，又出任《康熙字典》的总裁官；阳城县王国光[5]官至吏部尚书，官运坎坷，几进几退，前后从政四十年，万历年间辅佐张居正实行改革，对万历中兴起到了重要的作用。阳城县郭峪村，虽为晋商繁盛之地、煤铁之乡，却能儒贾并举，弦诵之声不断，自明代中叶至清初的一百多年间，郭峪村出过18位举人，15位进士，明清两代，"官侍郎、巡抚、翰林、台省、监司、守令者，尝不绝于时"，素有"金谷十里长，才子出郭峪"之俗谚。

2.乡野小村，不见经传

虽然周边名山揽胜，名人辈出，但有关湘峪古村的历史资料却少见经传。明朝之前，虽有《史记》、《汉书》等国史现世，但县郡志传的编纂并未普及。明朝建国之后，士人认识到"夫以方志保存史料之繁复：纪地理，则有改革疆域、面积分野；纪政治，则有建置、职官、兵备、大事记；纪经济，则有户口、田赋、物产、关税；纪社会，则有风俗、方言、寺观、祥异；纪文献，则有人物、艺文、金石、古迹"[6]，县郡修史之风始盛，乡绅举子亦以参与地方志的编纂为荣。沁水县第一部县志诞生于明朝永乐年间。此后沁水县八次修史，但多已散佚，无迹可寻，仅存康熙、嘉庆、光绪三版。即便如此，上述三版县志中关于湘峪村的记载不过寥寥数语，不足以让我们系统地了解湘峪村。

1 原地在今日的沁水县境内。
2 燕丹寨在今沁水县城境内故县村。
3 丹坪寨在今沁水县城境内涧河村。
4 陈廷敬（1638～1712年），原名陈敬，字子端，号说岩，晚号午亭山人，现山西省阳城县黄城村人。
5 王国光（约1524～1588年），字汝观，山西省阳城县上庄村人。
6 顾颉刚著，中国地方志综录·序。

图1-6 村中出土的汉砖

图1-7 《孙氏家谱》现藏本

关于湘峪古村的历史资料，主要来源于村中保存的家谱和口头的传说。家谱在"文革"时期损毁严重，湘峪古村建村年代也因此无实据可考。20世纪60年代，村民曾经在附近的山地上挖出过汉砖（图1-6）。由于汉砖数量不多，无法排除别处移往的可能性，且年代久远不可考，故虽有实证却不足为据。同时期，曾出土一块落款为元代的墓碑，墓主人姓韩，故有可能在元代已有韩姓在此居住。在孙氏之前，传说曾有崔氏[1]在此居住。但这种说法，亦无史料作为佐证。

湘峪村较为确切的史料记载，残存于《孙氏家谱》（图1-7）。根据《孙氏家谱》的记载"一世祖赞"："明初龙战，始迁自高平……浑浑。无怀葛天。惮烜无前编□初撰"，又云"有德辉者，其七世祖，自高平徙居沁之相谷，遂隶籍焉"[2]，"胜国时由高平县赤土坡移居沁水县相谷村"。[3]若此龙战作明元之战解释，则与胜国[4]相吻合，那么孙氏祖先在元末明初躲避战乱至此之时，湘峪村作为自然村落已经存在，或者孙德辉本人即为湘峪村最初的居民之一。

孙氏祖先最早在今天湘峪村偏西侧部筑屋度日，以耕种为生。之后，从孙富岩辈至孙居相辈，共有七代人居住于此，那时湘峪村是否具备了今日形制的雏形，亦不可知。

3.风云突变，化村为堡

明朝末年，农民与官府的矛盾尖锐到了不可调和的程度，各地农民揭竿而起，公然与官府对抗（图1-8）。尽管农民起义军来自农民，并且打着为农民谋福利的旗号，但由于

1 村中现存的崔氏并非当地居民，乃新中国成立之后搬迁至此。
2 文字载于村中现存《明茂才私谥孝懿孙梦得季君墓志铭》石碑。
3 文字载于村中现存《明故孙公讳富岩暨孙氏合葬墓》石碑。
4 胜国，即亡国，是指亡国的朝代。战胜的一方，成为昭代，即本朝。例如，殷商是胜国，则周朝是昭代；元朝是胜国，则明朝是昭代。诸如此类。

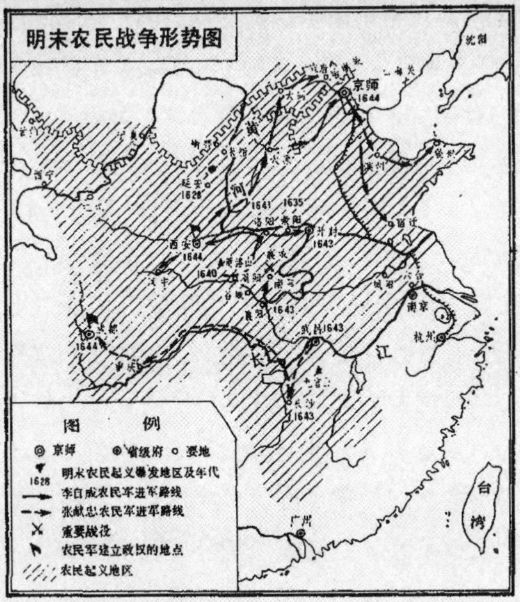

图1-8 明末农民战争形势图[1]

其阶级的局限性和队伍的复杂性，起义之初高举的“劫富济贫”口号经常以烧杀抢掠的野蛮形式表现出来，“崇祯四载，流寇猖狂……五六年间，邑民涂炭……”[2]，起义军所过之处，一时哀鸿遍野，人心惶惶。崇祯年间，陕西大旱，压迫深重，天灾辅以人祸，当地居民口中无食，身上无衣，只得揭竿而反，农民起义自陕西率先爆发。陕西、山西二省联系紧密、相生相依，唇亡必定齿寒，席卷陕西全境的不安定因素，旋即也给山西地区带来了巨大的恐慌。

农民军的冲击虽大，但山西本是军事重镇，明朝“九边十一镇”[3]中，于山西就有太原镇、大同镇和真保镇三镇，占总数的近三成。这些军事重镇，对外御敌，对内防贼，“关内用以防奸，关外兼以敌忾”[4]，对明朝巩固政权起到了关键作用，也是构成山西地区军事防御系统的主要组成部分。这些军事重镇建有城防堡寨，固若金汤、易守难攻，故农民起义军所过之处，百姓纷纷逃入其中，以避兵祸。一时千里萧索，人去楼空，农民军虽空有武力，然无的放矢，自然不战而退。堡寨中众人据险以守，占尽地利，若农民军退兵辄退兵，不退辄严防死守，坐等官军来救。这种坚壁清野的方法，既不损耗军力，又能为守军争取时间，仿佛灵丹仙药、屡试不爽（图1-9～图1-11）。

1 张传玺，杨济安著．中国古代史教学参考图集[M].北京：北京大学出版社，1984.

2 （清）杨念先著．陕西省阳城县乡土志[M].民国23年铅本．台北：成文出版社，1968:16-17.

3 明万里长城东起丹东的鸭绿江，西止祁连山下的嘉峪关，绵延万余里。分九“边”管辖，每“边”为一“镇”，被称为九边重镇。初设辽东、宣府、大同、延绥四镇，继设宁夏、甘肃、蓟州三镇，又设山西、固原两镇。自明成祖时期起，经洪熙、宣德、景泰、天顺、成化各朝，至明孝宗弘治年间建设完成。明嘉靖年间，为加强京城的防务和保护帝陵的需要，又在北京西北增设了昌镇、在北京西南增设了真保二镇，共计为十一镇，合称为“九边十一镇”。

4 （清）汪嗣圣纂修．山西省朔州志[M].清雍正十三年石印本．台北：成文出版社，1967:35.

边防重镇的城郭堡寨多分布于山西北部，而晋南、晋东南多是自然形态的村落，堡垒甚少，军备空虚，即便遇袭，北部虽有官军，鞭长不及马腹，亦是应接不暇。崇祯三年始，陕西农民军将主战场向东迁移，大举入晋，譬如后来声名渐起的李自成、张献忠、罗汝才、马守应等（当时仍多为王嘉胤部将），便将防卫薄弱的晋南、晋东南作为进攻的主要目的地。《明史》中记载："崇祯四年，河曲流贼王嘉印（胤）转掠至阳城"，然而局势突变，王嘉胤为内奸所杀，"其党复推王自用为首，号紫金梁"。绰号"紫金梁"的农民起义军首领王自用这个名字，自此变成了晋南、晋东南人最大的梦魇。王自用号称领军三十六营，军士二十万，多次与明军周旋，声势浩大，竟能分庭抗礼、胜负不分。自崇祯四年（1631年）始，至崇祯六年（1633年），王自用部多次侵扰沁水、郭峪、润城、屯城一带，晋南、晋东南为之震恐。农民起义军的劫掠侵扰为沁河流域带来了前所未有的危机："紫金梁等犯县之郭谷、白巷、润城诸村，杀掠数千人而去……九月，贼众数万自沁水武安村入县之屯城、上佛、白巷、郭谷、北留诸村……"一时死伤惨重，城毁人亡。

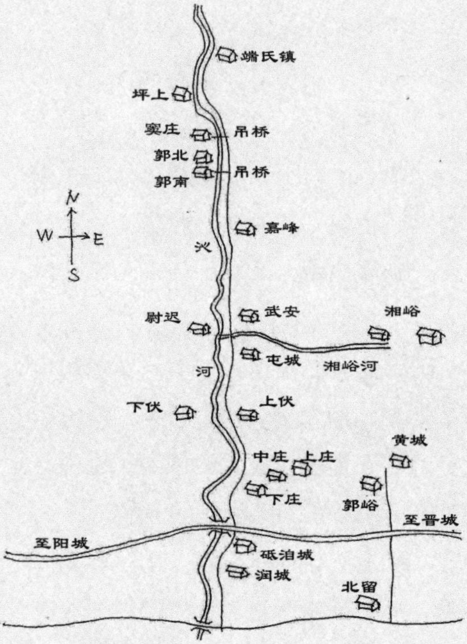

图1–9 沁河流域古堡群分布

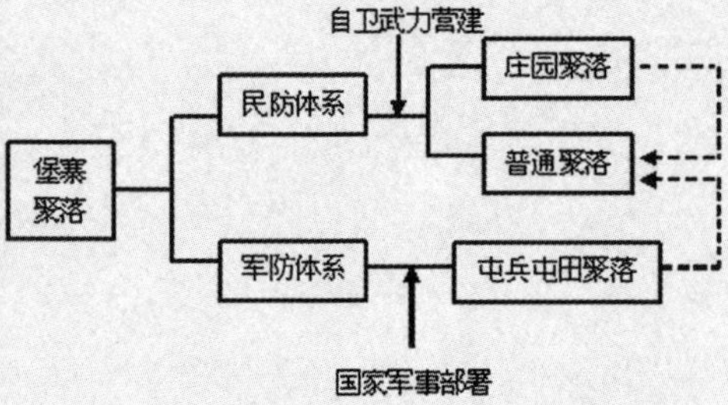

图1–10 堡寨聚落的民防与军防体系[1]

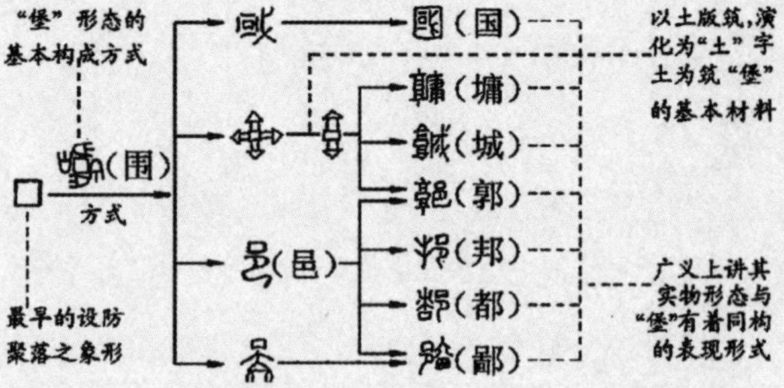

图1–11 堡寨形式构成及演变[2]

1 王绚著，传统堡寨聚落研究——兼以秦晋地区为例，东南大学出版社，2010年。
2 王绚著，传统堡寨聚落研究——兼以秦晋地区为例，东南大学出版社，2010年。

关于湘峪村是否受到了王自用部的侵扰，目前找不到确切的文献记载，孙氏兄弟当时的反应，村中未留下确凿的文字记载。但我们可以参考同时期、距湘峪村不过一山之隔的黄城村的文字记载，一窥当年风火战乱的生死危机中沉着搏命的智慧和胆识。

黄城村斗筑居庄园与湘峪古村类似，亦是堡寨聚落，周遭围墙，四面建设角楼。最初，黄城村仅有一座河山楼，作为防御工事。仅有的这座高楼，为居民带来极大的保障。当时的黄城村斗筑居庄园主人陈昌言曾在《河山楼记》中这样描述在高楼中躲避侵害的过程："……至七月砖工仅毕，卜十之六日立木，而十五日忽报贼近矣。楼仅有门户，尚无棚板，仓惶备矢石，运粮米、煤炭少许，一切囊物俱不及收拾，遂于是晚闭门以守，楼中所避大小男妇，约有八百余人。次日寅时立木……届辰时，贼果自大窑谷堆道上来，初犹零星数人，须臾间，赤衣遍野，计郭峪一镇，辄有万贼。到时节劈门而入，掠抢金帛。因不能得志于楼，遂举火焚屋……寇仍日夜盘踞以扰，至二十日午后方去……逡巡至八月间，无枝可栖，余奉老母暨家属，始移入城。期弟以再生之身，独不入城，谆谆以竟楼工为事。至冬月而楼乃渐就绪，且置弓箭、枪、铳，备火药，积矢石。十月内贼连犯四次，将薪木陆续尽毁，期弟率人护守，毙贼于矢石下者多人。数次所全活者不啻万计……"。[1]有了高楼的庇护，黄城村村民在这场浩劫中得以保全。"寇连犯五次，终不能得志。族戚乡邻，所全活者约有万人"，但考虑到楼内有限的空间并不能贮藏足够的牲畜、物品，陈昌言决定带领众人在高楼周围建堡自卫，"筑楼既有成效，则筑堡之效较然可知。且余庄坐落不甚阔，其庄人俱属同宗，无难家自为守。于是聚族长而谋之，再四申说，晓以同舟之谊，期共筑一堡，以图永利。"自我保护的需要促使湘峪古村迅速军事化，修建堡墙、挖掘护城河，摇身一变成为一座防御性堡寨。自然形态的乡野小村已经变成了过去，高墙林立，角楼森严，足以让冷兵器时代的进攻者望而生畏。

陈昌言字字句句，危难之际，应变之道，跃然纸上，黄城、湘峪两村不过一山之隔，情况或许相似。"余乡僻处隅曲，户不满百，离城稍远，无险可恃，无人足守，日夜焦心，谋所以避之"，是陈昌言在《河山楼记》里的心绪，或许也是当时孙氏兄弟的心声，于是"筑砦楼御寇，保聚一乡"。崇祯七年，即公元1634年，一座以高高围墙镇守的民用堡寨拔地而起。

关于湘峪村建堡修寨的具体信息，随着《孙氏家谱》的残破散佚石沉大海。关于堡寨的最初构想、规划图样、防御设施、始建年代，都成为无法深入考证的推测。在战火连绵

1 （明）陈昌言著：《河山楼记》，见栗中田编注：《皇城石刻文编》，1998年。

的明末，以及之后的硝烟岁月中，湘峪古堡与遍布于晋南、晋东南的其他民用堡寨一起，穿插在军事要塞之间，发挥了不可替代的基层防御作用。

4.明清之后，逐步发展

湘峪古村今日的格局，肇始于孙氏第七代后裔孙居相辈。经后世的不断加建、扩建，明清两朝，湘峪村的基本形制基本形成。民国时期，虽有局部加建，但对整体格局影响不大。

新中国成立之后，实行土地改革，独门独院的地主阶级生活作为反动典型被消灭，单体的院落被分给若干人家共同居住（图1-12）。20世纪60年代，村民对村中建筑进行了拆改，将闲置多年的三层、四层的建筑降至二、三层，原有屋面梁架被拆换，一些记录历史信息的花梁也因此无从寻觅。20世纪80年代至今，人口激增，导致住房需求增大，遂在原建筑群的北侧和东侧增建新的居住建筑，导致了湘峪村格局第二次重大的变动。新建建筑

图1-12 多家共用一座院落

图1-13 村中新建住宅

图1-14 具有“文革”时期特征的门环

图1-15 带有“为人民服务”字样的用具

图1-16 村内原有家具布置

图1-17 遗存室内家具陈设

（图1—13）多为现代风格的平屋顶或坡屋顶，与传统建筑不甚协调，地势高于原有建筑，损害了湘峪古村的整体风貌（图1—14、图1—15）。

随着时代的发展产生了新的交通方式，旧有的街巷尺度无法满足生活需要，湘峪村村民在村落北侧沿北侧堡墙旧址修建北街，以方便机动车行驶。

在“破四旧”运动中，不少家谱、石碑等文物遭到破坏，为文字考证带来不便。此外，为了一己之私而私自出卖砖雕、柱础的现象严重，人为破坏亦使湘峪村古建筑境况堪虞（图1—16、图1—17）。

三、湘峪古村的孙氏家族

湘峪村规模不大，人口构成相对简单。村中民众，以孙姓为主，血缘和宗族关系是湘峪村社会生活的纽带。自孙氏家族始祖孙德辉始至今已经历经22代，孙氏仍是村中大姓氏。可以说，湘峪村的历史，很大程度上，就是孙氏家族的历史。

据村中人讲，在孙氏家族迁居至此之前，村中原有崔姓。由于崔氏缺乏男丁，子息衰弱，家族衰败，孙姓始为村中大姓氏。村中传说崔氏祖坟在公鸡圪塄。公鸡圪塄，即一块形似公鸡的大土堆。崔氏祖坟恰好在公鸡嘴下的位置，用当地老话儿讲，崔氏是被公鸡吃掉了，即是在风水上犯了地名的忌讳。

据《孙氏家谱》[1]（图1—18）记载，元末明初，孙氏始祖孙德辉为避战乱，背井离乡，自

1 现存的《孙氏家谱》损坏严重，编纂年代不详。

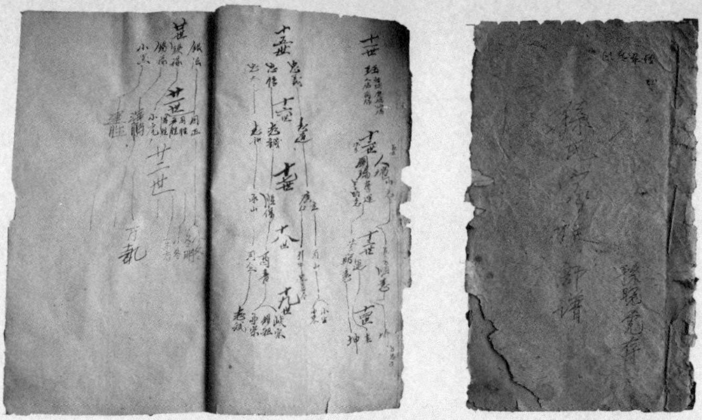

图1—18 村民孙小虎藏本《孙氏家谱》

高平县迁徙至湘峪村，“遂入沁籍”。迁徙之初，孙家人主要以农耕为主。他们开垦荒地，繁衍生息，力求生存。随着人口的繁衍和自然环境的恶化，到第四代时，农耕生活已不足以糊口度日，一部分孙氏族人不得不背井离乡，到山东一带经商谋生。[1]经商虽使孙家脱离了经济上的窘境，但封建社会中素有“士农工商”的等级观念，即便是明朝后期士人和商人的界限渐趋模糊，但商人的社会地位也并不高。俗语云：“万般皆二等，唯有读书高”，在当时人们眼中，只有读书科举，才是光耀门楣的不二法门。故，在孙氏第七世孙孙居相、孙鼎相投身科举、声动朝廷之后，孙氏家族才变成名副其实的沁水望族。

1.孙居相

孙居相[2]（图1—19），字拱阳，一字伯辅，是孙家第七世子孙，也是将家族引向顶峰的重要人物。他与三弟孙鼎相，均是明末著名的诤臣。孙居相一生改陋习、除弊端、惩腐败、倡廉洁，直言进谏，不畏强权，声动朝野。他的升迁，为孙氏家族带来了兴盛，“推恩三代”（图1—20），向上他的父亲孙辰、祖父孙廷桢，都因他而获得追赠；向下许多子息获得荫庇，进入乡学、县学深造。孙家自此文风大盛，小小村落，不过几十家，明清之季，出进士、举人数十人，当地素有“湘峪山庄上下佛，举人秀才数不清”的说法。

孙居相生于明嘉靖三十九年（1560年）九月九日，为家中长子。其父孙辰[3]，曾任云州

1 文见：孙如琮《家谱小序》：“古人死徙不出乡，以其有本业也。季世而下，田瘠人贫，能守土而重迁者，盖亦鲜矣。吾族十世之中，若先若泽者，出游于山东之而作贾。其□匪得而□焉”。

2 孙居相，武安东里人，万历戊子经魁，壬辰进士，任山东恩县知县，历官仓场总督、户部尚书。

3 孙辰，居相、鼎相父，封恩县知县，加封福建道监察御史，加赠工部主事、陕西按察使司、太仆寺卿、都察院右副都御史，累赠光禄大夫，户部尚书。

吏目，但很早便辞官归家，以耕读为生。《孙氏家谱》中有载："于皇我祖，内行纯□，□金还女，友义克笃。不卑抱闰，早返初服。□志……耕载耨，授以义经。鹏抟凤翥，司农……路"，所述即是此事。孙居相是万历壬辰科（1592年）进士。初入官场时任山东恩县知县，在任七年，颇有政绩，物阜民安，庶务毕举，"豪猾敛迹，黎庶倾心，商旅出途，邻封质成者，日填塞于路"[1]，深为当地百姓所爱戴，离任之时，"民留之不得，慕之益切"，遂建生祠以纪念，"见其祠，唏嘘感叹，有如甘棠勿剪，岘山堕泪者"[2]，其得民心至此。

图1—19 孙氏祠堂中的孙居相木雕像

图1—20 原牌楼上的"恩荣四世"匾额

1 （明）孙居相著：明万历本《恩县志》卷6。
2 （明）孙居相著：明万历本《恩县志》卷6。

孙居相不仅精明实干、颇有政绩，同时也重视文化建设。在恩县任职期间，孙居相主持编纂了《恩县志》六卷，以为“恩志创于天顺，庠博丁君球嘉靖丁酉始缮成之。粤万历乙亥、己丑，韩、吴二公咸有事增辑，各以轶陟秩登朝去，未臻厥成。志之新，岂固有待乎哉！岁癸巳，命受命绾符兹土，问文献之修缺，乃猷诸学博士及二三弟子，考图史，探故实，益旧裒新，订为六卷五十三目。各有论著。虽政由俗革，事因时改，然今昔梗概，此其大备矣。若夫行远徵信，尚俟于博雅君子”。[1]万历《恩县志》至今尚存，为研究恩县当时的状况提供了翔实的资料。

孙居相在恩县的政绩受到了嘉奖，随即获得升迁，累任南京御史、巡按直隶巡视凤阳等仓、带管屯田马政、南京福建道监察御史。当时，“时中外多缺官”，“居相兼摄七差，署诸道印，事皆办治”[2]，展现出极强的工作能力。任职期间，他不畏强权，负气敢言，屡次上疏[3]，直言政事，多仗义执言，评论朝中弊端，抨击负面势力，提出治乱安定之法。

孙居相前后任中央和地方要员，六部之中，曾在五部任职，政绩斐然。他敢于揭露腐败现象，“公八面应之，直气正言，终无所慑”[4]，于是“权珰敛迹，风采毅然”。然而，那时朋党势成，言路不肖者率附吏部，以驱除异己，其气势嚣张，孙居相自然遭到当时权贵的憎恨。孙居相虽屡遭诬陷，排斥打击，但仍大义凛然，直声大著，严气正性，无所畏惧，百折不回，“挺身与抗，气不少沮”，“连疏措柱，诸人迄不能害”。[5]

万历四十二年(1614年)，孙居相告病归乡。万历四十五年(1617年)，按年例外放为江西九江道右参政，孙居相称病不就。天启二年（1622年）孙居相重新出山，屡次加官晋爵。但因魏忠贤与熹宗乳母客氏勾结，专权擅政，排斥异己，斥逐言官，横行肆虐，迫害东林党人，故同年之冬孙居相又失望引疾而归。崇祯元年(1628年)，孙居相以68岁高龄起任户部右侍郎，理钱法，专督鼓铸。同年，改任吏部右侍郎，进吏部左侍郎，又晋升户部尚书总督仓场。不久因与杨时化通信中有“国事日非，邪氛益恶”的字样，为别有用心者所得，不久便革职下狱，谪戍潞州。崇祯七年(1634年)九月四日一代诤臣蒙冤枉死，享年75岁。

---

1 （明）孙居相著：明万历本《恩县志》卷1。

2 （清）张廷玉等编纂：《明史》卷240，中华书局点校本，1974年。

3 孙居相曾作《星变陈言疏》、《为诸臣争职掌疏》、《地方火灾疏》、《请补南都大臣疏》、《请宥直臣疏》、《追论漏网河臣疏》、《比例请恩疏》、《劾罪勋抗旨疏》、《救言官疏》、《请旨申饬积玩疏》等。

4 引自《三台奏议序》。

5 （清）张廷玉等编纂：《明史》卷240，中华书局点校本，1974年。

2.孙可相

孙可相为孙辰次子，家谱中关于孙可相的记载损残，其字号、生卒年月均不详。仅从村中残存的石刻碑文上，推断孙可相为儒官。[1]儒官，即古代掌管学务的官员或官学教师。故据此推测，孙可相可能秉承其父之道，作为教书先生，亦以耕读为生。村中有孙可相残碑，碑文载："公讳可相，明故显考孙公之墓。□□四十年清明吉旦，嗣子孙如琛泣血立"。据《孙氏家谱》及有关碑志所记进行推断，其长兄孙居相生于明嘉靖三十九年(1560年)，其三弟孙鼎相生于嘉靖四十三年(1564年)，可以推断排行第二的孙可相应出生在嘉靖三十九年和四十三年之间。孙可相墓碑中"□□四十年"的字样，根据年号推断为万历四十年(1612年)，若孙可相死后同年刻碑，则孙可相享年50岁。

3.孙鼎相

孙鼎相[2]，字叔享，又字玉阳，别号涧泉居士。生于明嘉靖四十三年(1564年)，孙居相之弟，是主持修建湘峪古村的重要人物之一。因其在兄弟中排行第三，又曾在尚书省担任要职[3]，故其府第称为"三都堂"。传说湘峪古村"三都古堡"的别名即来源于此（图1-21）。

孙鼎相是万历二十六年(1598年)进士，为人"忠厚和平，中有清严公正之体"。[4]与孙居相秉性相近，孙鼎相亦是清正廉明的清官，时刻以国家为己任，不畏权贵，敢怒敢言。

考取进士之后，孙鼎相被授职松江推官，掌理刑名，赞计典，颇有政绩。万历三十二年(1604年)，他升任工部营缮司主事。万历三十五年(1607年)，调兵部武选司主事。万历三十六年(1608年)，孙鼎相因父丧丁忧回家，不久，又经母丧。服丧期满，孙鼎相于万历三十九年(1611年)，任礼部主客司主事，升员外郎。万历四十年（1612年）调吏部稽勋司员外郎，又升验封司员外郎。万历四十一年(1613年)，调考功文选司员外郎，升稽勋司郎中。

1 村中现存《明故孙公暨配张氏合葬墓志》石碑上有"儒官可相"字样。

2 《明史》中有传："弟鼎相，历吏部郎中、副都御史，巡抚湖广，亦有名东林中"。

3 都堂为尚书省总办公处的称呼，"都"是总揽的意思。唐、宋、金称尚书省长官处理全省政务的厅堂为都堂。明称各官署长官为堂上官，简称堂官，都察院长官都御史、副都御史、佥都御史，以及差遣在外的总督、巡抚之带有上述官衔者，皆通称都堂。

4 （清）赵凤诏编纂：清康熙本《沁水县志》卷7，《沁水县志三种》本。

图1—21 三都堂匾额

后因身体不适，归家养病。于万历四十七年(1619年)，重新投身官场，升任陕西参政。

若把万历四十七年看做一个分界点，即孙鼎相55岁之前，在六部之中接触的范围很广，阅历十分丰富。他40岁任职营缮司，营缮司是主管皇家宫廷、陵寝的建造、修缮等的部门，他必定接触建筑规制和相关营建技术；47岁出任礼部主客司，主客司是掌宾礼和接待外宾的部门，借此，他应当对国外的风土民情有所了解。我们可以大胆推测，孙鼎相在湘峪古村的修缮过程中，这些经历必定产生了重大影响，古堡中不同于周边其他村落的建筑形制，或许就是这种影响的结果。

天启元年(1621年)，孙鼎相升任肃州兵备按察副使。天启二年(1622年)，任太仆寺少卿。同年，改任光禄寺少卿、太常寺少卿。天启四年(1624年)，升太仆寺卿。同年，任巡抚湖广，提督军务，兼都察院右副都御史。孙鼎相公正严明，大胆改革，在掌管漕运期间，"力拒大珰私请，干没诸弊，省工费数万。历铨曹，不徇情。备兵肃州，屯田裕饷"。[1]孙鼎相性格耿直，才华卓越，"入为卿寺及三抚楚，卓乎群才之上"，因而见忌群小。当时阉党横行，东林蒙祸，"凡《天鉴》、《同志》诸录流布"，孙鼎相位列其首，"几不免虎口矣"。[2]然而，"与兄居相并列东林，身为射的，志不稍挫"，实乃"盖古君子也"。崇祯十五年(1642年)，被征召授官户部右侍郎，孙鼎相以年迈不便，称病不就，从此退出官场，终老故里。崇祯十六年(1643年)卒，终年79岁。

4.孙立相

孙立相为孙辰四子，字号、生卒年不详。《孙氏家谱》载孙立相私谥"孝懿"，素以忠孝仁义著称。孙立相年少聪颖，"弱不好弄，落笔有异想"，19岁便成为廪生。孙

1 （清）朱樟纂修：清雍正本《泽州府志》，晋城市地方志办公室，2001年。
2 （清）朱樟纂修：清雍正本《泽州府志》，晋城市地方志办公室，2001年。

图1—22 茂才私谥孝懿孙梦得季君墓志铭

立相年少丧母，“日夕号泣，如老成人”（图1—22）。孙立相侍奉父亲孝顺勤谨，孙辰年事已高，身体抱恙，立相遂“夜分坐卧榻前，摩背俞涤中……又数年如一日也”。孙辰死后，孙立相侍奉继母、胞妹，事无巨细，无微不至。奉行孝悌之道，有儒侠之风，甚为同代人所欣赏。南州舒元直曾赞曰：“夫为子弟而使兄安于……父安于家，食其精诚，岂易言乎哉！太平……西来师于最久，谓季子虽萧然如寒……肝胆，以笃□义。噫广而俭，文而有礼，传称……如是。是其遗风欤”。[1]

目前湘峪村中的孙氏后裔，多是当年三房和四房，即孙鼎相与孙立相两支的子息。[2]长房（孙居相）现有一支在山东，目前仍有后裔。二房（孙可相）一支迁往韦钉[3]，在当地建起孙家大院，修建有亭台楼阁，一时蔚为壮观。当地俗谚称“韦钉的阁，海会寺的塔，不高不低十八阶”。

孙家至孙居相、孙鼎相一辈炬赫一时，子孙受荫庇入乡学者众，孙家至此文举之风盛行，直至清朝绵延不断。文化的兴盛带来子嗣繁盛，至第十二代子孙已达四十余人。在清朝年间，孙家举人秀才层出不穷，有“九斗九升芝麻官”之称，但再也没有像孙居相、孙鼎相这种居高位者。

明清之际，不少外来人口为躲避战乱，或是逃荒，迁入湘峪村，湘峪村因此变为杂居，以孙氏、张氏、樊氏、韦氏、王氏为主。本村其他姓氏中赵、孙、樊三姓，亦均出过科举功名。

1 文见《孙氏家谱》。
2 在调研过程中，我们还发现村中还有少量孙大相的后裔。孙大相为孙居相等人的叔伯兄弟。
3 韦钉村，现存何处不详。

图1-23 孙居相墓石牌坊

四、湘峪古村的名人墓葬

湘峪古村有名的墓葬有两座，即孙居相墓（图1–23）和孙鼎相墓。由于岁月悠长，饱经沧桑，这两座墓葬屡遭破坏，孙鼎相墓已经难以寻觅，其墓碑亦不知埋于何处；而孙居相墓虽屡遭浩劫，但其遗迹尚存。

孙居相墓碑（图1–24）仍存，横卧于田埂之际，上书：“公生于嘉靖庚申九月九日，卒于崇祯甲戌九月四日。享年七十有五。妣生于嘉靖壬戌十月二十一日，卒于崇祯庚午四月十五日。享年六十有九。妣生于万历庚辰十一月十三日，卒于大清顺治戊子十二月二日。享年六十有九。明总督仓场户部尚书显考孙公暨配诰封夫人显妣马氏、孺人高氏合葬墓。

孝子：如壁、如瑜；孙：掾、抒、抡、撰、抒、挹、抃；曾孙：元升、元亨、其暹、其丛、元曦、其鬲、其显、其兰、其晟、元善；玄孙：楠奉祀。敕封孺人孝女张门孙氏、夫浦道副史孙张道湜同立。”

现存孙居相铜像一尊，高15厘米许，存于孙氏后代孙小全家中。这尊铜像身着官服，头戴官帽，正襟危坐，身体微福，面目慈善，显出一派儒官气息。

孙居相墓位于湘峪古村东北约两公里处的山坡顶，现已经改为田地，石牌坊下奠基虽重新修复，但无奈根基已松，还是于2009年倒塌。在此之前石牌坊一直屹立于小山岗上。据

图1–24 孙居相墓碑

图1–25 倒塌的孙居相墓石牌坊

以往的资料看来[1]，石牌坊为四柱三间三顶式，三个石顶进深出挑均为1米左右，共由八组石斗栱相托；石斗栱为三踩单翘品字斗栱，每一踩宽0.5米；石螭吻粗大高耸，高1米，宽0.73米，精雕细琢，螭吻眼神如炬，张口咬住正脊，尾部正上翘起，神采奕奕；四柱两面均有石鼓石狮夹杆石相贴，石鼓由须弥座托起，鼓心雕刻花卉、神兽，每一个石鼓之上俯卧嬉戏玩耍的一对狮子，公狮子咬逗玩耍，母狮子脚踩绣球、怀抱小狮子，形态各异，活灵活现。残存的几组石狮之中有的昂首张嘴，有的嘴叼粗绳，寓意深刻，引人联想。孙氏石牌坊中间高悬“恩荣四世”石匾额，字迹工整，铿锵有力。匾额至今闲置于湘峪古村东城门内。

据村中老人回忆，在孙居相墓所在的山还没有通路之前，墓神道两侧均依次陈设有文官、武将、石虎、石羊、石马等石象生，其墓碑前曾有香炉宝鼎，用以祭拜。然而今日，石供桌、石炉等祭祀用品已经散佚，宝鼎早已被夷为平地，种上庄稼，宝鼎四周原有的松柏林木尽毁（图1—25）。精美的装饰大多数已经丢失，残留一些损毁比较严重的石羊、石马散落于陇亩之间，这些遗迹已被淹没在了历史长河之中。[2]

五、传统文化及民风民俗

在湘峪村调研时，村里人和蔼可亲，淳朴厚道，给我们留下了深刻的印象。村中白日院门敞开，村民随意走动，串门闲谈，和乐如一家人。在闷热的午后，村民们聚集在街边树荫下，下棋、闲聊，小儿游戏左右，黄犬伴人身旁，一派“黄发垂髫，并怡然自得”的景象（图1—26、图1—27）。

湘峪古村在漫漫历史中慢慢积淀，逐渐形成了自己浓厚的历史文化。这些传统文化抑或民风民俗，或是反映了其所在区域的区域性特征，或是当地独特的小环境所孕育出的独特习俗。在夕阳斜照的傍晚，听村中老人缓缓讲来，别是一种漫上了时间印记的沉香。

1 2004年现场调研时，石牌坊仍在，有影像资料存留。

2 虽然孙居相墓已公布为沁水县重点文物保护单位，但已经损毁殆尽。坍圮之后，碎石断柱落于田埂之间，令人惋惜不已。

图1–26 院子里的小孩和狗

图1–27 掀开门帘子偷看的小孩

1.年节风俗

湘峪人重视节日庆典，一年大小节日，从初一到年三十，各有各的规矩和讲究。这些节日中，有中华民族所共有的大型节庆，也有晋东南地区的地域性节日，更有一些，是湘峪村独有的节日。这些节日，或是为了表征历法节气，提示农耕活动，或是为了趋吉避恶，追求和乐生活，或是为了纪念先人，弘扬高尚品格。村中老人提起节日，总有说不完的话。随着时代的变迁，外面的世界逐渐渗入了湘峪人的生活，各种新鲜事物冲淡了人们笃信的传统。一些传统节日和习俗，比如大年初一祭祖，如今只存在于老人们的回忆里。外来文化的冲击，导致了传统文化的断层，一些传统节日已经离我们远去。传统文化的传承，境况堪忧。

在湘峪村，一年之首，最大的节日是春节。旧时候，大年初一早晨，村中孙姓的子孙，都要身着蓝布大马褂，到孙氏祠堂磕头祭祖。孙氏祠堂中，设孙居相木像，孙氏子孙按辈分、年龄站定，烧香祝祷，磕头跪拜，气氛肃穆，煞是庄严。村中老人讲起当年祭祖的场景，仍是一脸的严肃。新中国成立之后，封建家族式观念逐渐瓦解，祭祖活动亦随之消失。

湘峪春节，流传下来的旧日习俗是做枣糕。枣糕用泡麦面做成，点缀以红枣，红红白

图1—28 大年初一早上敬献的猪和羊[1]

图1—29 正月十五的孔雀花灯

白，别是增加了节日的气氛。村中人每次做枣糕时，总不忘做两个猪、羊形状的枣糕，并在大年初一早上对“老爷”进行敬献，体现了湘峪人对平安喜乐生活的一种向往（图1—28）。

湘峪的风俗，正月十五前的枣糕要保鲜，需装缸密封。过了十五就要做成干枣糕。干枣糕的形成有两种方法：一是风干，二是烘干。风干的枣糕掰开后面层分明，像圆木的年轮，可以看出揉挤的功夫，是未出牙的小孩爱嚗的食品。烘干的枣糕吃起来咯嘣作响，香甜酥脆，分外爽口，又是一番风味。

在湘峪村，春节的欢愉一直持续到正月十五。正月十五元宵节一过，春节才算真正结束。在正月十五这一天，放花灯、猜灯谜，湘峪村的村民的庆祝方式与全国各地别无二致。在村里，曾经举办过花灯大赛，村民们心灵手巧，作品亦细腻灵光。花灯以铁线做骨，糊上彩色的薄纸，中间放上烛火，夜幕降临，烛光悠然，美轮美奂。更有村民在花灯下面安装轮子，孩子们可以拖着花灯玩耍，十分有意趣（图1—29）。

1 http://blog.sina.com.cn/lkp780316.

春节之后的一个重要的节日要数添仓节。添仓节是中国北方所特有的节日，分布很广，起源亦早。早在宋代，孟元老在他著的《东京梦华录》里，就提到过添仓节："正月二十五日，牛羊豕肉，恣飨竟日，客至苦留，必尽而去，名曰添仓"。传说正月二十五是仓神的生日，故在当日，所有与粮食有关的行业都要进行祭祀活动，以祈求来年的丰收。在各地，添仓节的日子并不严格统一。在湘峪村，添仓节为农历正月十九日。是日，当地百姓会把水缸挑满，米仓添满，并蒸添仓疙瘩，以祈好运。做添仓疙瘩时，先做一个长圆形的面馍馍，代表谷仓。之后，把柿子饼碾碎，与江米混合和面，做成条状物，放在面馍顶上，代表谷仓满溢冒尖，意寓好收成。

添仓节之后，到了二月二。天气转暖，村民着手准备春耕活动。为了防患虫害，村里流传着一套祭祀香盏婆婆的仪式。在农历二月初一的晚上，村中人要举行敬"香盏婆婆"的仪式，请她把"虫虫蚁蚁拨拉过"。并用黄表纸画上两根神针钉死一个蝎子（或画一只公鸡，口衔蝎子尾巴），上书"二月洋洋，日出东方。神针一钉，五毒不生"，或"二月二，天雷节，神针钉，五毒灭"字样，贴到屋门后。二月二早晨，摊煎饼分食，让孩子们拿着昨夜献给香盏婆婆的蔓菁、玉米和早上的煎饼，扎在荆条和棘刺上，到野外喂乌鸦。喂乌鸦时，还有一种说法，男女各不相同。男孩们要唱："老鸹老鸹分蔓菁来，只要你的笔跟砚来，不要你的针跟线来"。女孩则唱，"老鸹老鸹分蔓菁来，只要你的针跟线来，不要你的笔跟砚来"。

二月二后三月三，是当地人特别钟爱的节日。三月三，办庙会，村西的西大庙中，十里八乡的善男信女纷纷赶来，烧香拜佛，传说甚为灵验。但对于一般百姓来讲，三月三最大的乐趣在于看大戏。唱大戏的地点在村西的西大庙，当地人又把唱戏称作为"给老爷场唱戏"，认为是一种敬神的活动。

湘峪村老戏出名，又以上党梆子为主，戏文多为歌颂忠义、表彰贞烈，如《闯幽州》、《忠烈千秋》、《徐公案》、《三关排宴》、《玉门关》、《秦香莲告状》、《徐九经升官记》等。湘峪村在民国时期原有两个戏班子，掌班连小瑞、连小何为本家兄弟，相传功夫极好，嗓门响亮，当时人讲"半坡唱戏，武安听见"，在周边村镇十分有名，婚丧嫁娶，各有应景戏文，请戏的人络绎不绝。新中国成立之后，请戏的习俗逐渐消亡，戏班子也随之销声匿迹。直到20世纪70年代，老戏复兴，村中人自建戏班子，号召年轻人学戏。本村子弟农忙时耕田，农闲时唱戏，请专业的老师指导，一时也很有名气。常常是农历正月初五出村，去周边各村巡演，十五回来本村唱一场大戏，之后再出村，一直唱到二月二，开始新的农忙。村中很多老人，都是当年戏班子的骨干人员。如今，村里年轻人多不愿学戏，青黄不接，故如今在庙会上，多请外地戏班子来唱戏。剧种也变得丰富，京剧、河南豫剧、河北梆子等，不一而足。

天地会是湘峪村特有的节日，为了纪念忠义直臣孙居相而设立。相传旧时正月十五日至十七日，阖村男子聚在一处，到装头山[1]山顶祭祀行礼。届时，村中会选出一名会首，代表天，穿上皇帝的戏服，在山顶祭拜，其余人团围山下，点花灯、撒纸花，一起向山头叩首。当然，这种说法年代已远，无从考证。据村中老人回忆，民国时期，天地会活动已经演变为气氛较为活跃轻松的天地棚活动。正月十五日，村中具有崇高地位和威望的社头组织村民在六宅院前设天地棚，安设牌位香炉，摆放祭品瓜果，此时的祭祀对象已从狭义的孙居相变成了广义的诸神。正月十五日，村中老少咸聚于此，热闹非凡。天地棚游艺活动众多，据老人们回忆，有一种较为罕见的游戏设施，叫做纺花秋（图1—30），是一种四人同乘的秋千，形制类似南方的水车，很受当时人们的喜爱。

图1—30 纺花秋想象图

湘峪村人信奉财神灶君，各家各户都供奉财神灶君的牌位。财神和灶君一起供奉，较为讲究的人家，会用黄纸折成带尖角的灵位形状，上书“供奉灶君/财神爷纸牌位”字样，左右放红色的对联，中间设横批。对联内容多为“二十三日去，初一五更还”或是“上天言好事，回家告吉祥”。过去人讲，东南西北属东北最大，故灶君和财神一般供奉在屋子的东北角。

在腊月二十三那天，当地人会做软米甜饭，供奉灶王

1 装头山，位于湘峪村西南。

爷。软米饭既软而甜，当地人认为这种食物可以黏住灶君的嘴，以免他去天庭觐见玉帝时，告各家各户的恶状。

图1–31 石磨盘上挡煞的红纸

2.风土民俗

湘峪村至今沿用着一种风俗，即迎亲的人家，不论居住在古村的哪个位置，都必须从东门进城。迎新人所经路上，大小石磨、石狮子、碾子、井口和排水口，都要用大红的方纸盖住。对于这种习俗，一种说法是这些物件都有洞，而洞预示着生活的危机，是不好的兆头；另一种说法则是，这些石质的东西都属于煞气深重的白虎，与新人的红事相冲，会带来霉运，故要遮挡（图1–31）。

据村中老人回忆，旧时候结婚，新娘子身着凤冠霞帔、大红喜袍，从娘家出发，有时坐轿，有时骑马。出发时，新人会双手各拿一个馍馍，上轿上马扔一个馍馍，逢河过桥再把剩下的一个馍馍一片一片地撕开扔，讲究到婆家时恰好全部扔完。迎亲的队伍在东堡门下马，开路的人员用两块床单大小的红毡来回倒动，新娘走在红毡上，叫做“脚不沾白地”，一路铺红走到婆家。新郎官头戴帽子，帽子上围一块红布，插两朵绒花，背上十字披红，走在马前。一路上礼乐司仪，吹吹打打，十分热闹。

婚宴的酒席因各家的经济情况而异。较为富裕的人家则要准备“十六碗”，即用十六个大碗来承装主菜，吃完一碗，再换一碗，菜式的数目不限，但桌子上只能有十六只大碗。“十六碗”一般为七热九凉。小康之家则准备“十二碗”，为五热七凉，但即使是贫寒的人家，也要准备“十大碗”。旧时参加婚宴时，凉菜先上，可以通过凉菜的数目来判断所吃的是“十大碗”、“十二碗”或是“十六碗”，这也是判断户主经济状况的一种方法。

“十大碗”、“十二碗”和“十六碗”，都是招待较有身份的来宾的酒宴。对于一般的宾客，主人家会请吃饸饹面（图1–32）。对于娘家送亲的人，一般是单开酒席，特别对待，以示对娘家的亲近和尊重。

图1—32 村中饮食——压饸饹面[1]

在婚嫁过程中，八音会常常会演奏一些喜庆的音乐，俗称“暖房”。八音会会员是当地的男性农民，一般在冬季农闲请教师来教授。八音会的乐器有大鼓、小鼓、板、大锣、小锣、镲、小云锣、梆、巨琴、二把、胡胡、唢呐、木鱼等，演奏的曲牌有［十大番］、［小十番］、［十样锦］、［长皮］、［节节高］、［戏牡丹］、［得胜令］、［招军］、［如令］、［盗令］等数十个。八音会能唱“围鼓戏”（围着老鼓坐着演奏，作不穿戏衣的清唱），亦能带妆彩唱。旧时但凡大小年节，商铺开张，迎神赛社，八音会都会去助兴。新中国成立后，八音会增添了为结婚迎新人和为死者“送殡”的曲目。20世纪80年代开始又出现兴旺气象，西洋乐器逐步加入到八音会中来，会员也不再局限为单纯的男性。时至今日，湘峪村的八音会已经演变成为女子乐队，多次代表湘峪村参与州县的文艺活动。

3.宗教信仰

湘峪古村村民信仰属于泛神论，村中供奉的大小神主颇多，从道教的玉皇大帝、王母娘娘，到关帝，再到景仰畏惧山川草木而产生的白龙大仙和黑虎大仙，无所不包，无所不祭。在村中的大小庙宇中，一般有彩塑的神主泥像。但在经济条件较为拮据之处，则在红布上用毛笔墨书神主名称，不必再修彩塑，讲求心诚则灵，全在一个心字。在传说中孙家为消夏所修建的岳城山上，我们发现了原有的岳神庙的堡寨遗址。遗址散落了大量的石碑残迹，其中一块推断是记述集资重修岳神庙的石碑上面犹可辨识出“相谷社”字样。现在十里八乡集资在山上搭建了简易的钢板房，祭祀各路神主（图1—33、图1—34）。

除了共同的民间信仰之外，村中还曾流行一些土讲究。这些讲究曾经在村中甚为流行，现在仅有几家仍旧延续着这些风俗。如村中会在院门上倒挂癞蛤蟆的布偶，防止疫病

1 http://blog.sina.com.cn/lkp780316.

的传染（图1—35）；在墙上放置瓦罐，瓦罐中种植一株植物以求财求平安（图1—36）；在屋顶上用砖搭建出简易的风水牌楼以趋利避恶（图1—37）。

图1—33 岳神山上的石碑残片

图1—34 岳神山上供奉的牌位

图1—35 防疫病的癞蛤蟆布偶

图1—36 墙上放置的瓦罐

图1—37 屋顶上的风水牌楼

4.传统饮食与手工工艺

湘峪村土壤肥沃、水源充足，是适合耕种的丰饶之地。古村对面的可乐山，曾有民谣："可乐山、可乐山，旱涝收一半"，可见其土地肥沃若此。如今，湘峪村的大多数村民仍过着日出而作、日落而息的传统农耕生活。秋收时节，当地人把柿子、玉米串成一串，悬挂在屋檐之下，火红的柿子和金灿灿的玉米，象征无尽的幸福和希望，给古村涂抹上了别样的神采。逢年过节，古拙别致的面塑和剪纸，为村民增添了喜庆。

村中妇人多是生活的艺术家，多数心灵手巧，拥有变废为宝的巧手。搭两条板凳，穿挂几块卵石，就能把废旧的毛线搭成崭新的门帘子。村民编织筐的本事也是一绝（图1–38～图1–40）。

图1–38 村中手工艺品

图1–39 村中手工艺——搭门帘[1]

图1–40 村中的老人在编筐

1 http://blog.sina.com.cn/lkp780316.

图1-41 村中拿着玉米筐的老人

图1-42 村中晾晒的玉米

村中多种植小麦和玉米（图1-41、图1-42），故饮食习惯也多与这两种食材有关。除了前文提到的枣糕和饸饹面之外，油圪麻（图1-43）也是村中常见的食物。油圪麻是一种油炸的小面点，由白面做成，外酥里嫩，十分劲道。另一种常见的食物，是湘峪煎饼。

图1-43 村中饮食——油圪麻

5.磨盘遗景

图1-44 村中明代的石碾子

村中的另一个特色便是磨盘。村中大大小小的磨盘，不计其数。大至三人环抱不足围绕一圈，需要借助毛驴拉动才能工作，小至黄口小儿可以轻易抬起，随手一推，毫不费力。磨米、磨面、磨豆汁、磨花椒，功能多样、复杂。过去磨盘多放置在村落中的空地上，到了磨米、磨面的时节，大家纷纷来到空地，热闹非常。随着电力机械的普遍，磨盘的功能性逐步减弱，变成了纯粹的景观小品。漫步村中，随处可见闲置的石磨，或是被随意弃置路边，或是被有心地垒在一起，成了茶余饭后的“座椅”（图1–44、图1–45）。

图1–45 村中磨盘遗存

【第二章】

湘峪古村的空间格局

KONGJIAN GEJU

一、村落选址

1.区域景观

区域景观是村落景观的外延，是村落空间特征生成的重要因素。

湘峪古村地处三县交界之地（图2−1），北倚太岳，南接太行，山峡九转，气势如海。清朝名臣陈廷敬[1]曾多次游览至此，借景抒怀。他曾在游记中描述老姥掌曰“由樊山则支分条披，为峰为壑为涧为崿为巘为峦为岫为岩……数十里之内，联岚亘辉，俯可搏撷，如置诸掌。[2]”还有清末进士贾景德也曾在《印斗坪先茔记》描述此地“奇峰特起，高出云表，为众山祖……下视，则支分条贯，脉系分明，如巨鸟之伸其爪趾”。[3]

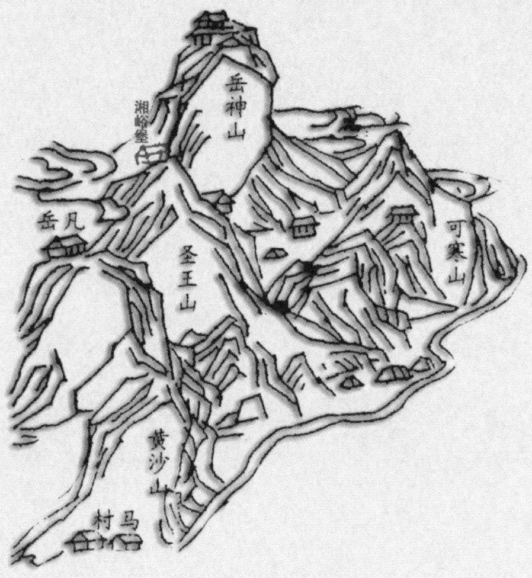

图2−1 区位图
（资料来源：根据《泽州府志》绘制）

诸山之中，尤以岳城山最为壮观。[4]它“山高十余里，亦沁水东南之巨瞻也”。[5]陈廷敬曾作诗赞美曰“蜿蜒腹背故隆起，振鳞掉尾如雷奔”。[6]至此山川之势，可见一斑。

2.村落选址

山地自然环境制约了房屋建造，孙氏族人面临严峻的选址问题。本着趋利避害的愿

---

1 陈廷敬（1638～1712年），字子端，号说岩，晚号午亭；清代顺治康熙年间名臣，泽州黄城村人；历任经筵讲官（康熙皇帝老师），《康熙字典》的总裁官。

2 《光绪沁水县志·卷之二》，陈廷敬《老姥掌游记》。

3 贾景德（1880～1960年），字煜如，号韬园，1889年（光绪十五年）登己丑科进士。生于山西沁水县端氏镇的一个书香门第。辛亥革命后，相继出任北洋政府总统典礼官、约法会议山西议员、段祺瑞“安福国会”议员。

4 古称岳神山，因上有太岳神庙而名。现名岳城山。

5 《光绪沁水县志·卷之二》。

6 陈廷敬：《午亭文编》卷五，《洞阳诗》。

望，村落选址呈现以下特征（图2-2～图2-4）。

传统风水堪舆理论是古人观察地形、选择居住场所的原则和方法。风水堪舆在具体应用中可分为两种，一种注重山川形态、空间形象，即所谓“形势宗”；另一种注重时间序列、理气卦法，即所谓“理气宗”。

在择址选形方面，注重“形法”，即村落和自然环境共同形成的物质空间形态。所谓“山环水抱”，山可以“聚气藏气”，水可以“载气纳气”，由此形成理想人居空间。湘峪村东、西、北三面环山而南面开敞，形成“马蹄形”空间；村南有生情的湘峪河水[1]（图2-5），如玉带般环抱古村，形成“汭位[2]”之势。河北岸诸山被“喝形”为“凤凰山”，取义“凤凰双展翅”，阐明少祖山与祖山、主山之间的关联关系；河南岸的上水口处有浑圆山体，被“喝形”为“龟王山”，取义“金龟探水”。

另外，湘峪村同样注重“理法”，通过人为改造和加建来弥补自然地理形态的不足，主要体现在水口的处理上。湘峪地势东高西低，与中国的宏观地貌相反，为“平衡东、西”，村落于下水口修建白龙庙以作镇物。

透过风水堪舆理论，村落选址的优劣之处便清晰可见。

首先，山川形胜为古村围合出了宜居的小气候，提供了宜居的自然资源，并满足了安全防御的需求。

凤凰山的屏障作用，在冬季体现为对冷空气的阻隔，保证了村落相对宜人的气温；在夏季多雨季节抵挡过境雨水，于东西两侧沟渠疏导山洪；在战时则体现为天成之险，我易守而敌难攻。相对地，村南山脉舒展而开阔，不仅保证了山坳之地的优良日照，更提供了“生活之本”——百亩良田。其山形清晰优美，沟壑疏朗有致，被村民寄予了“十山九扭头 辈辈出诸侯”的美好愿望。山坳之间是涓涓而流的湘峪河水，是生活生产用水的主要来源，是疏导山洪的重要凭借，更是安全防御的天成之险。

其次，复杂的山地环境又对房屋的择址筑居带来一定的困难。

1 湘峪河发源于岳城山，多条山水汇流而成，自东向西流经古村，素有“五龙相汇”之称。水量不大，但却有“干旱半年不断流”的美誉。

2 汭者，水之内也。我们把河流拐弯处的内侧以及河流交汇处的内侧都称之为汭位。汭位的最大优点就是安全。因为河流在拐弯处，对外岸的冲刷较为严重，而对内岸的冲刷较为舒缓。这样，就形成了外岸地基较为空虚，容易塌陷，而且陆架入水较为陡峭的特点，容易发生溺水。而内岸，也就是汭位，陆架入水很是平缓，不会有溺水的危险，而且地基也较为坚实，不会塌陷。其次，汭位也易于防守，因为河流是天然的护城河。

图2-2 从南部山区俯瞰

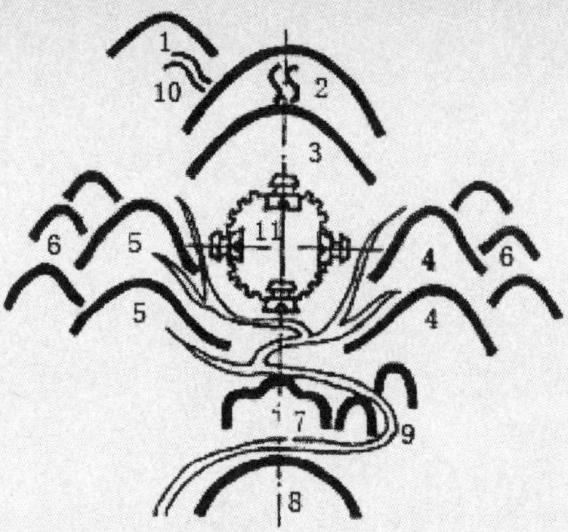

图2-3 最佳选址示意图
（资料来源：《传统聚落环境分析》）
1—祖山；2—少祖山；3—主山；4—青龙；5—白龙；6—护山；7—案山；8—朝山；9—水口山；10—龙脉；11—龙穴

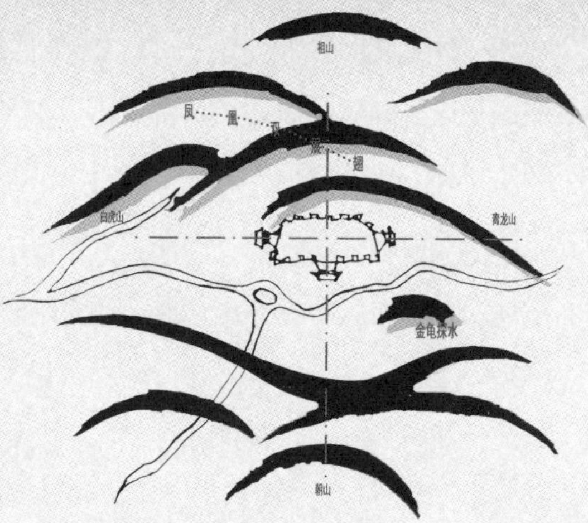

图2-4 湘峪古村选址示意图

图2-5 改造后的小河和复建后的堡楼
（摄于2003年）

“高勿近旱，而水用足；下勿近水，而沟防省”。[1]古村的大小两寨均建基于山腰之上，一来可防水患，二来满足日照，三则视野开阔。村内建筑则多以占地面积较小的三合院为一个单位，分层筑台，层层跌落，通过较小的土方量便可获得极佳的日照、通风效果，是因地制宜选址筑居的典范（图2-5）。

二、村落格局

1.总体布局

（1）格局概览

古村是由村内并置的三个居住性堡寨，和外围附堡的四个防御性兵寨组成的（图2-6、图2-7）。[2]

村内三个堡寨分别为现存的大寨、东寨，以及新中国成立后拆除的南花园。相传这样的布局源于孙氏家族的总体设计。设计中的村落以河为界，北作住宅而南作商铺。南面的商铺后因诸多变迁，改建为南花园。另外，东寨相传是筑城匠人的居所，这种聚族而居的特征体现了一定的宗族制度的制约。

大寨和东寨的传统格局和历史建筑保存较为完整（图2-8、图2-9），房屋仍在使用，南花园旧址已在新时期建设中拆改殆尽。从现存的两个聚落规模上看，大寨占地面积约为东寨的9倍（大寨30255平方米，东寨3678平方米），合院数量约为7倍（大寨59院，东寨9院）。主要建筑年代相近，是研究的重要依据。

村外的四个兵寨分别是岳城山的东寨、可乐山的南寨、老马岭的北寨和虎山上的西寨。[3]可以看出这样的格局受到了明代军事防御制度的影响。[4]

---

1 《管子·乘马》。

2 通过“堡”“寨”二字的定义可知，“寨”倾向于指代军营，而“堡”则多指带同时具备防御和居住功能的、筑有围墙的聚落。

3 西寨传说毁于明末，村中有老人曾在村西的山上见过遗址。

4 军事防御制度形成的聚落层级按照明朝军队由前、后、左、右、中五军构成的关系，理想的卫与屯堡就形成了这样的层级拱卫关系：以卫城为中心，前、后、左、右4 个千户所城分置卫城南、北、东、西；各千户所所属屯堡再以所城为中心，环绕其周，屯在内部，并且堡在外围，从外围形成了保护圈；某些屯堡再细分出旗堡，护卫四周。

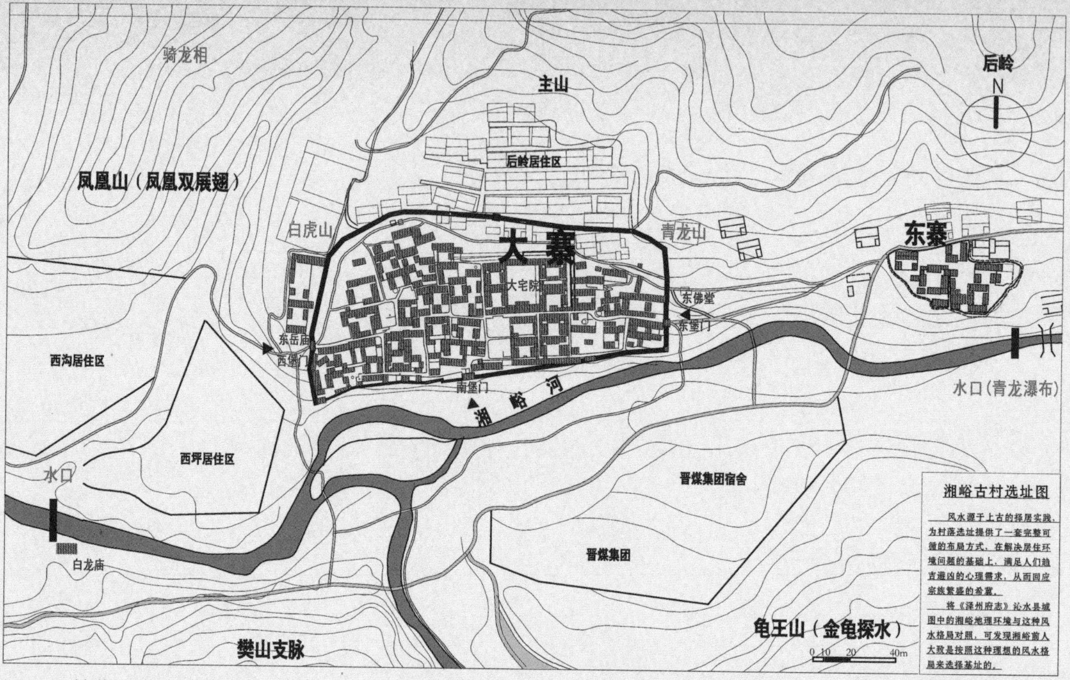

图2-6 村落总体格局图

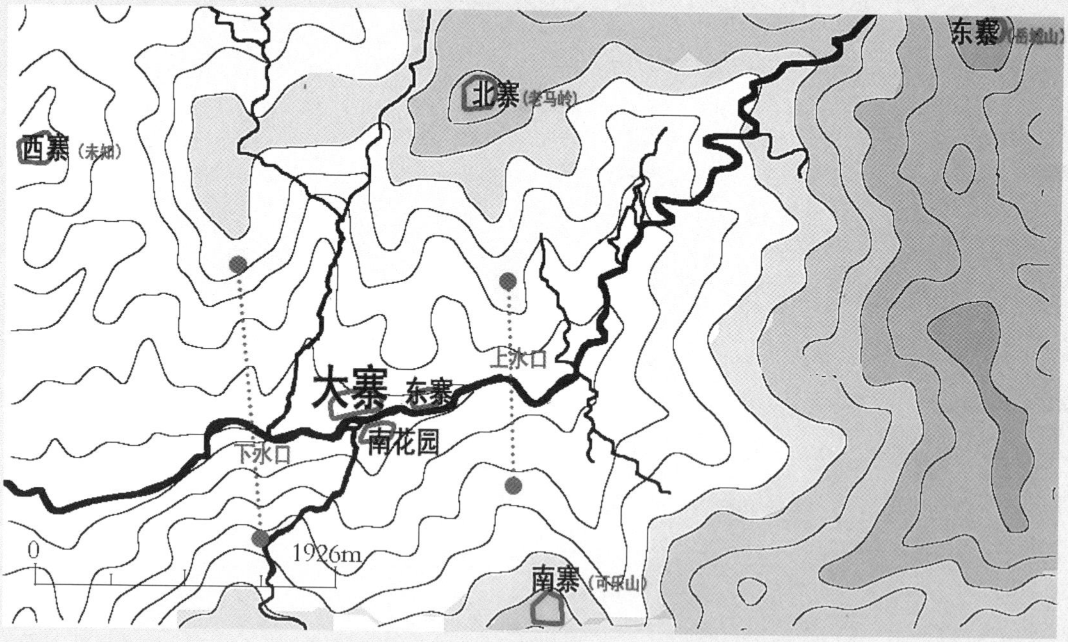

图2-7 村落总体布局图

图2-8 从南部山区俯瞰东寨

(2) 边界、出入口和路径

图2-9 东寨一角

湘峪古村以山体为“柔性边界”，以湘峪河为主要道路，二者相交形成上、下水口，并在下水口修建白龙庙作为镇物。类似地，湘峪古堡以堡墙为“物质边界”，以中街为主要干道，二者相交形成东、西堡门，并在堡门外修建东岳庙、东佛堂，种植旱莲树作为镇物（图2-10）。

另外，内外两空间之间曾设计有一条考究的山路，连接下水口和西堡门，兼顾了对舒适性与防御性的考虑，是旧时的主要入堡道路。村民回忆，道路起点处有下马碑一个，随即沿山势上行一段路程，再向东折，行至西堡墙，后沿墙上行，最终抵达西堡门（图2-11）。

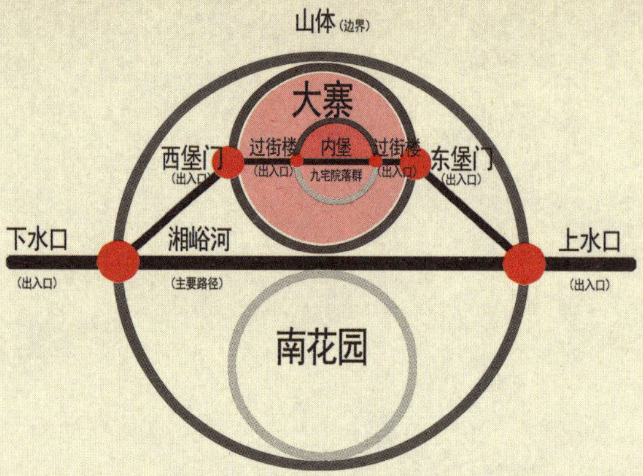

图2-10 边界、出入口和路径结构图

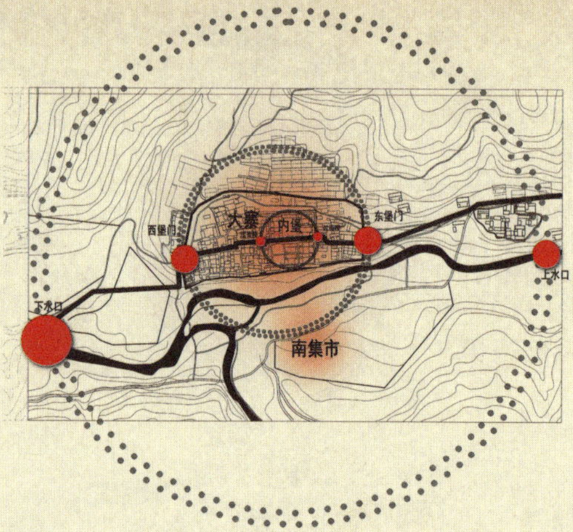

图2-11 边界、出入口和路径示意图

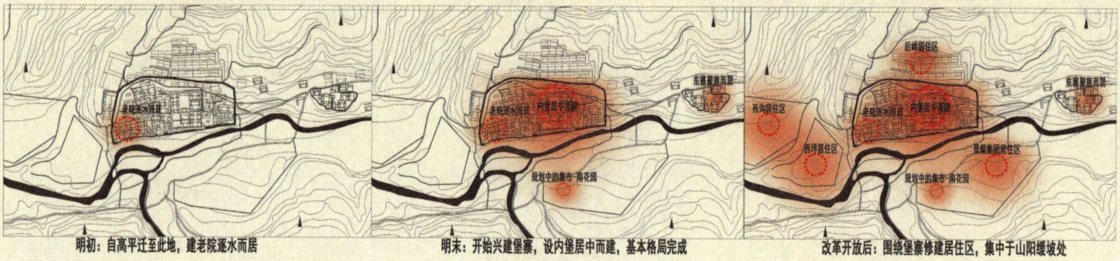

图2-12 聚落组团生长过程图

（3）聚落生长

村落的发展很大程度上受到山地闭塞的地理环境的限制，在很长的一段历史时间里，都发展得较为缓慢（图2-12）。

从明初至今的这段时间里，村落发生过两次较为集中的建设，均与经济的繁荣发展密不可分。第一次是明末时期，家族的兴盛与自我保护的需要促使孙氏家族筑堡御敌，村落总体格局由此形成；第二次是1978年改革开放以来，煤矿业的发展激发了对居住空间的需求，村落呈组团式扩张。[1]

---

1 然而，村落建设仍然无法摆脱自然环境的束缚，呈现出小规模组团扩张的特征，最终形成多中心的空间结构。诚然，这样的扩张形式所具备的独立性，恰好与当今古城保护理念相合，间接地保证了传统聚落的完整性，为学术研究乃至旅游业的发展带来了便利。

2. 古堡格局（图2—13、图2—14）

（1）二维空间层级

从宗法关系上来看，家族中心与各里坊之间从属关系明确，呈逐级外扩式，自内而外可划分为三个层级（图2—15、图2—16）。

第一层是中心内堡，包括大宅院、三宅院以及东院。

第二层是内外堡之间的里坊，包括内堡南部的九宅院落群和周围的三个官式院落，以及其余商贾院落群。

第三层是外堡，即具有防御属性的堡墙住宅和堡南高楼。

层级之间的差异主要体现在地形处理、建筑形制以及道路生成等问题上，并最终反映至外部空间。从土方量上看，内堡远大于其余层级。[1]从建筑形制上看，内堡和九宅院落群较其余层级在形制、尺度上均略高一筹。另外，从道路生成上看，内堡和九宅院落群的路网几乎垂直正交，而其余层级则相对灵活。

（2）古堡生长

根据现存匾额、花梁可以大致推知[2]，堡寨格局的形成在时间上呈现出集中而有序的特征（图2—17）。

从明初至民国这段时间来看，不难发现：明初时，孙氏家族初迁至此，与外姓混居，住宅选址于河岸之上，具有明显的临水而居的特征；明末时，家族开始堡寨建设，首先进行堡墙和内堡的修建，界定空间、确定核心；随后进行商贾住宅的修建，它们集中在堡寨西区，总体格局也在这一时期得以基本形成；清朝至民国期间，住宅修建多见缝插针，堡寨格局趋于完整（图2—18、图2—19）。

（3）同构关系分析

分析堡寨内外的布局方式，不难发现以下同构关系（图2—20）。

首先对堡和附堡寨的关系而言，堡是中心，墙是边界，墙与寨产生直接联系，且寨之

1 内堡的大量填挖需要以挡土墙为依托，并最终演化为内堡墙。

2 匾额、花梁统计表参见装饰一章。

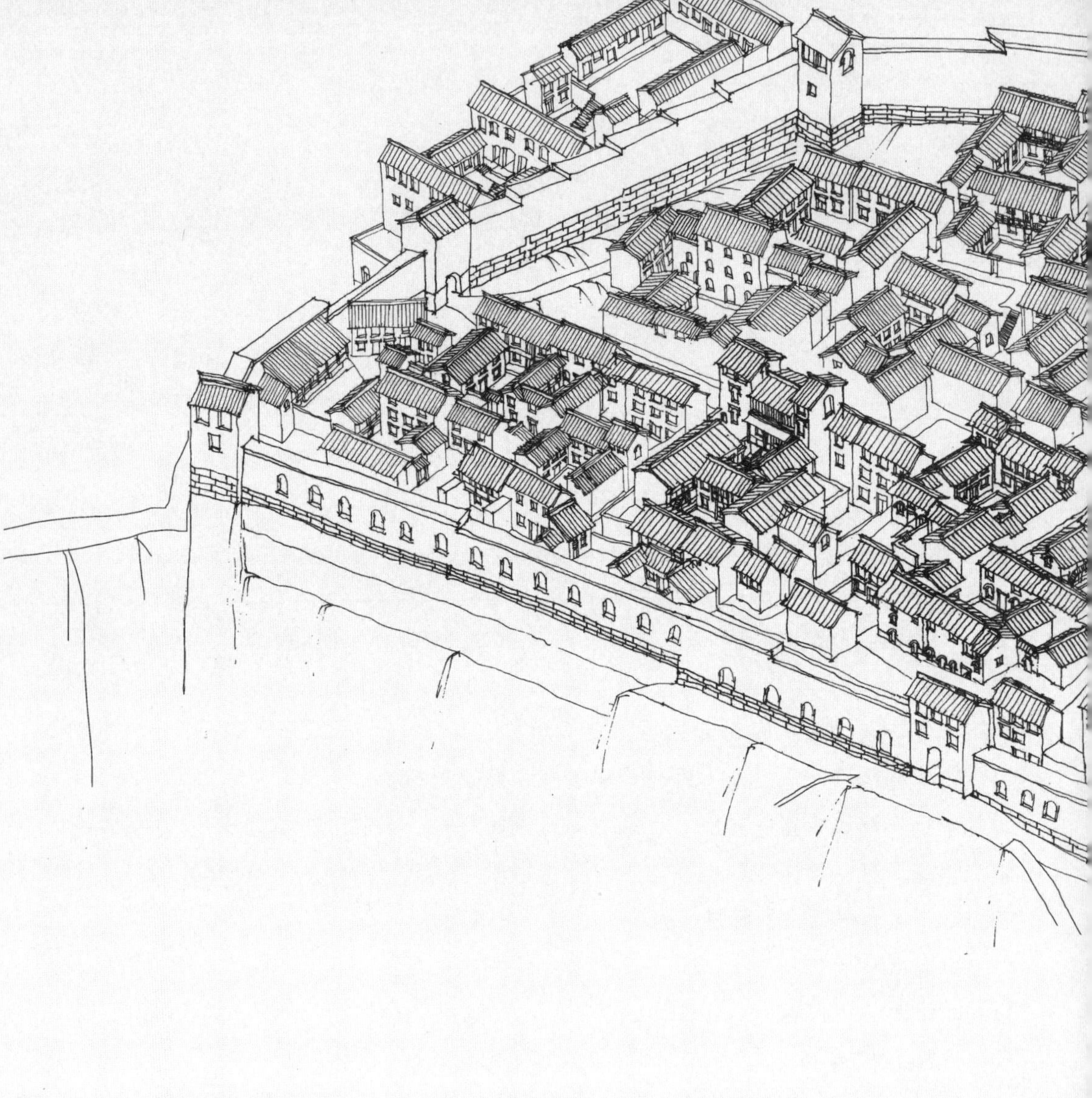

图2—13 古堡东南等轴测图（外堡墙参考复建形制绘制）

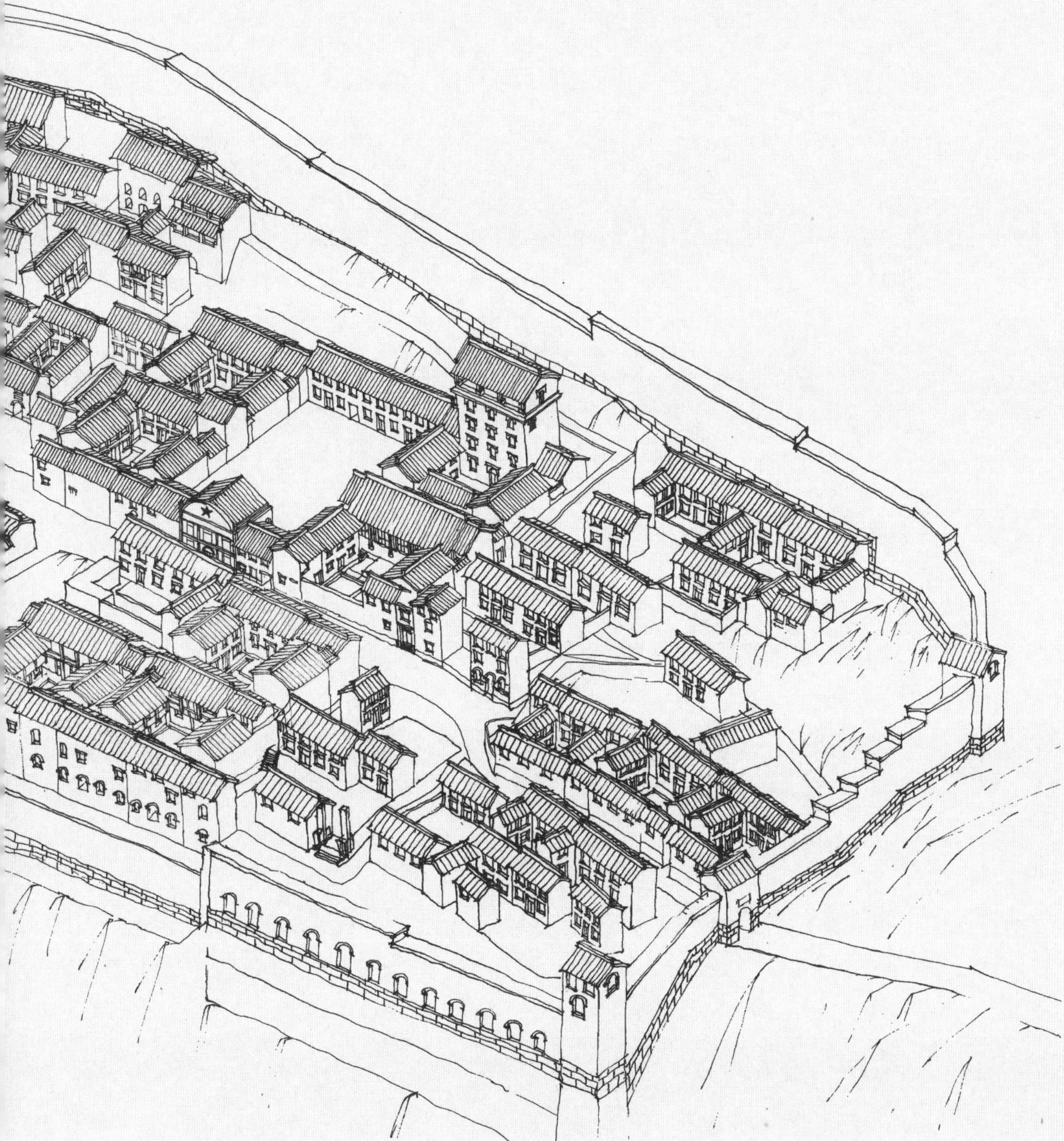

图2-14 古堡首层平面图（外堡墙参考复建形制绘制）

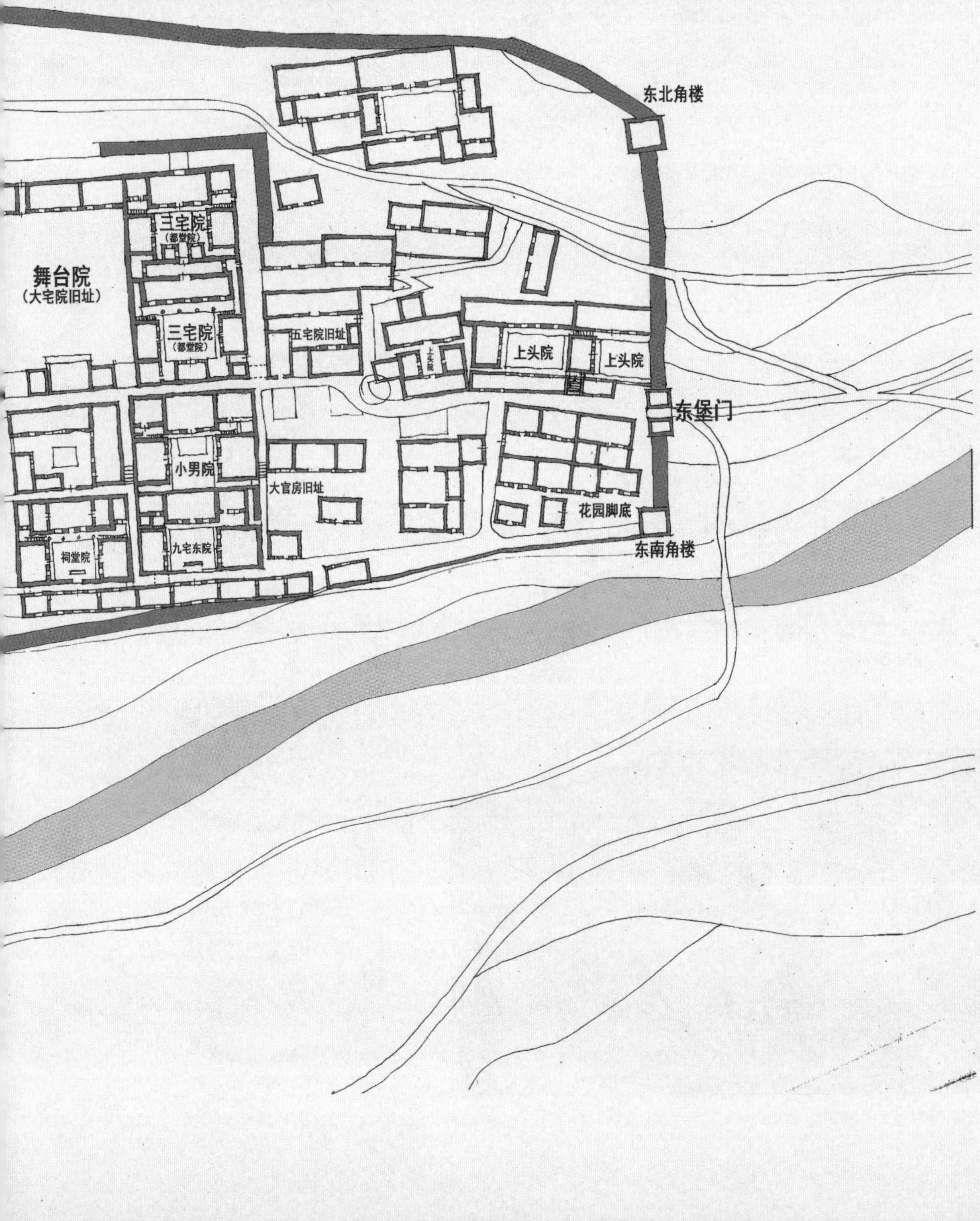
东北角楼
三宅院
(都堂院)
舞台院
(大宅院旧址)
三宅院
(都堂院)
五宅院旧址
上头院
上头院
东堡门
小男院
大官房旧址
花园脚底
东南角楼
九宅东院
祠堂院

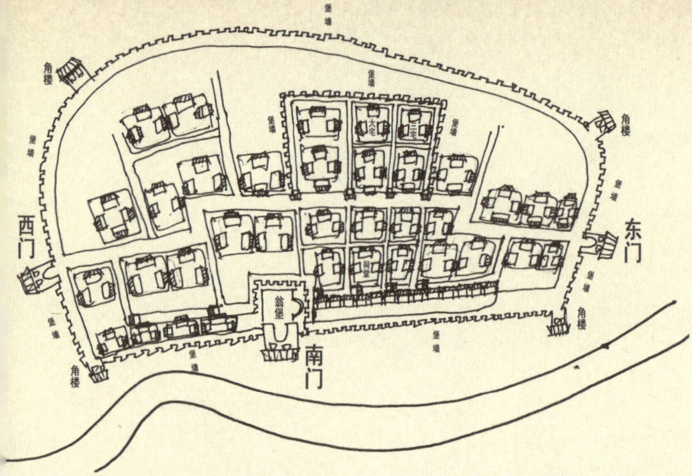

图2-15 古堡规划设计推想图

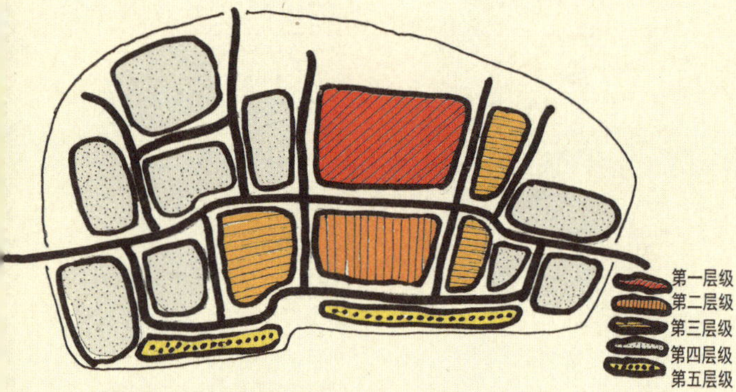

图2-16 宅院层级分析图

图2-18 从西堡墙俯瞰古堡

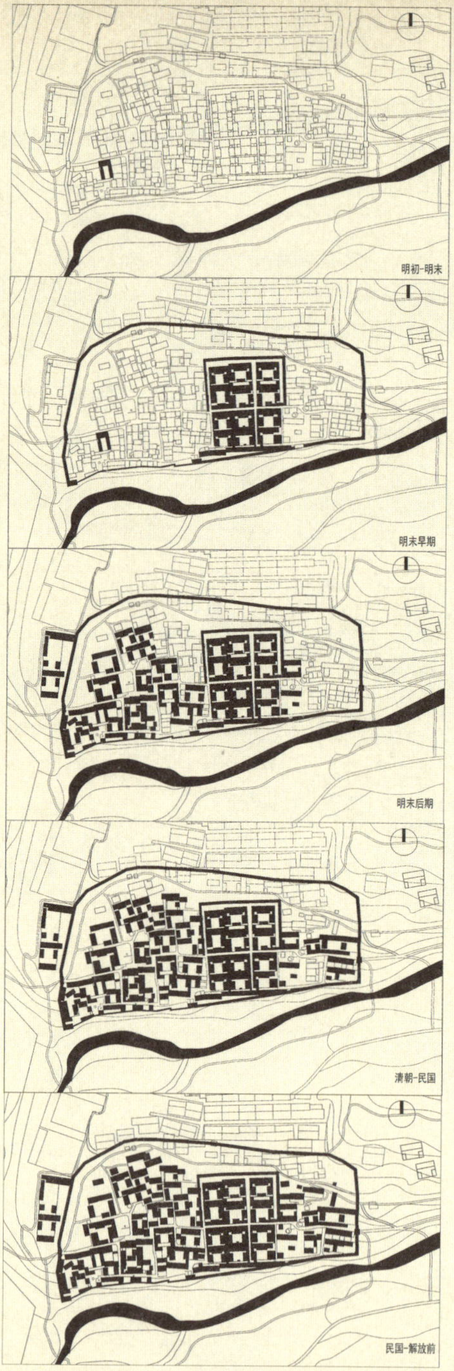

图2-17 古堡生长过程推想图

间没有联系；其次对内堡和堡的关系而言，内堡是中心，内墙是边界，内墙与里坊产生直接联系，且里坊之间联系紧密；最后对一个院落而言，公共空间是中心，没有明显的物质边界，与房屋产生直接联系，且房屋之间联系较弱。

图2-19 从东堡墙看古堡

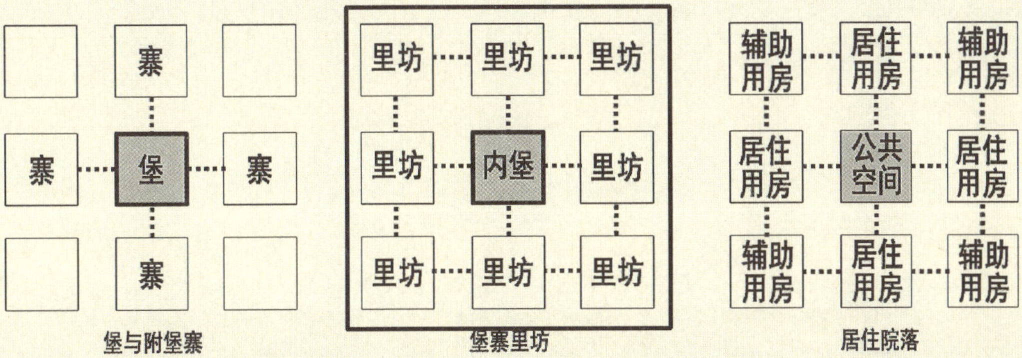

图2-20 典型堡寨空间同构特征
（资料来源：参考王绚《传统堡寨聚落研究》绘制）

三、防御系统

1.防御系统概述

村落设防采用“外围线性设防”和“局部点式设防”相结合的手法（图2–21），具体体现为两个层次。

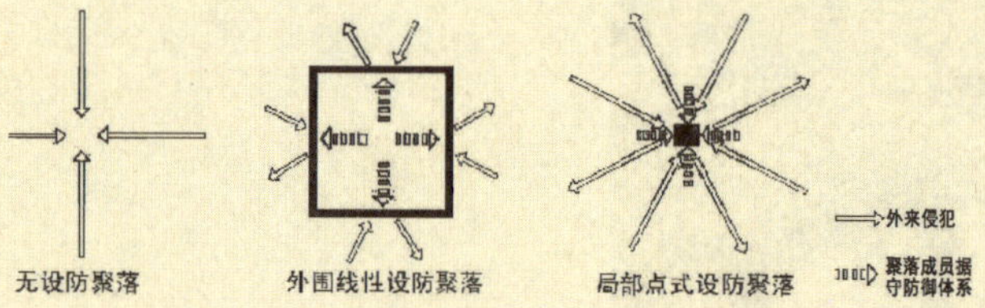

图2–21 聚落的两种设防方式示意图
（资料来源：王绚《传统堡寨聚落研究》）

首先，湘峪古村群山环抱，北部的靠山和南部的河水是天成之险，对村落形成线性围合。四个兵寨择峰而设，形成定点防御。

其次，古堡修筑内外两堡，以堡墙为防御边界。堡内宅院多起望楼，与堡墙上的堡楼、角楼共同形成点式设防（图2–22）。

2.东寨防御工事

村外四寨中尤以岳城山的东寨最富渊源。自元代起，岳城山上便有“洞阳观”的记载，后庙宇几经重修、复建，至新中国成立前，一直是该区域的精神中心（图2–23）。

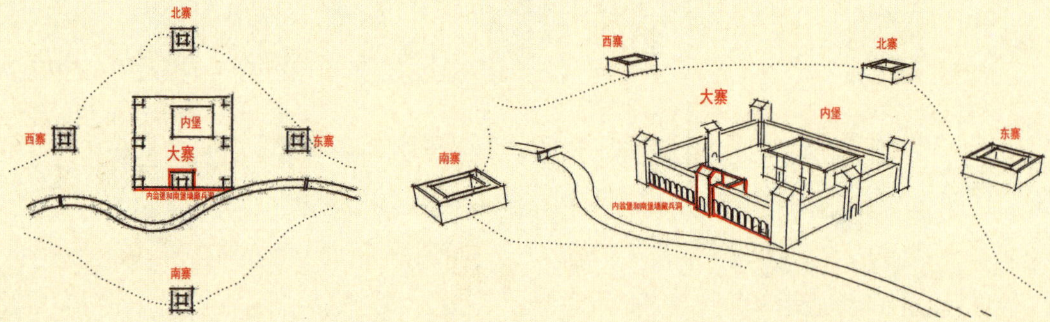

图2–22 防御体系布局结构图

由遗址可知[1]，它由内外两层组成，均由堡墙围合。外堡墙顺应地形，呈不规则的椭圆形，短边约40米，长边约90米；内堡墙则较为规整，几乎为圆形，直径约30米，同时地坪高于外堡约5米（图2–24）。内外堡墙均为夯土砌筑，外砌巨石。山门仍依稀可辨，它在内堡墙的东南端，入口空间向内凹进，门洞为石砌拱，上有门簪等石雕构件（图2–25）。

图2–23 从外围看岳城山东寨防御工事遗址

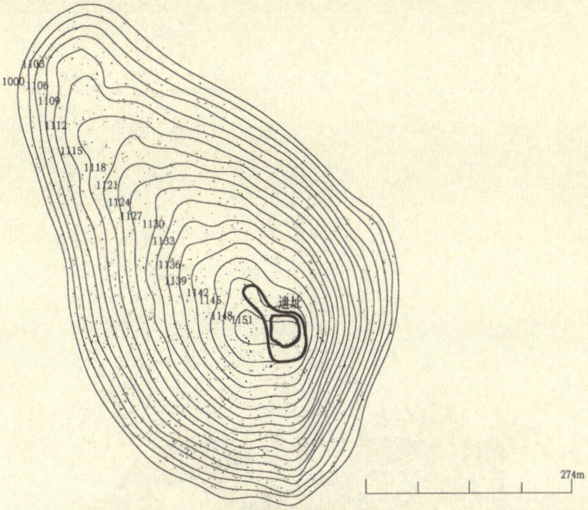

图2–24 岳城山东寨防御工事遗址总平面图

图2–25 遗址堡墙

3.大寨堡墙防御工事

（1）形制

大寨的形制与城池的形制极为相似，基本理念大致相仿。堡寨设计为内外两堡，均由堡墙围合。外堡呈椭圆形，长轴278米，短轴118米，周长762米，面积32376平方米，分东、西、南、北四段，中开堡门，四角建敌楼（图2–26）。堡墙内设藏兵洞，南堡门设内瓮堡。内堡墙呈矩形，南段设巷门。

堡墙的设计特色集中在南堡墙的藏兵洞上。它与内瓮堡相结合，

1 东寨毁于抗日战争时期。

又同堡墙住宅相贯通，设计灵活，攻守兼备。其瞭望洞口面向河面一字排开，素以“七窋窿八眼睛”的形象著称。

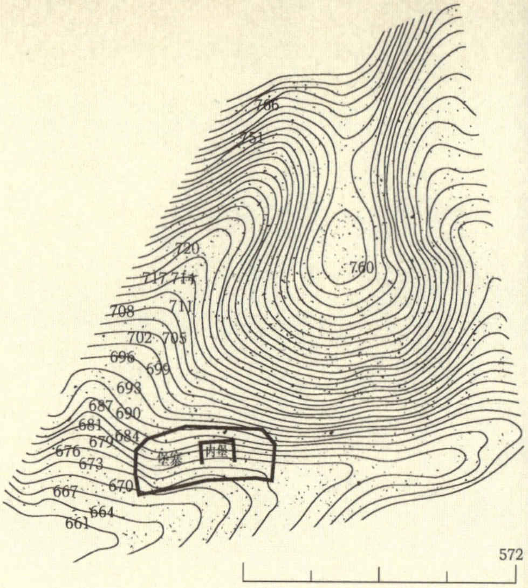

图2—26 湘峪古堡防御工事总平面图

（2）*砌筑方式*

外堡墙采用两种不同的砌筑方式（图2—27）。

东西北三段采用“中心填土夯筑、底海墁石、外部包砖”的方式，坚实经济，是明代民堡堡墙修筑的常用手法。南段堡墙则采用“削坡堑山为墙”的方式，依借人工将山崖陡坡开凿成直立的竖壁，利用地势形成堡内外地面高差，同时“挖窑藏兵”。其中，西半段在堡内地坪上夯土作台，外部包砖，结合宅院，修筑雉堞；东半段则修筑高楼。

图2—28 古堡南堡墙西段立面图

这种削坡为墙、住防结合的设计方式既经济节省，又多变难测，可谓山地堡寨“因地制宜”的典范。

(3) 南堡墙藏兵洞

藏兵洞的意义在于经济性，即平时可屯粮而战时能藏兵（图2-28）。

南堡墙藏兵洞设计精巧，具有鲜明的独创性。它分为东西两段，经内瓮堡而贯通。窑洞的组织采用“走廊式”与“串珠式”相结合，通而不畅，变幻莫测（图2-29）。

从现存部分可知，西段藏兵洞中部设有出入口一处，采用“双合式”设计，向上通

图2-27 古堡内堡墙北段上部现存部分

往“绘图院”。绘图院曾作为家族重要议事厅。[1]另外，在一处转弯处，设有一口古井，向上连通至六宅前街，可谓一井两用，于藏兵洞是重要的基础设施，于堡内则是重要的街巷生活触发剂（图2—30）。

东段由两部分构成，其一在堡墙内，其二位于堡南高楼首层，且前者与西段形制类似。堡南高楼共有四层，下窑上房，横向延展，共用山墙。首、二层藏兵，而三、四层居住（图2—31）。藏兵洞均向外开启门洞，推测纵向交通方式为“绳梯”（图2—32）。

（4）内瓮堡

内瓮城最早由南宋的陈规（1074～1141年）提出。他认为，向内修建内瓮城，修

图2—29 古堡南堡墙西藏兵洞走廊式部分

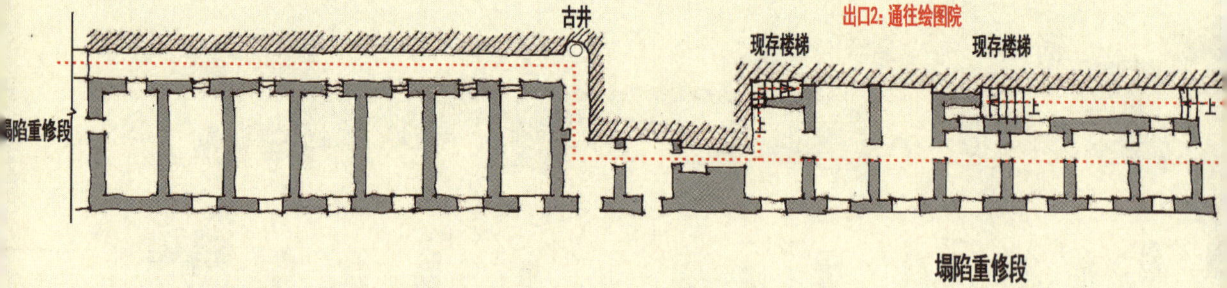

图2—30 古堡南堡墙西段藏兵洞（现存段落）首层平面图

1 村民介绍，类似的出入口曾另有一处通往老院，惜已损毁。

图2–31 古堡南堡墙东藏兵洞的街道（自西向东拍摄）

建代价小而打击效率高。[1]然而这个设想直到明南京城才被使用（图2–33），它与同时期创造出的藏兵洞一起，强化堡门防御。由于地形复杂、基地狭小，故古堡选择此种方式（图2–34）。

根据资料推测[2]，南堡门的设计并无“出入口”之实，而属防御设施。它2米见方，由南而入，上有堡楼；西、北围合，东启门洞，上有雉堞。其中，北墙嵌有石匾，上书“宸熏”（图2–35）。

匾额的“藏匿”有助于内瓮堡作用的发挥，主要体现在以下几个方面。

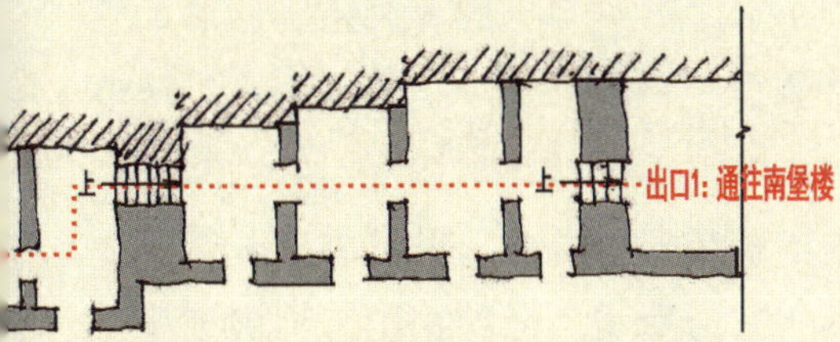

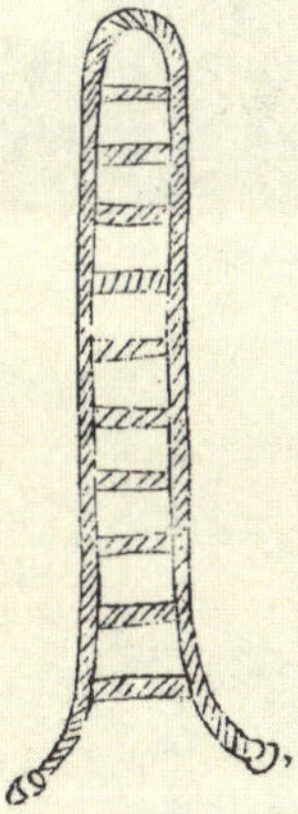

图2–32 绳梯
（资料来源：《武经总要》）

1 原文：城丁旧制，门外筑瓮城，瓮城上皆敌楼，费用极多。以御寻常盗贼，则可以遮隔箭凿；若遇敌人大炮，则不可用。须是除去瓮城，止于城门前离城五丈以来，横筑护门墙，使外不得见城门闭启，不敢轻视，万一敌人奔冲，则城上以炮石向下临之，更于城门里两边各离城二丈，筑墙丈五六十步，使外人乍入，不知城门所在，不可窥测；纵使奔突入城，亦是自投陷阱。故城门不可依旧制也。《守城机要》
2 推测源于村民对改建前信息的回忆、《湘峪村 · 三都古城》视频资料，以及村中传说等。

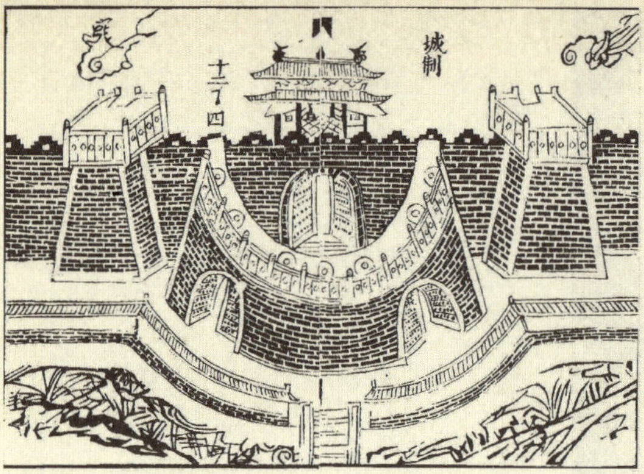

图2-33 《武经总要》中的瓮城城制

图2-34 古堡内瓮堡仰视

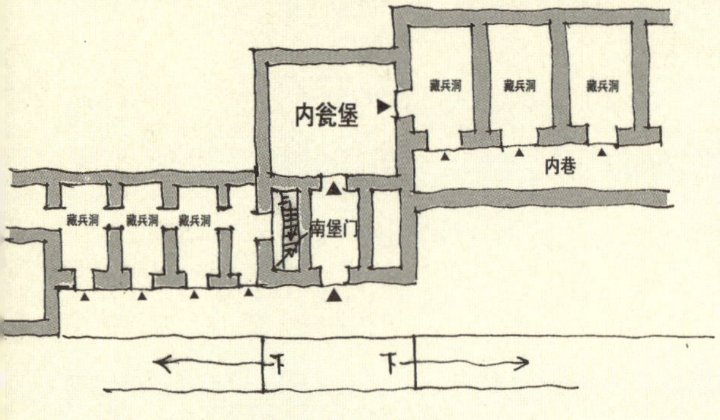

图2-35 古堡内翁堡平面推想图

内瓮堡门洞与诸个藏兵洞洞口连成一片，首先，难被发觉。其次，西段藏兵洞的诸多洞口中，临近堡门的四个对外开启，实为请君入瓮。另外，内翁堡东墙上的唯一洞口又可将敌人引入东段藏兵洞，逃无可逃。如此繁复的设计可谓万无一失。

这样的设计不知是否发挥过应有的功用，或者早已改变初衷作为堡寨的第三个出入口投入使用，如今的它已成为古堡历史的印记，智慧的象征。

(5) 堡楼

南堡楼[1]面阔三间，高四层。下为拱形门洞，尺度与藏兵洞洞口相仿。上部开方窗，硬山屋顶。如前所述，匾额内置（图2-36）。

西堡楼损毁严重，现已重建。根据村民回忆推测，原西堡门凸出于堡墙，平面呈方形，上有垛口，其上有楼。门洞近呈半圆形，但较为低矮，其上有匾“来爽”。

东堡楼有所损毁，现已重建。资料显示，它与西堡门形制相仿，凸出于堡墙。它长边约7米，拱形门洞宽约1.5米。其上有楼无窗，硬山屋顶。有匾

1 古堡堡楼均经过损毁、重建的过程，传统形制的研究的主要依据为2001年摄制的《湘峪村·三都古城》视频资料，并配合当地村民口述记忆。

“迎晖”，与西门的“来爽”一起，取“西来爽气 东迎晨晖”之意。上部损毁，今已重建（图2-37、图2-38）。

图2-36 古堡南堡门南立面复原图

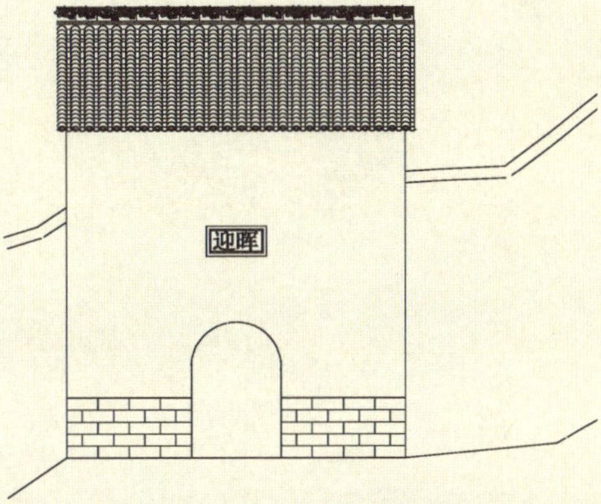

图2-37 古堡东堡门东立面复原图

图2-38 古堡东堡门（摄于2003年）

4.其他防御措施——望楼和过街楼

望楼是指层数高于一般居住房屋的单体建筑（图2–39）。堡内望楼的修建多以院落为单位进行[1]，故在外部空间上则体现为沿横向街道布局的特征。这样的布局方式结合以中街为界的两级台阶，丰富了防御层级（图2–40、图2–41）。

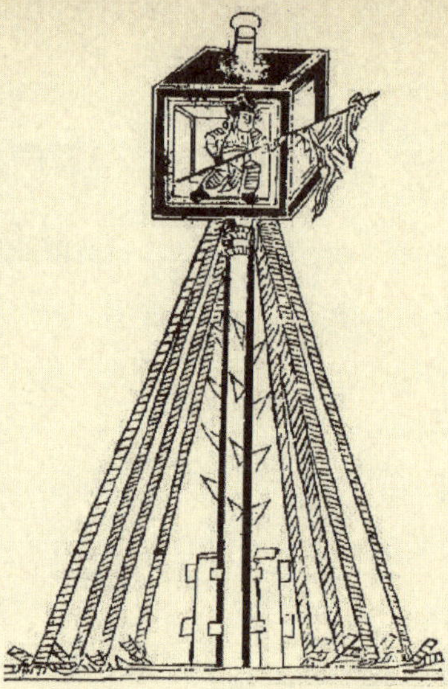

图2–39 望楼
（资料来源：《武经总要》）

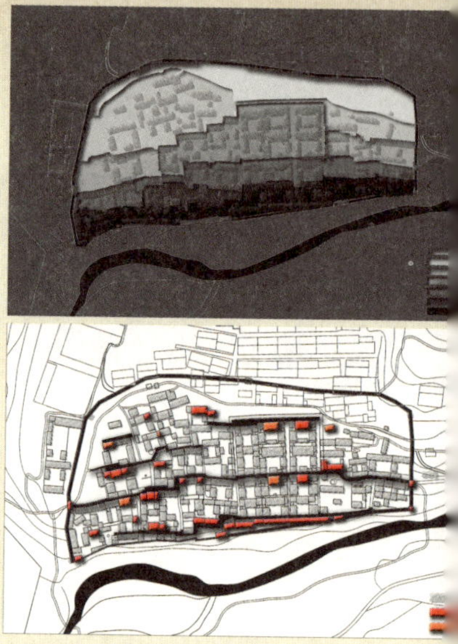

图2–40 地形坡度和高楼分布图

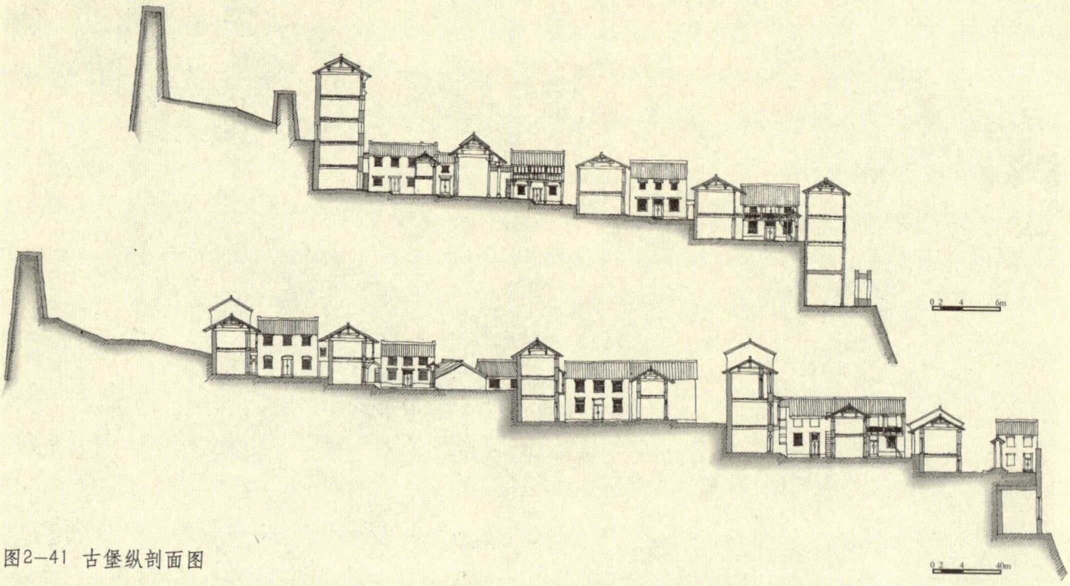

图2–41 古堡纵剖面图

1 位置居北，有“起正房”和“起耳房”之分。据统计可知，正、耳房的差异源自院落形制的区分，即内堡和九宅院落群多以正房加高为主，而其余层级则多加高耳房。

过街楼是院落之间的重要联系要素，具有较高的防御意义。选取空间规划较为繁复的内堡、九宅院落群和堡南高楼所构成的区域为例，过街楼的意义便可见一斑。该区域纵向跨越四级台地却相互贯通，街巷空间视线交叠，是过街楼联系作用和精神防御意义的体现。

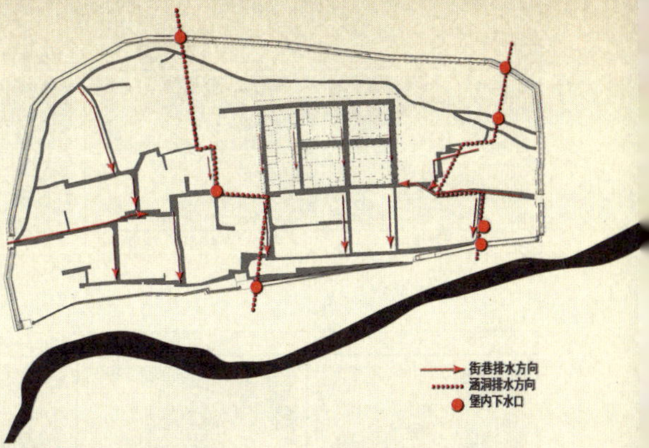

图2–42 古堡涵洞排水和街巷排水示意图

四、排水系统

湘峪地区降水量寒暑分明，暑季为盛，雨季泄洪形势严峻。由村落选址可知，北部靠山两侧是主要的排泄山洪的渠道。相应地，堡内修建有两条涵洞，起到辅助山水排泄、疏导庭院街巷排水的作用，使古堡排水系统呈现出院落—街巷—涵洞的井然秩序（图2–42）。

1.涵洞排水

古堡的东西两条涵洞，入口均在北城墙外，自北向南纵贯古村。其形态与街巷相合，沿线开有多个下水口（图2–43）。

涵洞构造方式较为简单。以中街书房院前的涵洞断面为例，它宽约600毫米，高约1米，内壁由条石护坡，其上覆盖有方形砂石。[1]

除作排水之用以外，它还曾兼作防空洞，抗日战争时期曾被使用。在传说中还是古代战时重要的运兵通道，并可与藏兵洞相连。可惜南门损毁重修，考证困难。

图2–43 涵洞排水之下水口列举

1 村民介绍，涵洞内亦呈“台地式”，虽高度不同，但足够10岁男童直立行走。每逢暴雨下落之时，坐屋听水，俨然有小瀑布之势。

图2-44 街巷排水之排水槽列举

图2-45 院落排水之暗槽列举（以三宅院为例）

2.街巷排水

街巷排水是以依靠地形为主、铺设排水槽为辅、局部结合涵洞的方式进行的。

排水凹槽是街巷铺地的重要元素，现存多以砂岩为主要材料，单侧或双侧铺于街巷边缘。相应地，部分街巷断面仍可保持中部凸起的形态，疏导雨水（图2—44）。

3.院落排水

院落排水主要依靠庭院的坡度处理，特殊院落设有暗槽，最终通过雨水口引向街道。

以三宅院为例，雨水通过院内下水口流入暗槽，经过宅院内巷暗槽流向外部街巷，从而将雨水引入街巷排水系统（图2—45）。

五、空间分析

1.空间发展自下而上的自组织过程——从建筑到村落空间

同大多数传统聚落一样，古堡整体空间并非严格按照几何网络（图2—46）。除内堡

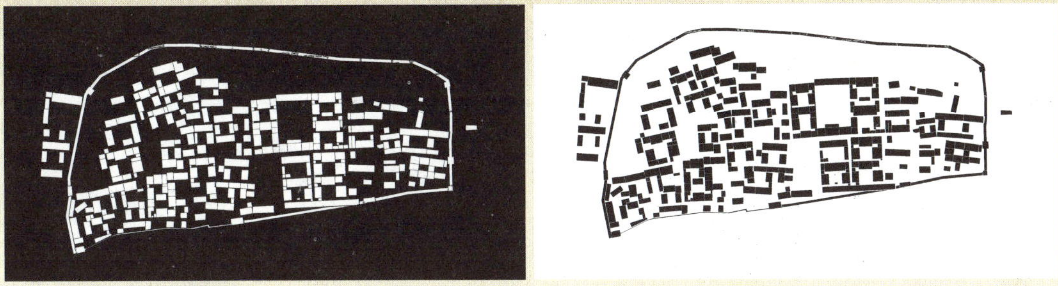

图2-47 图底关系分析图

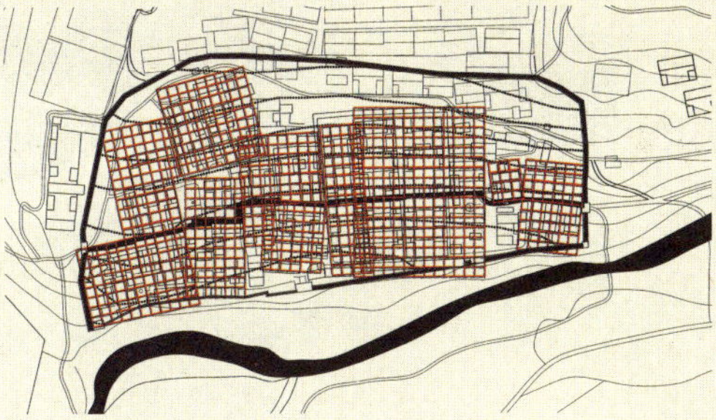

图2-48 古堡宅院格网分析图

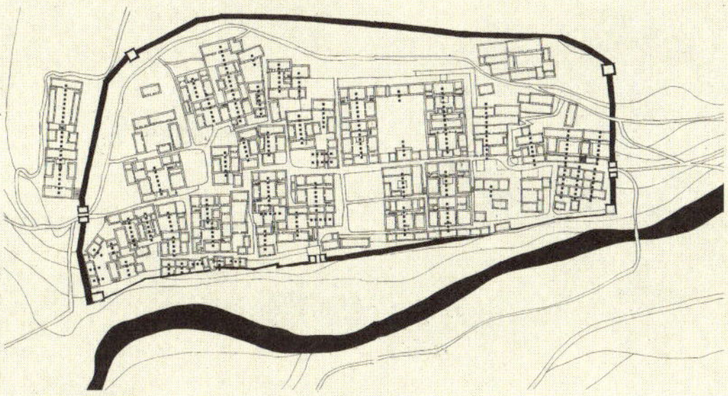

图2-49 古堡宅院轴线分析图

和九宅院落群外，建筑组团内部的空间关系相对自由。如果将建筑占地空间称为“实体空间”，而街巷、空地、庭院等空间称为“虚体空间”，从图底关系分析图中可知，目前古堡的建筑聚集呈现出一定的节奏性，出现了较为开阔的地带[1]以及较为密集的地带，二者交错出现，相互渗透，从而疏密有致（图2-47）。

对古堡结构进行网格分析可知，宅院布局受自然条件影响明显，几乎全部垂直于等高线布置，从而满足居住宅院良好的采光、通风需求（图2-48）。除此以外，外部空间的秩序性也是约束整体空间的重要因素。为保证中街界面的完整与连续性，延中街布局的宅院均在地形约束的前提下进行角度上的微调（如大男院院落群）。约束力的强弱与宅院距中街的距离有关，距离越大，约束力越小（如四宅院院落群）（图2-49）。

1 开阔地带：从图底关系图中不难看出，古堡中心地带有两片开阔空间，其一为大宅院遗址，新中国成立后曾作为村政使用；其二为九宅院落群西侧的空地，为院落损毁的荒地，因年代久远，原貌无法考证。

图2—46 俯瞰古堡空间肌理

2.外部空间构成形态与行为分析——街巷空间

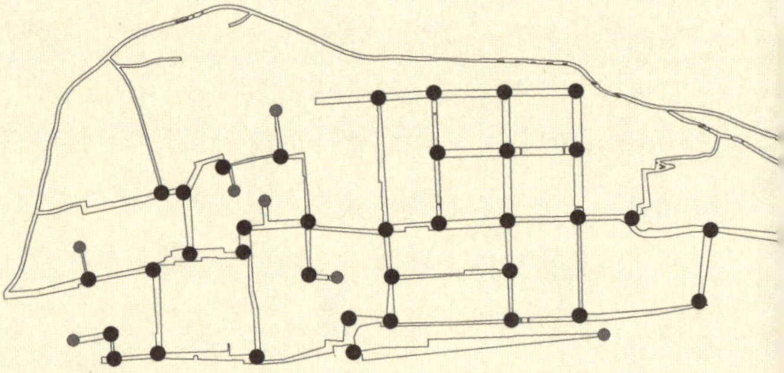

图2—50 古堡街巷连通性分析图

(1) 路网结构概述

通常，减少尽端节点可以提高道路的连通性。湘峪的“鱼骨式”路网形态完整，道路通达（图2—50），我们将其归纳为“两横九纵”（图2—51）。[1] “两横”指东西走向的两条横街，它们顺应等高线，分别是中街、南街，二者

1 中街以北虽仍有几条横街，但都短促而不连续，属连接性巷道，不作着重分析。

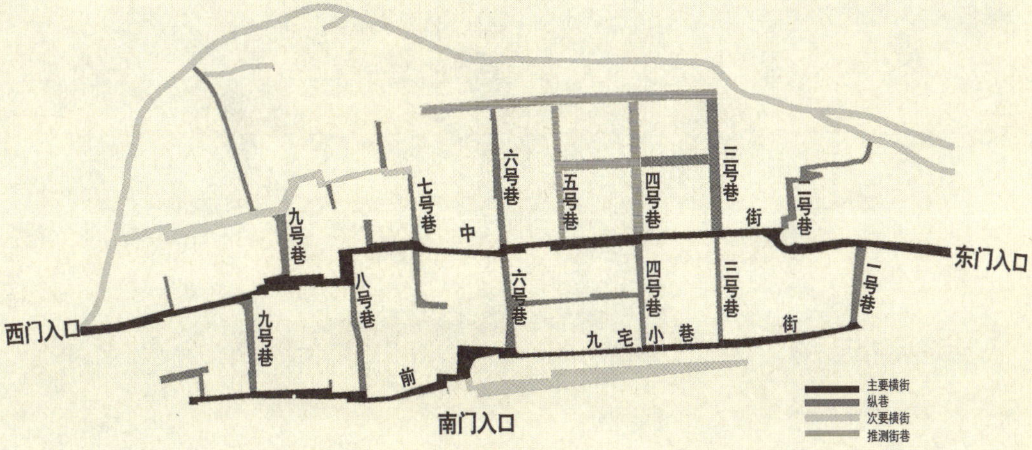

图2-51 古堡街巷形态图

图2-52 上行看一号巷

均是古堡干道，是生活性街道。“九纵”指南北走向的九条纵巷（图2—52），它们垂直于等高线，且均与中街相接，是连接性巷道。由于纵巷无名称，为行文方便，将其按自东向西的顺序依次命名为一号巷至九号巷（图2—53）。

众所周知，传统村落的外部空间由建筑围合而成，故街巷空间感受的分化，与总体格局息息相关（图2—54）。

正如前面一节提到的，中心堡区路网正交相连、通达性好，外部空间规整严肃、亲切感差。这里点缀着精美的构筑物，包括入口门楼、巷门、过街楼、牌坊和影壁等。多样的元素和考究的细节，顺利地化解了笔直街巷的紧张感。

西区路网以丁字相交为主，街巷形态多曲少直，好

图2—53 上行看八号巷

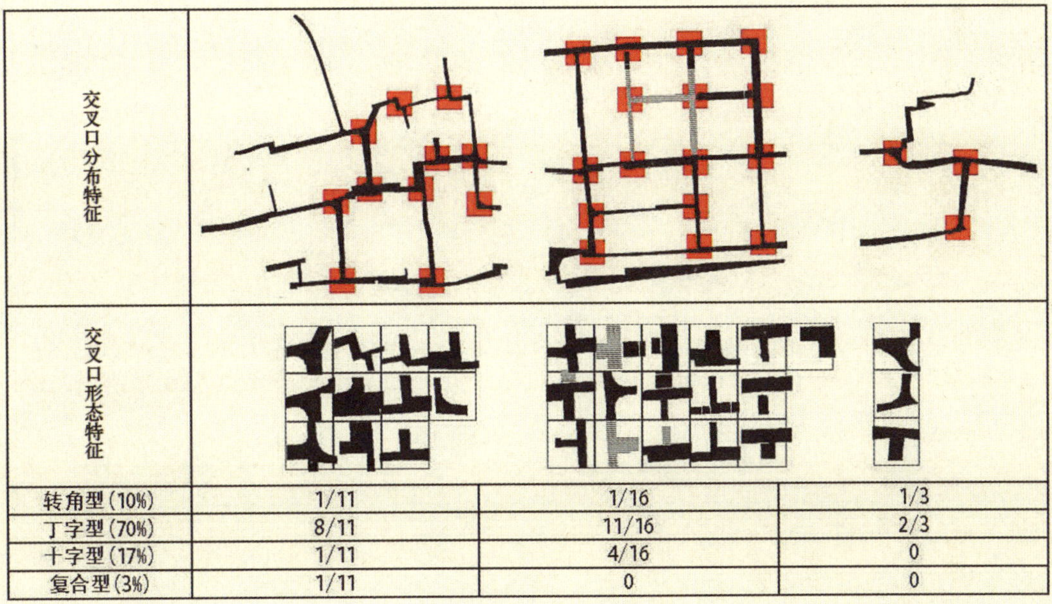

转角型（10%）	1/11	1/16	1/3
丁字型（70%）	8/11	11/16	2/3
十字型（17%）	1/11	4/16	0
复合型（3%）	1/11	0	0

图2—54 古堡街巷结构与交叉口形态分析图

似迷宫一般。这一区域包含了一处“石磨铺地[1]”特色空间和多处空地空间，至今仍是村民公共生活的主要场所。

东区路网特点与西区极为类似，但结构更为简单。该区有四百年老槐一棵，在东区转折处，是该区的主要意象。

（2）宽高比

堡寨的居住属性和防御需求，以及用地紧张、地形局限的特征，使得街巷空间紧凑甚至紧张。

据统计可知，街巷宽高比均在0.6以下，且数值大小与街巷等级相关，即中街、南街大于九条纵巷（图2–55）。另外，对于内堡及九宅院落群的四条纵巷，北段开阔而南段紧张，这里分析有以下原因。根据防御需要，北部内堡组群周界建有高大堡墙，而南部九寨组群则连续建有过街楼，宽高比的微调于前者化解了压迫感，于后者则使架设过街楼得以成行。

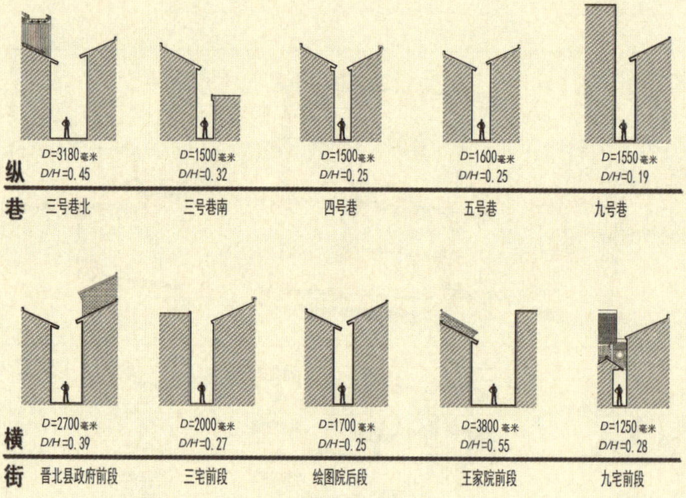

图2–55 古堡街巷宽高比统计图

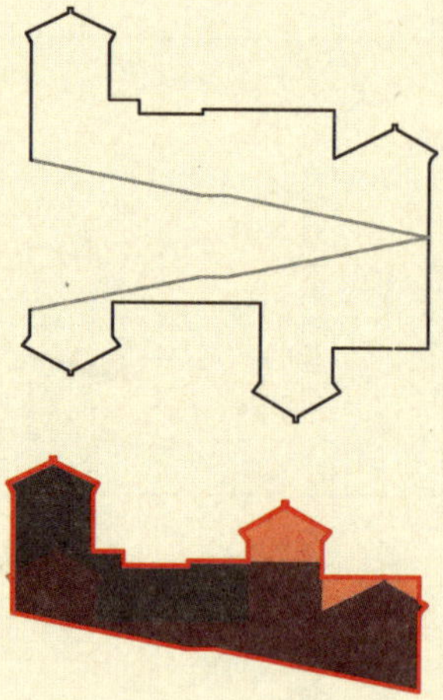

图2–56 九号纵巷天际线叠加图

1 指有石磨铺地处，在下文“节点空间举例”一节有述。

（3）侧界面

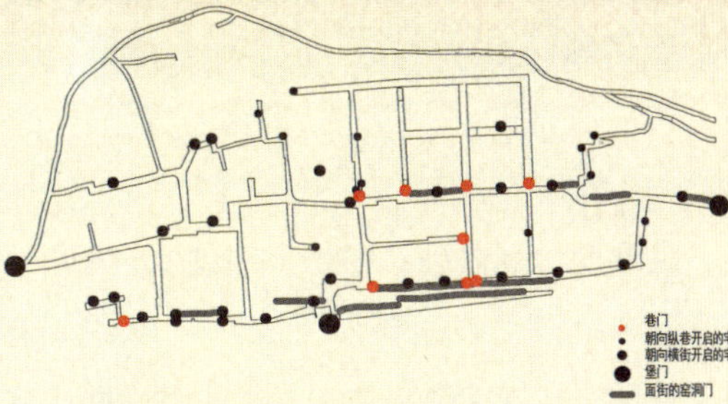

图2–57 古堡街巷入口统计

侧界面特征首先体现在天际线的设计，即以三合院和插花楼为特征意向。九宅院组群中三合院的并排而置，使九宅内巷北界面在天际线上形成均匀的凹凸，而“诗书画”院和王家院沿街而置的四层耳房，使九号纵巷先后在东西界面形成强烈的突起；前者通过引导内外空间的交融，化解外部空间的紧张感，而后者在平淡连续的天际线上奏起最强音，其夸张的尺度给行人带来兴奋感（图2–56）。

宅门设计各具特色、互不雷同，除受形制因素影响之外，对地形的不同处理也是多样性的主要原因（图2–57）。如南门附近的积庆院，便是因沉陷的门楼而有“高台院”一称的。沿街窑洞是对住宅和街巷功能的补充，是穿插在宅门的重要构图元素（图2–58、图2–59）。窗洞又使街巷时刻处于被监视状态，具有精神防御的意义。其

图2–58 中街立面图

图2–59 九宅小巷和东藏兵洞前街立面图

中，南街的两个侧界面均较丰富，特别是九宅内巷一段，丰富的界面使紧张的空间具备了亲切感。

（4）底界面

底界面分别体现在形态和质感上（图2–60）。

形态上以九条纵巷为例（表2–1）。除内堡外，其余纵巷均坡度较陡，在1/5～1/9之间。处理方式以坡道为主，部分设置台阶。其中，三、四号巷南段中部的数级台阶位于宅门旁，划分了巷道空间，有效缓解了超强一点透视带来的紧张感。

质感上体现为铺地方式的不同（图2–61）。街巷大多由块状砂岩[1]铺成，少数使用碎石（图2–62），垂直于人行方向铺设，从而有动静区域之分，两侧多嵌排水槽。其中，临近堡门一段的中街，条石居中铺设，划分左右通行区。在八宅入口东侧更有石磨铺地[2]的特殊做法（图2–63）。

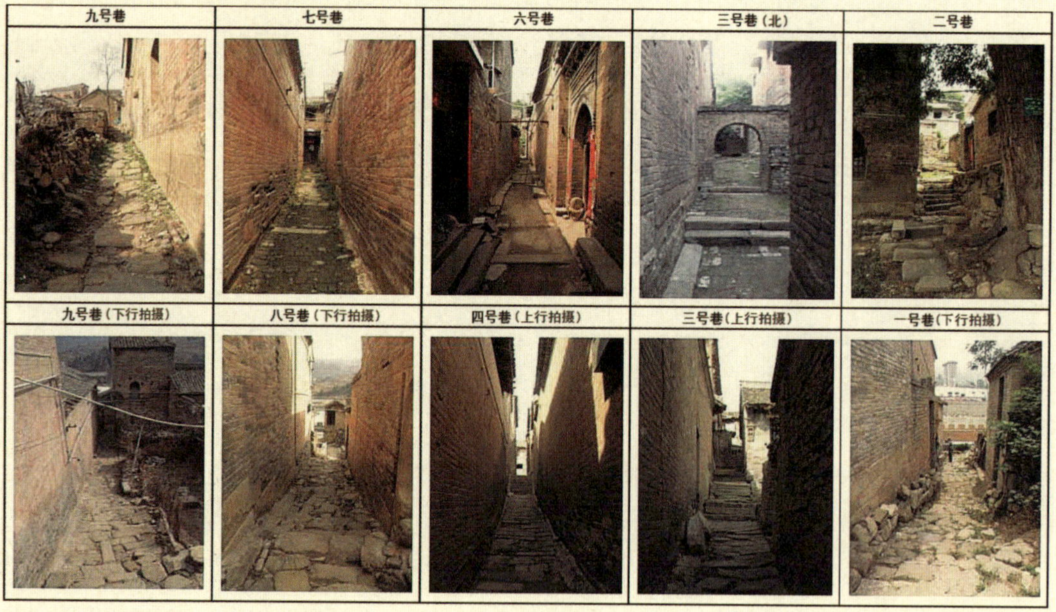

图2–60 纵巷实景

1 砂岩：较为常见的建筑材料，质地松软，便于雕刻，属沉积岩。

2 石磨铺地：一般地，石磨铺地是材料二次利用的结果，原因有如石磨老旧、富余等，目的有如解决泥泞街巷等。推测该处石磨铺地具有缓解之字转折空间的紧张感，整合底界面流线的目的。

纵巷尺度统计表 表2-1

	中街以南纵巷					中街以北纵巷				
	一号巷	三号巷南	四号巷	八号巷	九号巷	二号巷	三号巷北	六号巷	七号巷	九号巷
长度（毫米）	27500	32700	32900	34800	30000	18800	42700	40600	57600	19890
分段数	1	2	2	3	1	2	1	1	3	1
平均宽度（毫米）	2600	1500	1900	1900	1900	2500	3200	2400	1300	2500
落差（米）	2.30	3.55	3.65	4.18	5.64	3.10	1.45	1.20	5.30	3.20
平均坡度	1/12	1/9	1/9	1/8	1/5	1/6	1/29	1/27	1/11	1/6
平均宽度/分段长度	1/10	1/11	1/9	1/6	1/16	1/4	1/13	1/17	1/15	1/8

（5）节点空间举例

①牌坊前的广场空间

有别于欧洲公民广场，在以家族为中心的村落生活中，公共空间处于弱势。[1]然而，家族牌坊因其重大的象征意义，统领广场空间。

牌坊多竖立于较为醒目与开阔的地点。堡内共有牌坊三座，分别在小男院、五宅院、大官方的入口处，其中前二者在周边形成了明显的空地空间，且至今小男院牌坊西南空地仍然是村民的重要聚集场所。

②入口空地的过渡作用

另外，院落出入口空间局部放大，缓冲了出入口。或在巷道中部形成内凹式空间，组织两个院落的出入（以王家院和状元楼院为例）；或在交叉口形成阳角空间，缓冲街巷转折（以高台院和棋盘四院为例）。这样的空间是街巷形态的突变点，更是内院的延伸，使外部空间灵活有序、收放有致（图2—64）。

③石磨铺地特征空间——迷惑性空间构成分析

石磨铺地特征空间是沿中街东行的最具迷惑性的节点（图2—65）。自西门进入，通过

1 至该堡旅游开发以前，堡内个别空地曾被旱厕占用，公共空间分散而不集中。

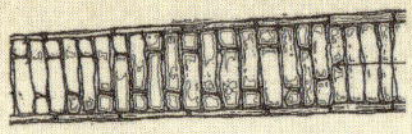

纵巷四号巷

推测建设年代：明末
形状、材质：条形砂石
铺设方式：连续错缝横铺
质感/特征：工艺讲究，质感严谨

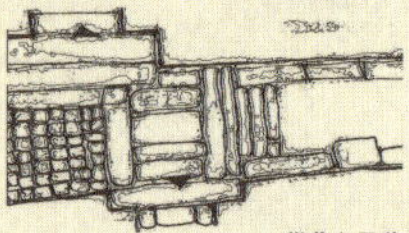

纵巷六号巷

推测建设年代：明末
形状、材质：条形砂石
铺设方式：入口条石纵铺
质感/特征：动静空间区分明确

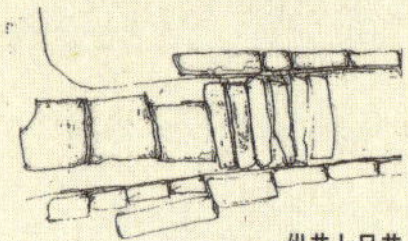

纵巷七号巷

推测建设年代：明末，后有改建
形状、材质：方形砂石
铺设方式：拼接
质感/特征：功能明确

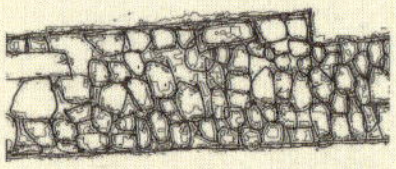

纵巷九号巷

推测建设年代：90年代
形状、材质：碎石
铺设方式：拼接
质感：现状质感不佳；
推测旧时工艺讲究，质感优良

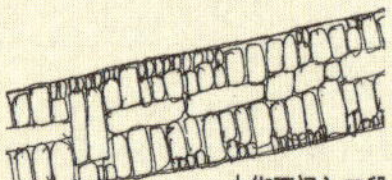

中街西门入口段

推测建设年代：明末
形状、材质：条形砂石
铺设方式：中间纵铺，两侧横铺
质感：明确的秩序感

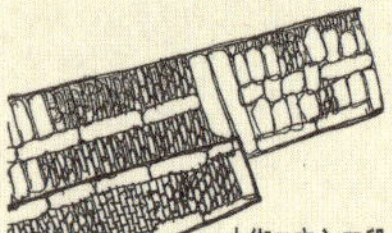

中街二宅入口段

推测建设年代：90年代
形状、材质：条形砂石，青砖
铺设方式：中间条石纵铺
质感：视觉上对西门段落的延续

中街八宅入口段

推测建设年代：明末
形状、材质：条形砂石
铺设方式：连续横铺，入口段落纵铺
质感：工艺讲究，质感严谨

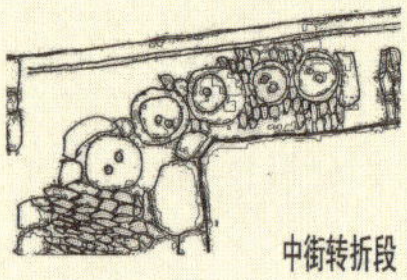

中街转折段

推测建设年代：50年代
形状、材质：石磨
铺设方式：拼接
质感：明显突起，缓和转角空间

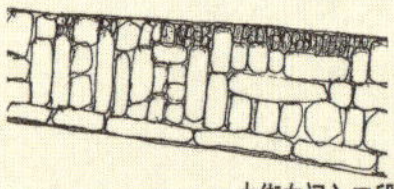

中街东门入口段

推测建设年代：明末
形状、材质：条形砂石
铺设方式：纵横交错
质感：秩序感不明确

图2-61 街巷典型铺地一览表

图2-62 碎石铺地

2-63 石磨铺地

类型	空地举例（屋顶平面图）	空地举例（首层平面图）	节点概述	图示
由节点元素（牌坊）引导的空地空间	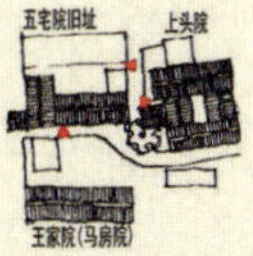	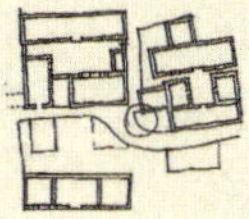	**地点**：老槐树空间放大 **分析**：该处节点有百年老槐一棵，五宅院石牌坊一处（损毁），以及石磨一个。 **现状与行为活动**：现状是圈养牲畜和存放农用机械的场所，老槐树聚集作用并不明显。	
		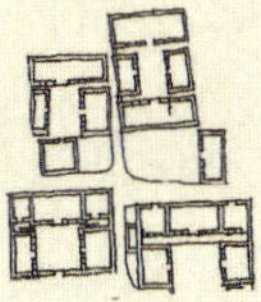	**地点**：大男院石牌坊（遗址）空间放大 **分析**：该处节点有十宅院石牌坊一处（损毁），废弃石磨若干。 **现状与行为活动**：这里视野开阔，是午后下棋聊天的一处聚集场所。	
道路交叉口与住宅入口形成的空地空间		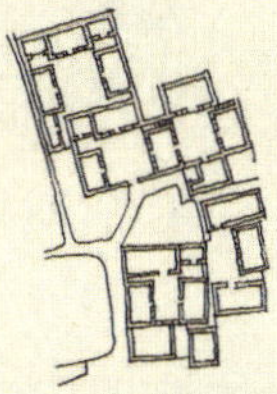	**地点**：四宅院入口空间放大 分析： **分析**：该处节点在有效组织了三个宅院的出入口的同时缓解了道路转折的紧张感。 **现状与行为活动**：空间开阔，是午饭用餐时一处聚集场所。	
	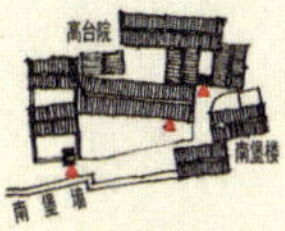	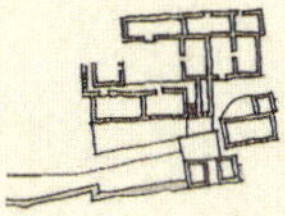	**地点**：高台院入口空间放大 **分析**：该出节点巧妙地退让出了内翁堡附近的空间，北边界清晰而南边界开阔，具有强烈的方向性和归属感。 **现状与行为活动**：这里空间开阔、视野良好、游客聚集，是平日村民活动最为集中的场所之一。	
巷道中部内凹与住宅入口结合形成的空地空间	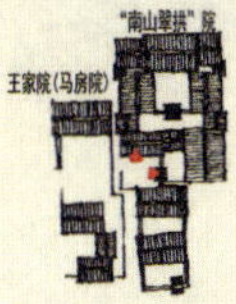	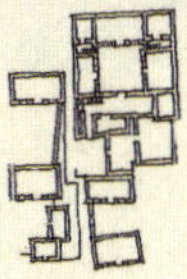	**地点**：南山翠拱院入口空间放大 **分析**：该处节点在有效组织了两个宅院的出入口的同时缓解了道路转折的紧张感。 **现状与行为活动**：南山翠拱院的门楼成为该纵巷的一处对景，其行进感无法形成人流聚集。	
	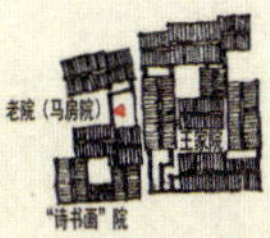	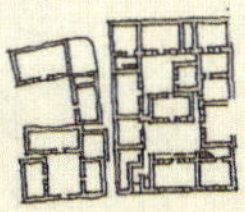	**地点**：王家院入口空间放大 **分析**：该处节点明确地划分了动静空间，作为出入口空间的有效过渡。 **现状与行为活动**：现状有爬藤植物及农作物种植，生活气息浓厚，其私有属性无法形成人流聚集。	

图2-64 街巷典型出入口局部放大空间列举

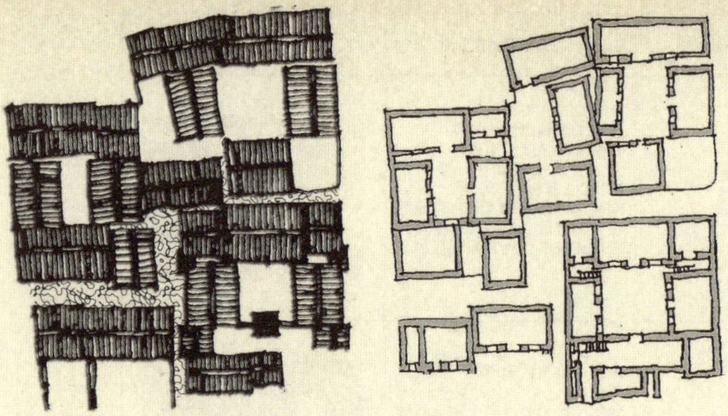

图2-65 八宅入口东侧转角平面示意图

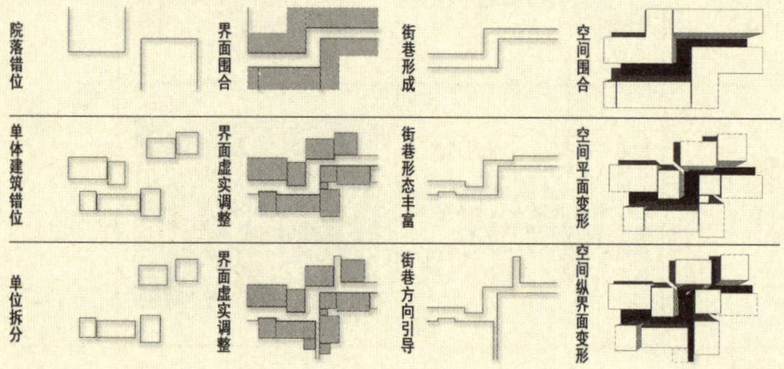

图2-66 迷惑性空间构成分析

序列铺垫，转角叠加，界面封闭达到迷惑性。其中，转角叠加可以通过院落平移、单体错位和拆分获得。最终通过破坏视线的连续性达到迷惑外人的目的（图2-66）。

（6）横向街道空间构成与行为活动构成

作为古堡的两条干道，中街和南街横贯多个不同区域，街道空间的差异使街巷产生序列感。

中街总长约271米，利用两个转角划分成三个段落，长度比为1.5：2.5：1，两端陡而中部缓，呈内凹式（图2-67～图2-71）。自西向东呈现出动—静—动的特征。

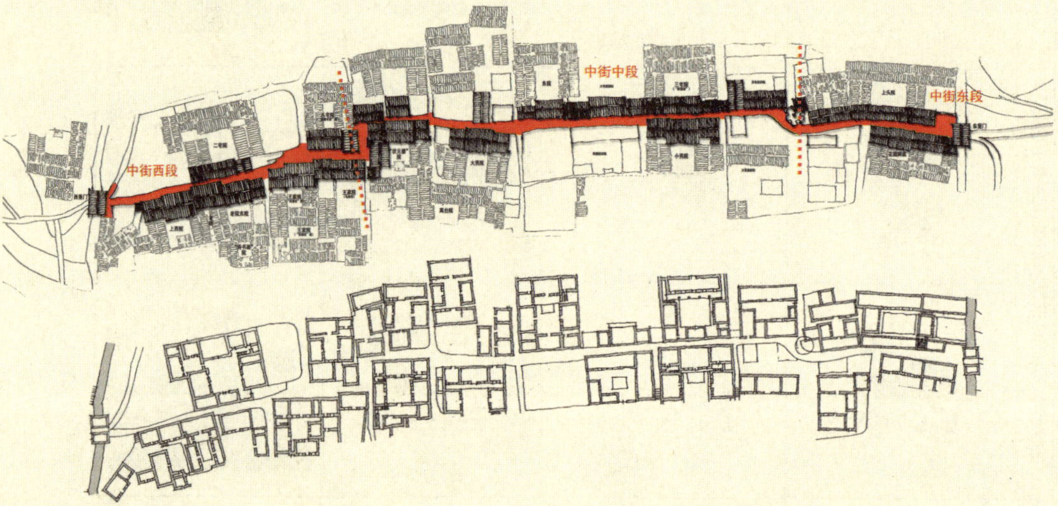

图2-67 中街平面图

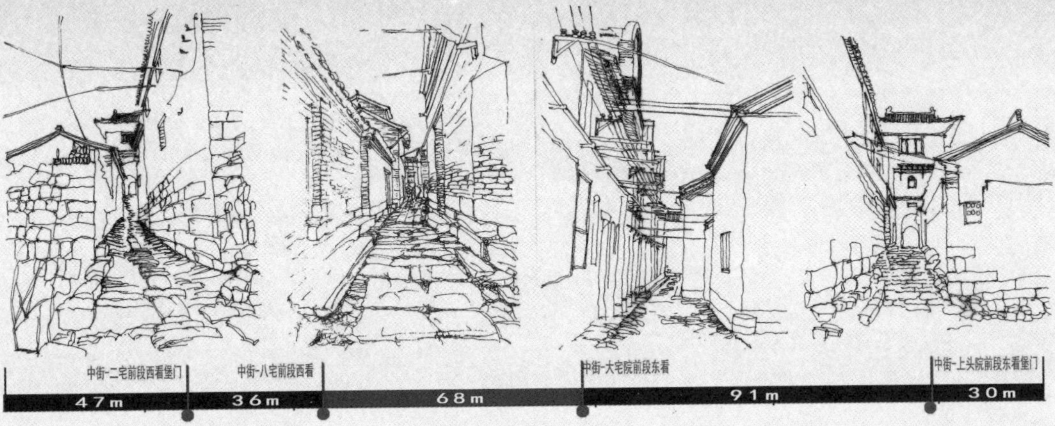

图2-68 中街空间序列分析图

图2-69 中街八宅前段

图2-70 从老槐树旁看上头院前段

图2-71 从东堡门内看上头院前段

南街连接一号巷和九号巷，总长约206米，利用内瓮堡划分为两个段落，长度比接近1：1，西段较东段空间开阔（图2—72、图2—73）。

横向街道是村民活动的主要空间，主要以线形的方式分布在南街西段、中街中段，并以局部点状的方式分布在街巷局部放大空间中。根据实际调研绘制的空间活动分布图可以发现堡内人群分布不均匀，可以看出，行为活动的聚集与空间的场所属性有着重要的关联（图2—74）。

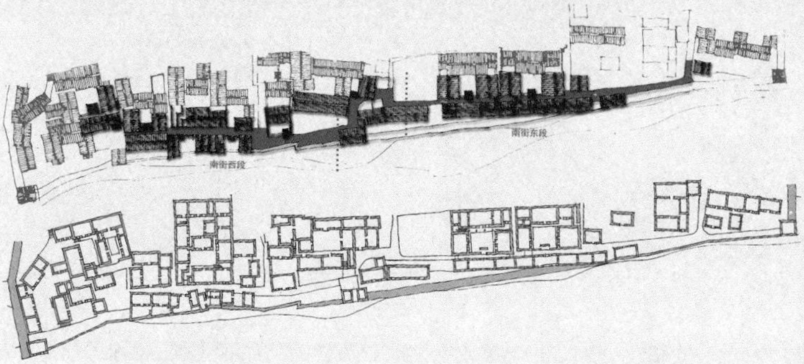

图2-72 南街平面图

图2-73 南街空间序列分析图

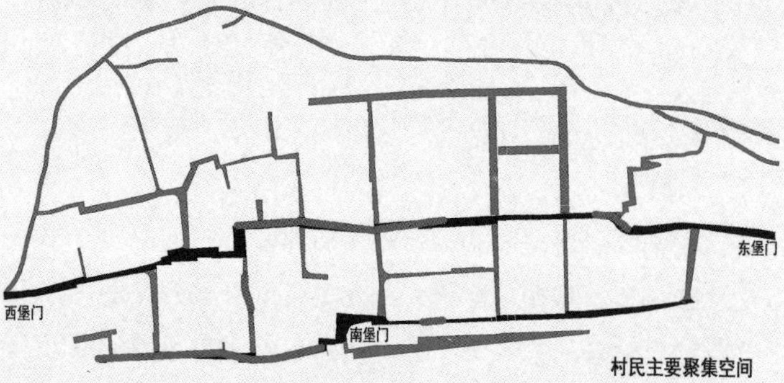

图2-74 古堡街巷行为活动分析图

以南街西段为例。旅游业的发展促使南堡门成为古堡新时期的重要出入口，它曾经所具备的防御意义如今已变成巨大的文化财富。堡门地位的转变使得临近堡门的空地空间成为村民、游人共同的聚集场所，是文化交融的触发地。该空地虽是堡内地坪的最低点，然而身临峭壁、南望樊山所带来的空间、视觉感受，足以使其优于堡内任何一个制高点。

街巷空间是村中老人主要的活动载体，街巷生活是庭院生活的延续，具备一定的不确定性。从对堡内街巷生活的观察来看，人群以老年人为主，常在午饭时、午休后，多为聊天、下棋等聚集活动（图2–75、图2–76）。

（7）空间识别体系

现代城市的可识别性要求空间具有完整清晰的结构，多以点线结合的方

图2-75 老人在中街八宅东院入口空地聚集

图2-76 老人在南街“诗书画”院前段聚集

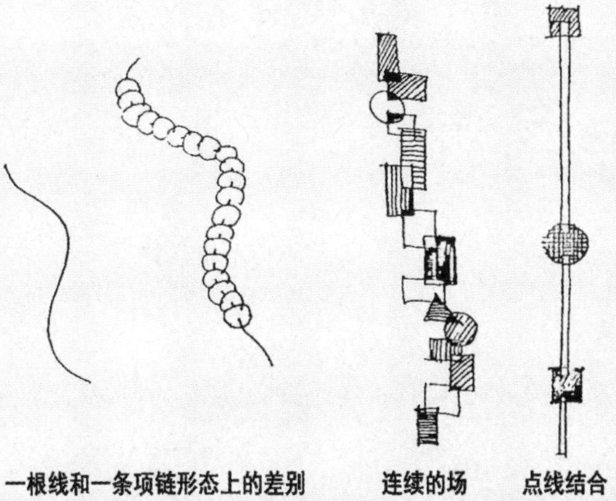

图2-77 街巷的两种组织方式
（资料来源：《空间研究1世界文化遗产西递古村落空间解析》）

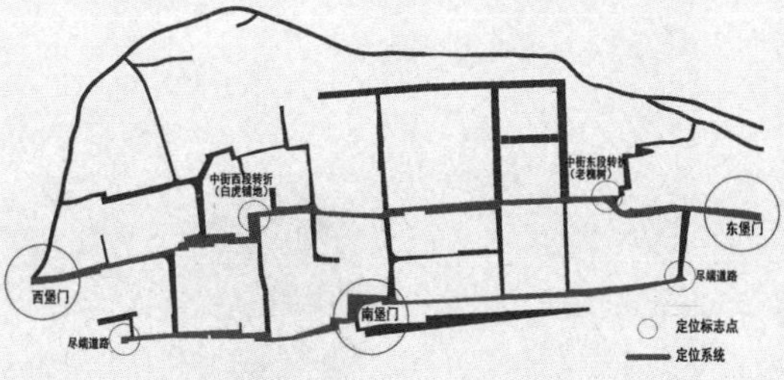

图2-78 古堡核心定位系统

式构成城市空间，这与时刻围绕古堡的防御要求两相违背。故而，这种以“连续的场”作为构架体系的传统空间，以其节点众多、错列无序的特征成为了外人眼中的迷宫（图2-77）。

古堡可以看做是以“点线结合”作骨架，以“连续的场”作补充，在满足构架清晰、交通畅快的前提下提供自卫防御、公共生活的可能。对于点线组合，古堡以堡楼作为主要定位节点，重要交叉口作为次要定位节点，两条横街则作为定位系统的主要轴线（图2-78）。对于连续的场，其识别性则体现在多样性上，即地形处理方式多样性、构筑物多样性、民俗用具多样性等，元素各具特色，是“场”气氛的决定因素（图2-79～图2-81）。

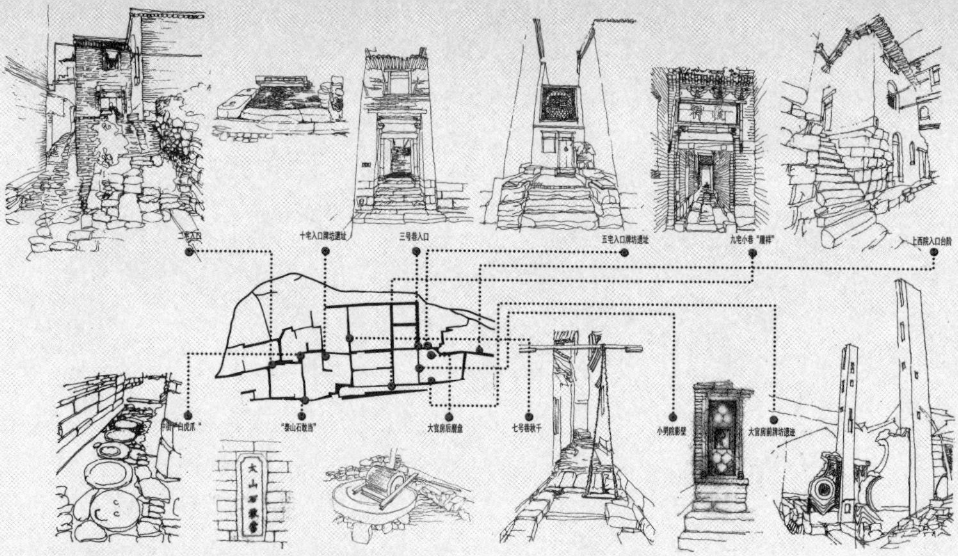

图2-79 古堡街巷典型特征识别点分布图

图2-80 大官房前的石牌坊遗迹

图2-81 南街九宅小巷段

【第三章】

湘峪古村的居住建筑

JUZHU JIANZHU

一、居住建筑综述

居住建筑是湘峪古村中最为基本也是数量最多的建筑类型。其他一切公共建筑均围绕居住建筑展开，并为居住生活服务。受到明朝后半叶特殊的历史环境影响，湘峪古村的居住建筑有别于传统的官居商宅的形制，体现了强烈的防御气息。对于形制是否规整，装饰是否精美的考虑已经退居第二位。从本质上说，湘峪村的居住建筑除了反映了居住组团的特质之外，每个院落同时也是防御网络的重要一环（图3—1、图3—2）。

1.年代及分布

湘峪村现存最早的居住建筑可以追溯到元末明初，是孙氏祖先甫至本村所建。[1]村中的大部分居住建筑建于明朝末年，推断为天启、崇祯两朝。清朝和民国时期，村中也有营造

图3—1 从西城墙鸟瞰湘峪古村

1 该院落在明朝末年已经在原址上进行扩建维修，故今日所见并非明初时的建筑。

图3-2 从东城墙鸟瞰湘峪古村

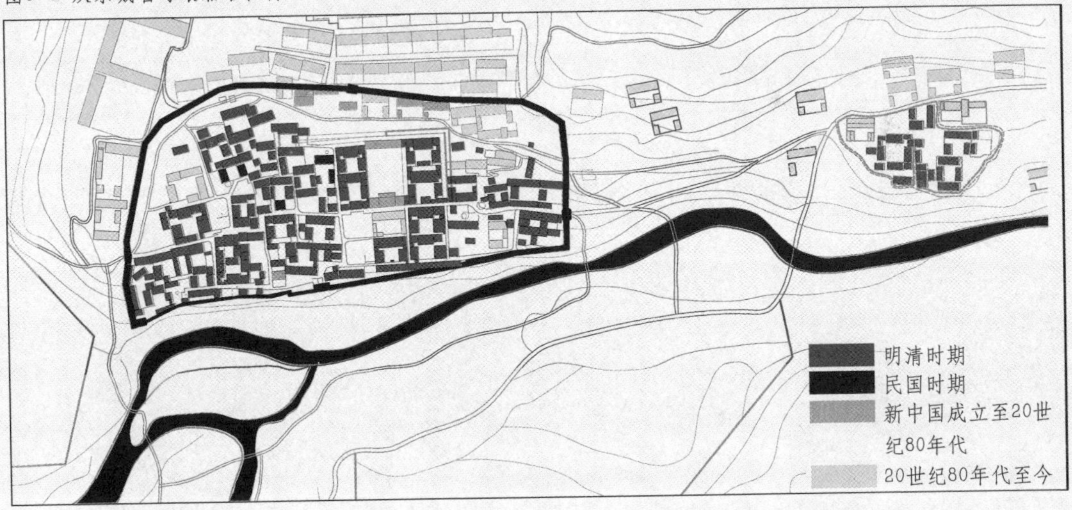

图3-3 建筑年代分布图

活动，但规模不大，分布也不集中。新中国成立以来，主要集中在20世纪60年代前后，村民在已毁的建筑基址上，进行了大量有组织的建筑活动(图3-3)。

中国古代建筑发展到明代，风格逐步趋于稳重严谨，形式益发凝练简约。虽然单体建筑的技术和造型上日趋定型，但在处理单体建筑之间的关系上，却取得了显著的进步，也因此产生了丰富的院落组织方式。本地的居住建筑亦是如此，并不过分追求单体建筑雕花装饰的精美繁复，更注重院落组合和空间氛围的营造，简单古拙中自见大气磅礴。

湘峪村的居住建筑以中街为界，沿南北向纵向延伸。在营造初期，出于防御的考虑，湘峪村的居住建筑在空间上连接紧密，建筑间的小巷仅1～2米宽，村中亦无较为集中的公共空间。不同院落之间通过过街楼、内巷等互相连通，各有独立入口，为村民提供了多条并列的路径，最大限度地满足了防御的要求。

湘峪村的居住建筑有一套独特的命名原则，整体表现为“东单西双”，即以六巷为界限，大宅、三宅、五宅[1]、七宅[2]、九宅位于东侧，二宅、四宅、六宅、八宅、十宅[3]位于西侧。据村中老人讲，大宅为孙居相宅邸[4]，三宅为孙鼎相宅邸，且单数宅院的门前多有高大的牌楼，很可能为官宅。而西侧的双数宅院，在形制上较为自由，装饰精美，构造精巧，非有一定之经济基础不可得，故宅主人应当为富户，而结合当时的历史情况，宅主人经商致富的可能性较大，双数宅院很可能为商宅。或又从传统风水上讲，以单数为尊又以东为大[5]，单数宅为官宅，双数宅为商宅，符合封建社会“士农工商”，士为最大的价值观念（图3–4、图3–5）。

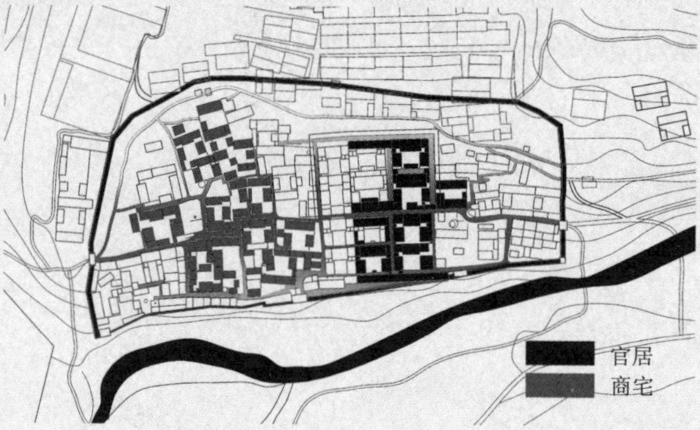

图3–4 官居商宅分布图

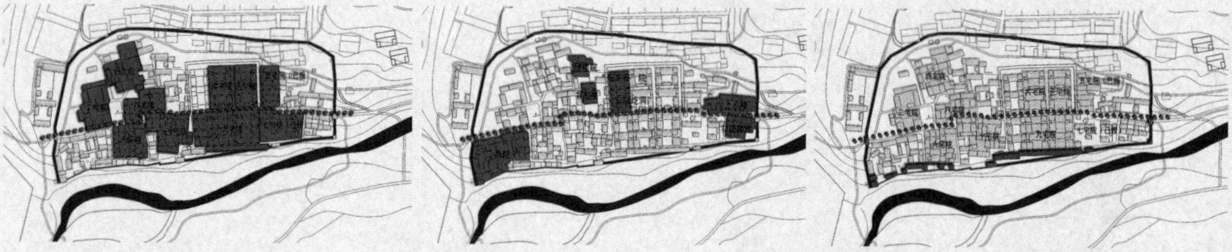
图3–5 十大宅院分布图（左）、辅助院落分布图（中）、堡墙上院落分布图（右）

1 已毁，现仅存沿街的一进院落。
2 已毁，位置未知。
3 十宅为官宅。
4 此事口口相传，但不可考证。
5 此为明朝盛行的观念。

除了“十大宅院”之外，村中有一些零散的建筑院落，主要是作为辅助功能而存在，主要有帅府院、花园脚底（图3–6）、“天绘图”院和“延秀院”（图3–7)等。这些院落主要分布在古村的边缘地带（图3–8），基地条件比较苛刻，建筑形式较为简单，在建筑形态和院落组织上也更为自由。而且这些院落多靠近城墙，甚至，直接与藏兵洞等防御设施相连接，亦兵亦民，是古村居住建筑防御化的典例。

图3–6 花园脚底鸟瞰

图3–7 堡墙上的院落

图3–8 临近西堡门的第一进无名院落

2.院落构成

（1）院落形制

湘峪古村居住院落由正房、厢房、倒座、庭院等基本建筑元素构成，通过相互组合，形成纷繁多变的院落形制。湘峪村的院落形式基本分为“簸箕院”、“四大八小”两大类，并且在此基础上进行横向串联和纵向并联组合，形成了灵活多变的组合（表3–1）。

湘峪古村“十大宅院”现存院落一览表 表3–1

	二宅院	三宅院	四宅院	六宅院	八宅院	九宅院	十宅院
建筑形制	四大八小	四大八小	四大八小、簸箕院	四大八小、簸箕院	四大八小	簸箕院	四大八小、簸箕院
建筑结构	抬梁式	抬梁式	抬梁式	抬梁式	抬梁式	抬梁式	抬梁式
院落规模	一进	两进	一进	两进	一进	一进	一进
屋顶形式	硬山	硬山	硬山	硬山	硬山	硬山	硬山
代表院落	西二宅	都堂院	“凝瑞气”院	王家大院	县政府院	小男院	大男院
建造年代	—	—	—	崇祯十一年	—	—	雍正八年
代表人物	—	孙鼎相	—	孙率祖、孙述祖	—	—	—
选址区位	村西北、靠城墙	村中心偏东	村西北	村西南角	村中心偏西	村南、靠城墙	南街中部
占地面积	570平方米	750平方米	860平方米	580平方米	860平方米	1060平方米	1180平方米

①基本形制

a.“簸箕院”及其衍生形式

簸箕院（图3–9、图3–10）是湘峪村最为常见的院落形制。簸箕院由正房、厢房和耳房围合而成，由于没有倒座，整个院落形似簸箕，故得其名。簸箕院较之“四大八小”形式，占地面积较小，能够更好地适应山地环境，使同一进院落位于相同水平面上，故簸箕

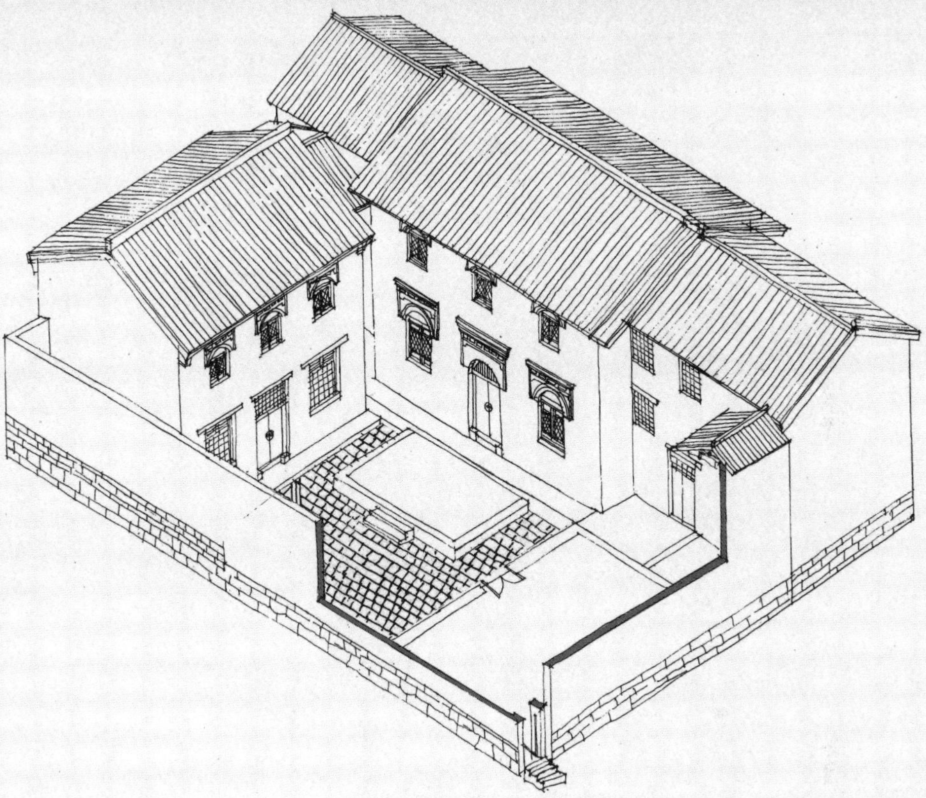

图3-9 簸箕院轴测图

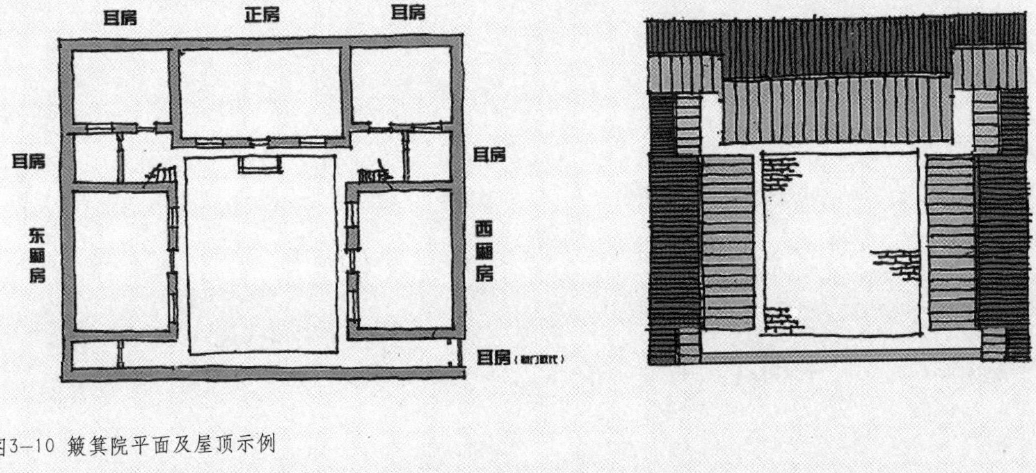

图3-10 簸箕院平面及屋顶示例

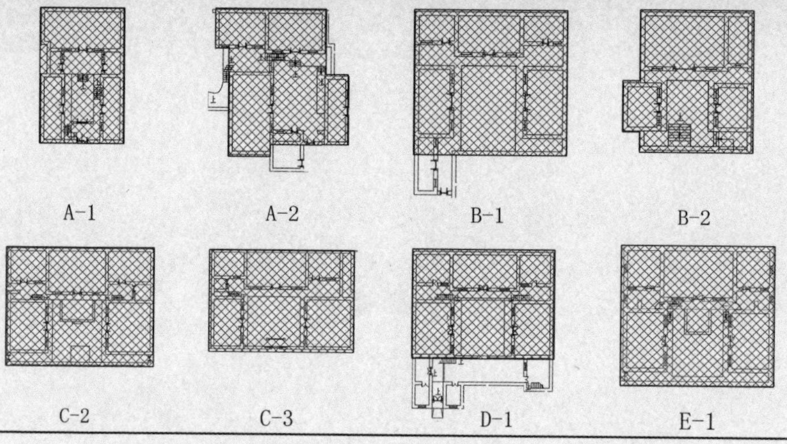

以簸箕院为基本形式的住宅平面及变体形式。
（A-1、A-2，属于老院儿；B-1、B-2属于四宅院；C-1、C-2、C-3属于九宅院；D-1属于十宅院；E-1为“居定安”院）

图3－11 湘峪村现存簸箕院形式列举

院的实例在湘峪村为最多，且因地制宜，变化无穷。譬如，大门的位置，就有很多变化。常常根据街巷的宽窄走向，开在与正房相对的院墙中央，或者占用东南或西南耳房的位置随墙设置。通常情况下，簸箕院的正房形制略大于厢房，院落东西长，南北短，但亦无一定之规。以帅府院为例，厢房的面阔几乎可以与正房相抗衡，且院落南北向与东西向比例近1:2，几乎近似于晋中院落常见的比例，乃是村中孤例。在进深较大的地基上，簸箕院向南加建一排倒座，就会形成一种两进院落的形式。两进簸箕院南北向组合，根据地形高差的不同，变化也十分丰富（图3－11）。

b．“四大八小”及其衍生形式

“四大八小”（图3－12、图3－13）是晋东南较为常见的院落组合形式。虽然在山西其他地区，也有这种合院形式的案例，但未作为一种主流形式而存在。“四大八小”，顾名思义，是由正房、东西厢房、倒座和八个耳房共同围绕形成的建筑组合方式。其中，正房、东厢房、西厢房、倒座体量较大，等级较高，容纳主要使用功能，称为“四大”；耳房体量较小，位于主体建筑之间，作为“四大”的连接部分而存在，并承担次要使用功能，称为“八小”。

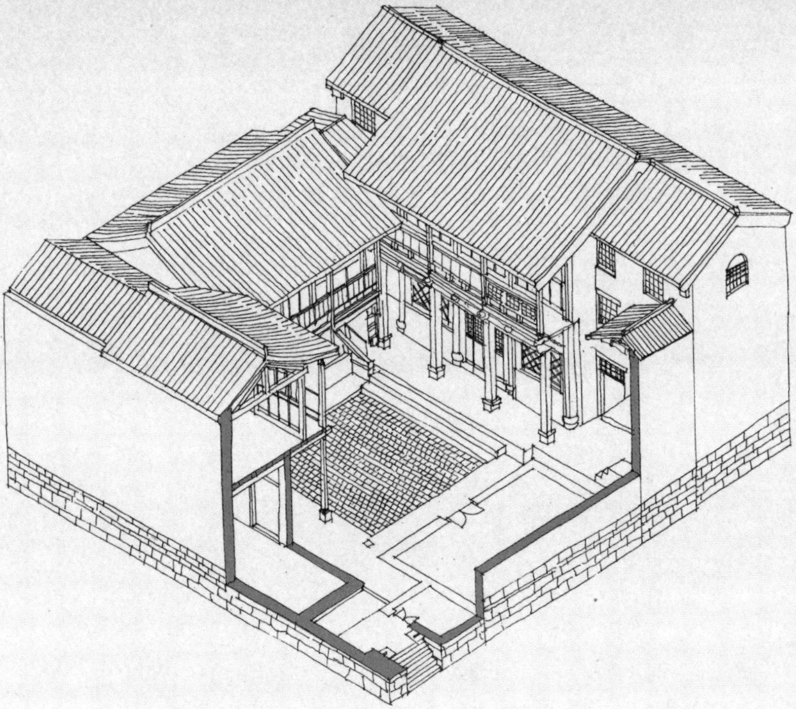

图3–12 “四大八小”模型示例

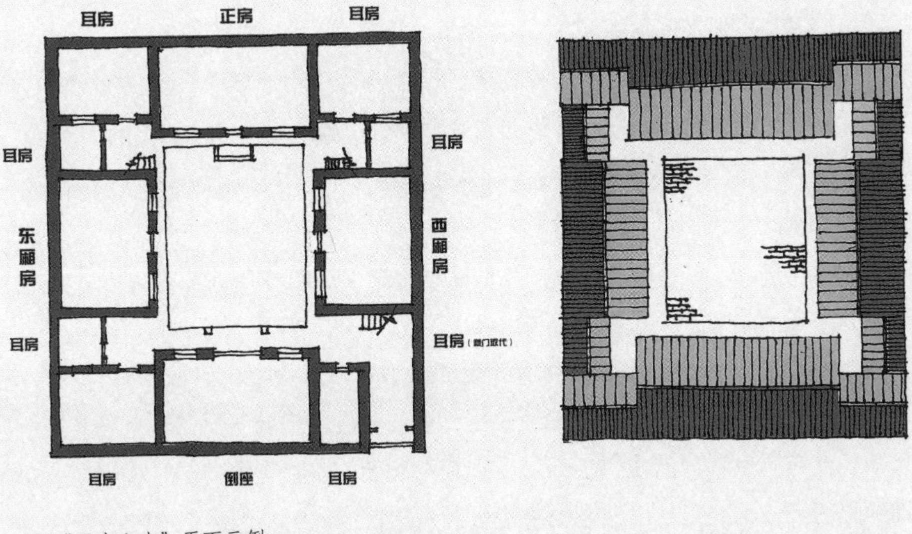

图3–13 “四大八小”平面示例

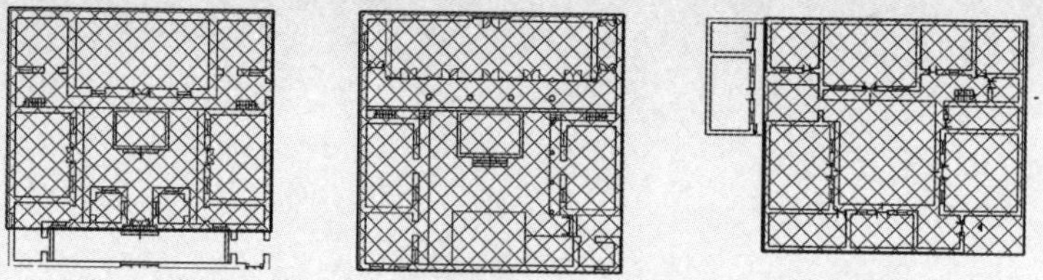

F-1　F-2　G-1

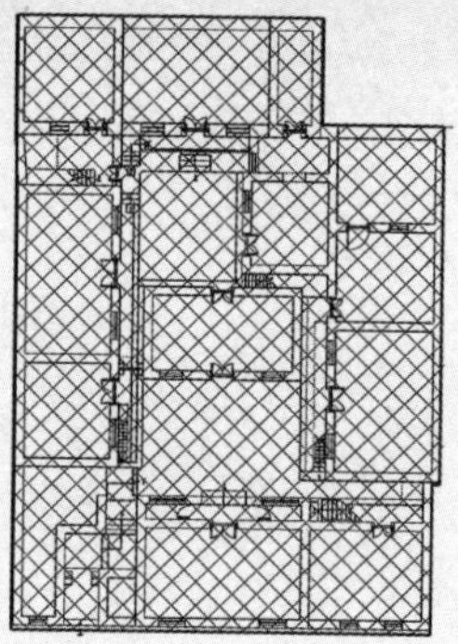

H-1

"四大八小"的建筑形式在湘峪古村也比较常见，但在数目上远不及簸箕院。且其建筑形制往往不甚严整，常常出现因地制宜的改造和省略（F-1、F-2为三宅院，G-1为二宅院，H-1为六宅院）

图3–14 湘峪村现存"四大八小"形式列举

由于地形的限制，湘峪村形式严整的"四大八小"建筑并不多见，以衍生形式存在的较多。在标准"四大八小"形式上衍生出的形式，大致可分为两种：第一种，通过改变厢房进深和院落大小，在原有院落的东西两侧加建东房或西房，形成新的附属院落，如二宅院、王家大院。第二种，将两个"四大八小"院南北串联，形成两进院落，如三宅院（图3–14）。

② 组合形制

a.棋盘四院

棋盘四院由四个独立院落组成，院落之间既相互独立，又彼此连通。独立院落的形制，可以是"四大八小"，也可以是簸箕院。在组合过程中，各个独立院落的轴线并不完全重合，因此，导致了一部分院落形制的改变。譬如，第一进院落的西北耳房常常演变为第二进院落的入口，或者，为了前后两进院落互相结合，耳房经常为通道所替代。

b.其他组合院

院落之间相互组合，往往产生更为宏大反复的院落组合，因此组合院也往往是处理山地地形最为出彩的一部分。组合院中以棋盘四院最为常见，但其他组合方式也不乏例子。组合院经常是三到四个，或者更多院落相互组合，轴线可以重合，也可以不重合。常见的为V字形组合，如十宅院。有时组合院并无法进行精确的命名，但并不妨碍其营造精彩的院落空间。以帅府院落群为例，帅府院、上西院、下西院和西门里相互连通，巧借地势，已经完全抛开了建筑形制的桎梏，显示出极大的变通性和对地形的尊重（图3–15、表3–2）。

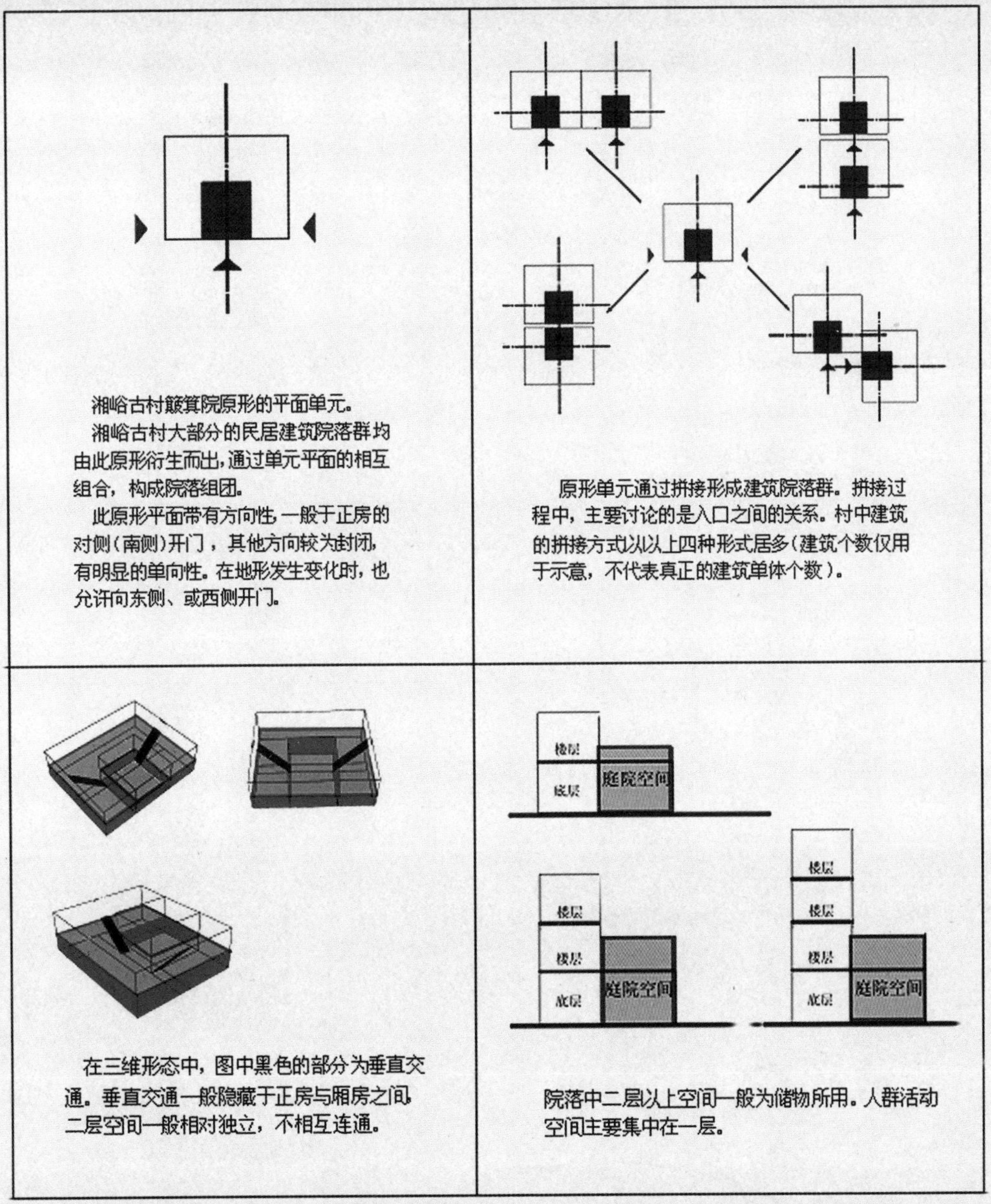

图3–15 簸箕院组合形式[1]

1 分析方式参考：王绚著.传统堡寨聚落研究——兼以秦晋地区为例[M].南京：东南大学出版社，2010.

村落中院落形制分析 表3–2

建筑形式	布局构成	代表院落	建筑首层平面	建筑轴测图	实地照片
二合院		棋盘院之西南院	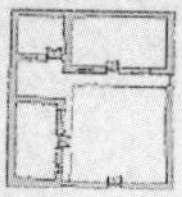	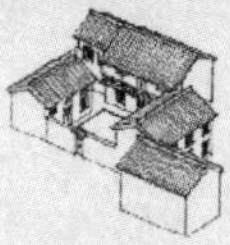	
簸箕院		小南院	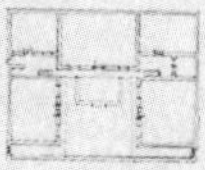		
衍生1		状元楼院	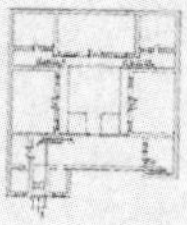	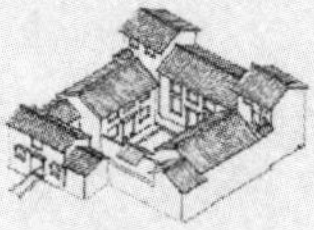	
四大八小		东院坨洞	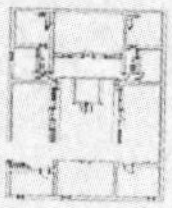	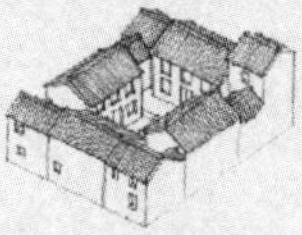	
衍生1	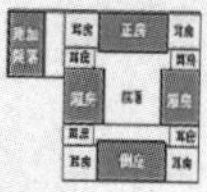	西二宅	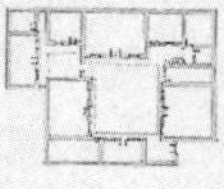	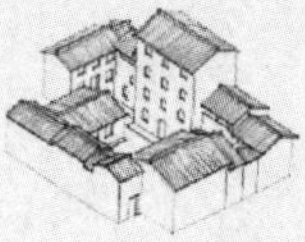	
衍生2		都堂院	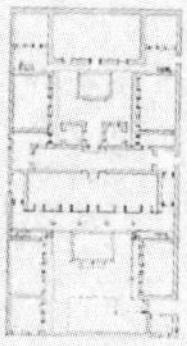	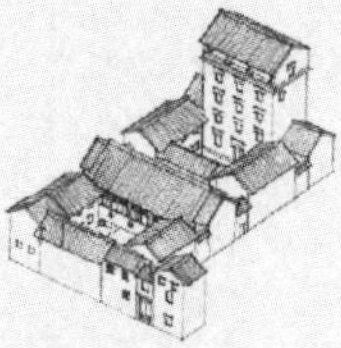	
组合院	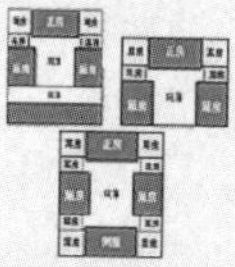	十宅院	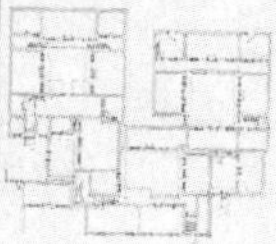	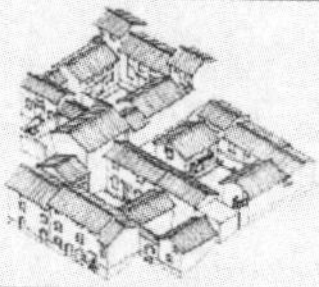	
棋盘四院	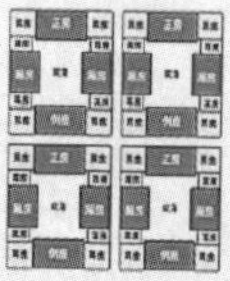	棋盘院		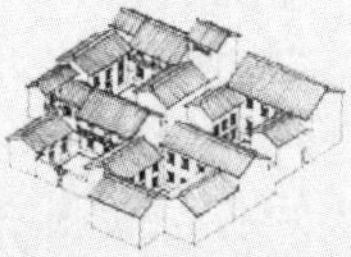	

(2) 入口空间

古人云："闭门即是深山"，从功能上讲，大门是分割公共和私密空间的重要分界线。又讲"宅以门户为冠带"，可见，大门已经超越了其原有的空间意义，成了彰显宅主社会地位和经济实力的重要表征。古代人讲究门第观念，婚嫁讲求"门第相当"、"门枕石门簪"。"门枕石"与"门簪"本为建筑中独立的两个组成部分。"门枕石"，又称"门簪"，即是镶嵌在门楣上的正六角形方木或圆木，俗称门档。"门簪"，指的是固定大门所用的门枕石。古人以此两物借代门第，大门已经演变为一家社会地位和经济实力的象征。因此，古人莫不在装饰大门上花了极大的心力、物力，大门也成为了民居建筑中颇为出彩的一部分。

在湘峪村，由于规划时，堡中只行人不通车马，因此街巷比他处略微狭窄，大门的尺度也不甚宏伟。院落多向街巷方向开门，门户形式亦无一定之规。且村中之人皆为本家，对于门户的成见和讲究不太大，体现了家族内部的亲和性。只是，官宅和商宅的入口空间有着明显的差别。官宅的入口空间形式较为严整，多为二层，入口常常有牌楼，高大凝重，体现了官势官威。而商宅在形式上则较为随意，一般为一层，尺度略高于墙垣，装饰不多，但皆为要紧之处，点睛之笔。在村中，有门之处，必有匾额，题字多出于《易经》、《诗经》等古代经典，体现了宅主对美好生活的追求和对高尚品质的赞扬（图3–16、表3–3）。

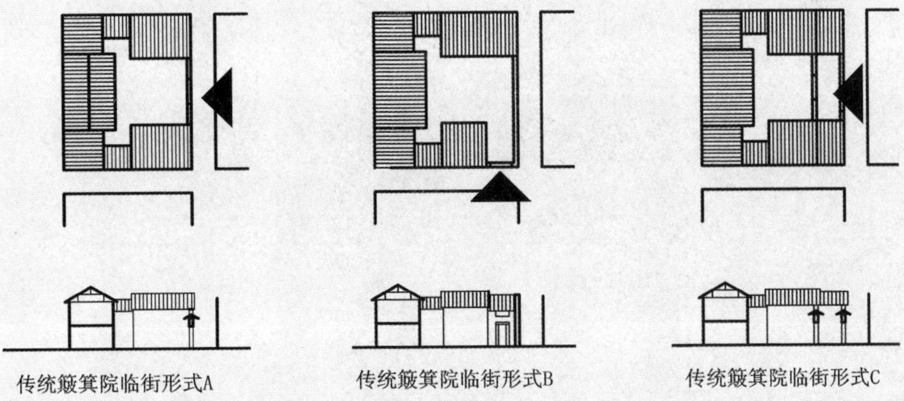

湘峪村居住建筑中以簸箕院为主。簸箕院的入口方式，以A形式最多，在地形限制较大时，会采取形式B，在场地较为自由时，会采取形式C。从整体上讲，村内的院落入口均较为平易，形式感不强烈。

图3–16 以簸箕院为例的入口空间示例

村中现存入口形式一览表　　表3–3

编号	1	2	3	4
实景照片				
入口平面			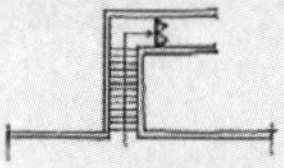	
宅院	都堂院	西二宅	上头院东院	帅府院
面对街巷	南街		中街	支巷（未知）
入院方式	上入	平入	上入	平入
形态分析	村中很常见的入口形式。用于院落内外高差不太大的宅基地。这类院落入口通常有门楼由于街巷宽度的限制台阶向内收缩。	村中较为严整的入口代表。有门楼，入口处柱子镶嵌于内侧，一方面强调了建筑体量，另一方面避免了占用街道空间。	由于地形高差较大，先用台阶解决高差问题在设置入口。入口前往往有平台。	门楼与院落平齐，较为常见的院落形式。
编号	5	6	7	8
实景照片				
入口平面			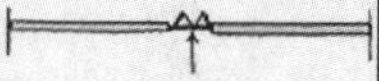	
宅院	居之安	插花院	东院圪洞	绘图院
面对街巷	南街	支巷	支巷	中街
入院方式	平入	上入	平入	下入
形态分析	很常见，新建建筑常用。体量较小，形式随意，以拱门为多。	门前有空地，支巷临街，门楼三开间	拱形门	地平比街巷较低，采取垂花门的方式。

（3）庭院空间

中国传统礼制文化强调方位的重要性，《周礼》开宗明义第一句就是：“唯王建国，辨方为正。”这种对方位的关注与中国传统空间观的源起密不可分，也与原始时代时、空、数一体的整体思维密切相关。中国最早认识的“东”、“西”两个方位，产生了一个线性的二维方位的空间观以及神秘数字“二”，后来又逐步发展为“东、西、南、北”的平面四方位的空间格式，展示出来的是中间空虚的平面图式。“甲骨文中也出现过，‘北室’、‘南室’、‘东寝’、‘西寝’等名词，这都说明了中国人很早就将房屋分别布置在东南西北四个方向上，其目的就是构成一个封闭的向心的内院（图3-17）。也以此说明了，庭院空间在起居生活中，无可替代的独特地位和作用。

湘峪村的院落空间一般较为宽敞，房屋和庭院宽高比一般在1：1～1：2之间，在院落中进行活动，十分舒适。在正房为高楼（三层以及以上）的院落，院落宽高比一般会达到2：1。在院落中仰望正房，正房显得高大威严。但是，值得注意的是，即使正房再高大，人处于前一进院落中时，都无法看到下一进院落中的正房，这也是为了维护私密性而在视觉角度上的一种考虑（表3-4）。

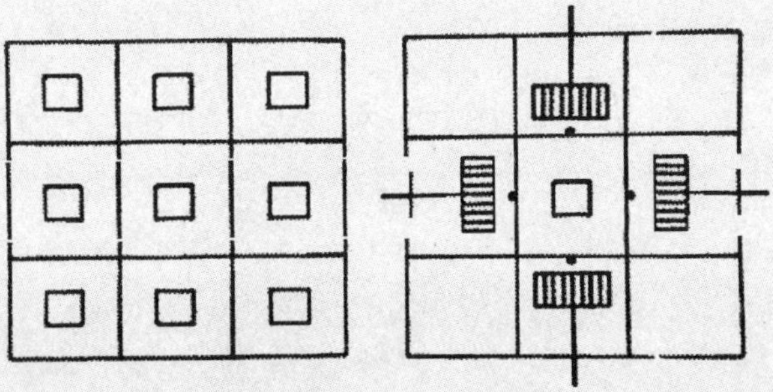

图3-17 庭院空间来源

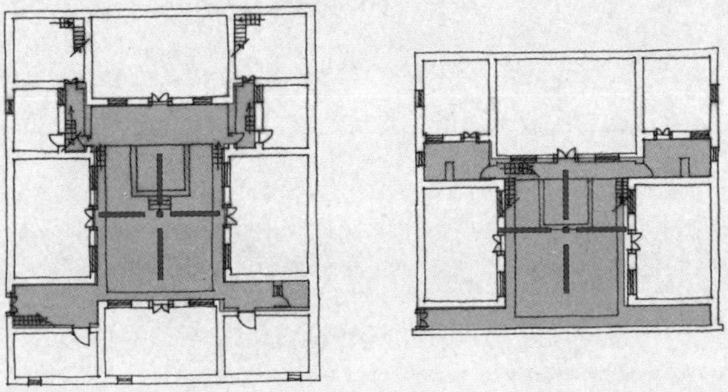

图3-18 常见庭院空间举例

在平面上，院落空间主要呈现工字形或T字形（图3-18），又因院落端部为条石所垒的房屋台明占用，故实际可用的院落空间多为方形，长宽比在1：1～1：2之间。庭院空间一般按照轴对称的方式布置，东西厢房尺度相似，进一步加强了轴线感，使得整个庭院空间显得越发严整有序。院中青砖或长条石满铺（图3-19），暗藏排水系统，春夏之交，院中点缀以盆栽，满眼的绿意盎然；秋冬之际，曝晒在院落中的玉米、蔬菜，更是充满了生活的趣味。

庭院空间宽高比研究　　表3-4

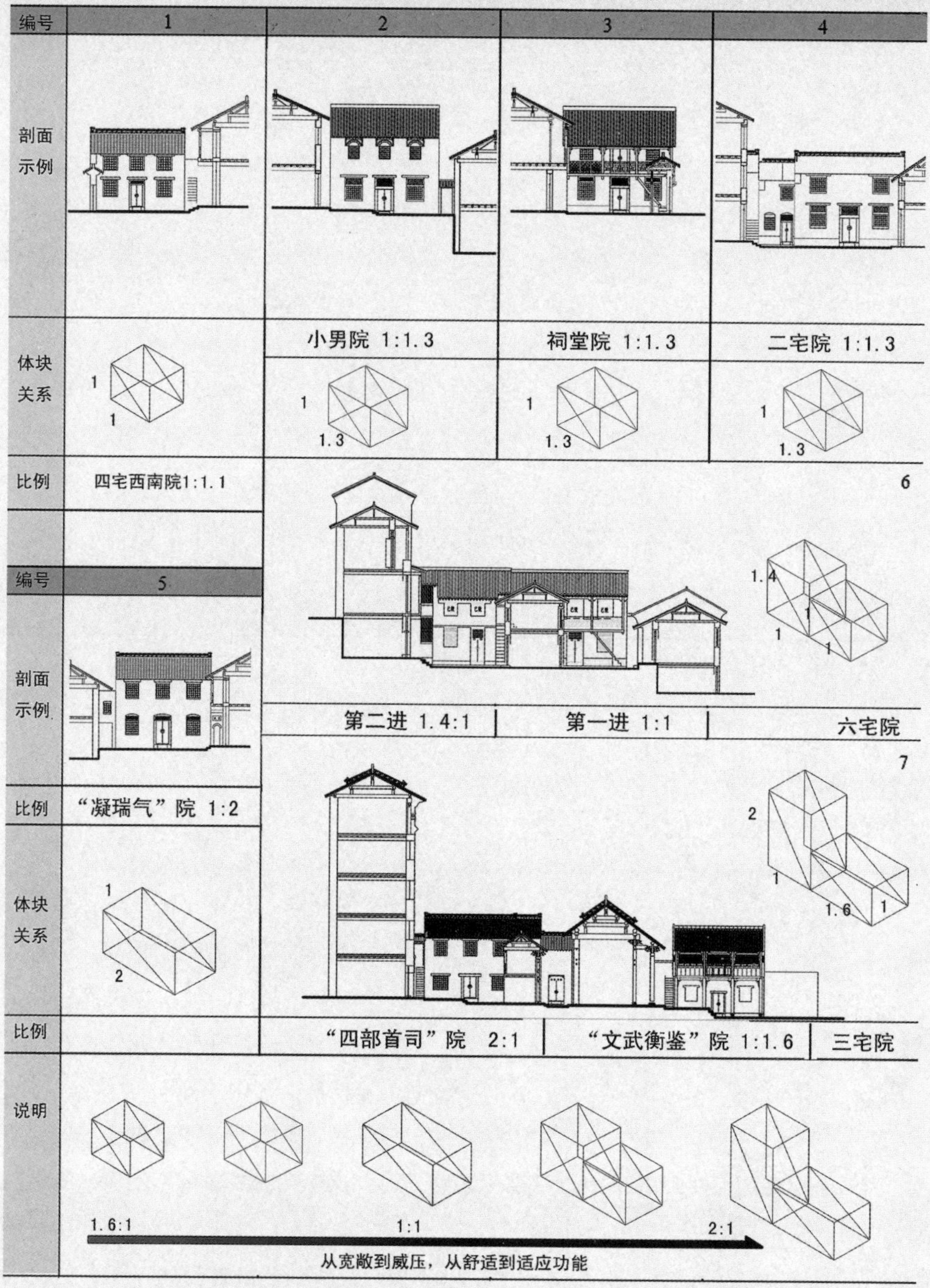

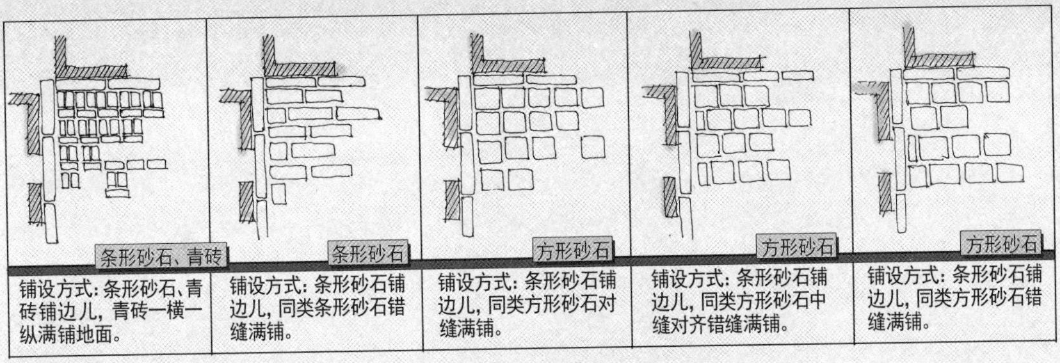

图3–19 铺地形式研究

图3–20 带有月台的庭院空间

在地坪上，一般分为三个层次，一般正房最高，厢房次之，耳房次之，院落最低。在一些院落中，正房的台明向前延伸，形成一个方形的高台，叫做月台（图3–20）。月台是中国古建筑中的一种处理手法，是建筑物的基础的延伸，是与正房相连且突出于正房的开敞的平台。其地坪比院落略高，故月台前通常有台阶。由于此类平台宽敞而通透，一般前无遮拦，是故是看月亮的好地方，故古人命名其为月台，顾名思义，也就是赏月之台。古人好观星望月，咏月的诗词中多少会有月台的身影。《艺文类聚》中就记载过南朝梁元帝《南岳衡山九贞馆碑》中“上月台而遗爱，登景云而忘老”的诗句。

（4）单体房屋

湘峪村居住建筑的四种基本组成元素：正房、倒座房、厢房和耳房，各司其职，分工不同。正房通常为三开间，规模较大者为五开间。厢房通常为三开间，用地局促时可为两开间。倒座一般为三开间，但进深较正房小。从垂直方向上看，正房、厢房、倒座房均使用一层为主

图3-21 夏天用的户外小厨房

要的活动空间，二层以及二层以上为储物空间。从使用功能上看，正房、厢房多为居住所用，屋内有火炕、火灶，居住空间与厨房空间合二为一。耳房处多为储物之用。

在村中还有一类临时性建筑，这类建筑一般是季节性使用。最为常见的是夏天村民在户外搭建的小厨房（图3-21）。这样的安排利于通风换气，同时能够保持室内干燥凉爽。

图3-22 村东侧的地形高差

（5）地形处理手法

湘峪村周围山地多为丘陵，山势不甚陡峭，但沟壑丛生（图3-22）。湘峪独特的山地地形对居住建筑产生了很大影响，几乎是形成当地建筑特色的决定性因素。为了平整地基，获得更好的筑屋条件，当地人根据地形、高差的不同，使用了多种不同的处理手法。主要的手法有以下四种。

①分层筑台

在坡度较平缓、高差不大的山地环境中，通过简易的填、挖，使前后院落的基础成为不同标高的平台，并在平整的台地上布置建筑，各个台地之间用台阶相互连接。这是山地建筑中最简便的一种处理手法。湘峪村山地建筑采用此种手法较普遍，三宅院、棋盘四院等均采用了此处理方式。分层筑台产生的院落形态类似于多个“四大八小”单体或簸箕院单体在垂直方向上互相错位，其形态仍接近平地的建筑形态（图3-23、图3-24）。

②集中高差

针对高差变化不大的区域，另一种高差处理手法是将地基整理成完全平整的平台。通过填、挖的方式，将高差集中化，然后通过台阶等方式一次性解决高差问题。这种情况下，山地建筑的“四大八小”模式与平地上的模式总体上没有分别，仅是在局部会因高差的介入而略有不同（图3-25、图3-26）。

③错层

当山地的坡度过大时，使建筑局部跌落一层，第一进院落的二层与第二进院落的一层同高，也是当地建筑使用的手法。前后两进院子通过室外楼梯相连，人们可以直接走到上一层台地上。这样的手法避免了人们对基地的大规模动土，还形成了不同层面的使用空间，在山地起坡较大的情况下用简

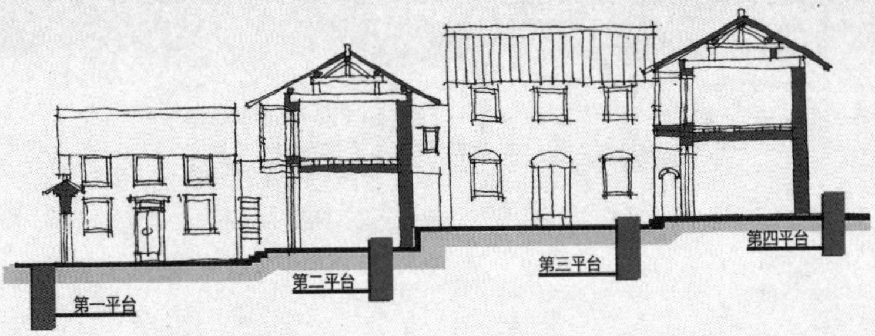

图3-23 分层筑台

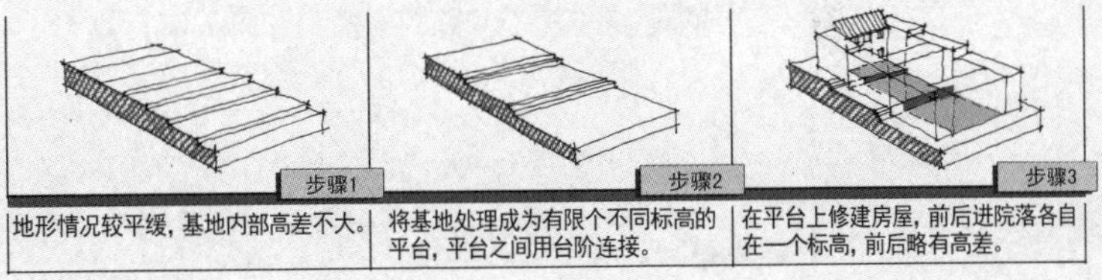

图3-24 分层筑台形式研究

图3-25 集中高差

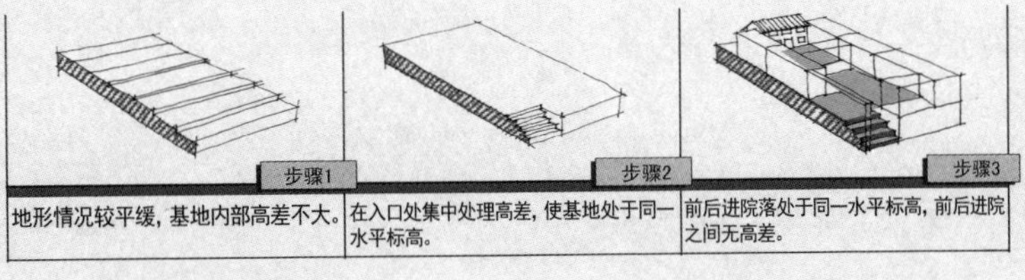

图3-26 集中高层形式研究

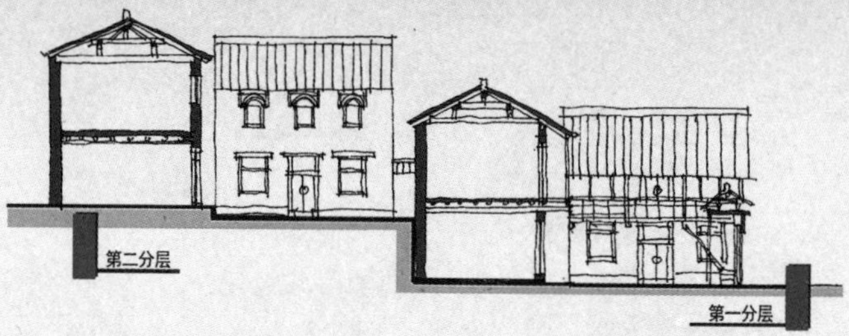

图3-27 错层

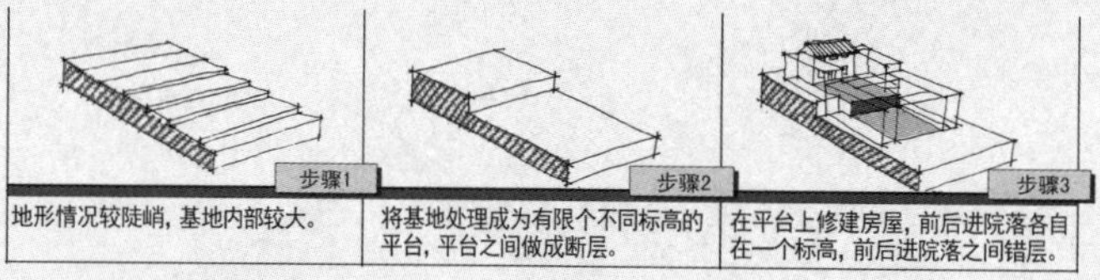

图3-28 错层形式研究

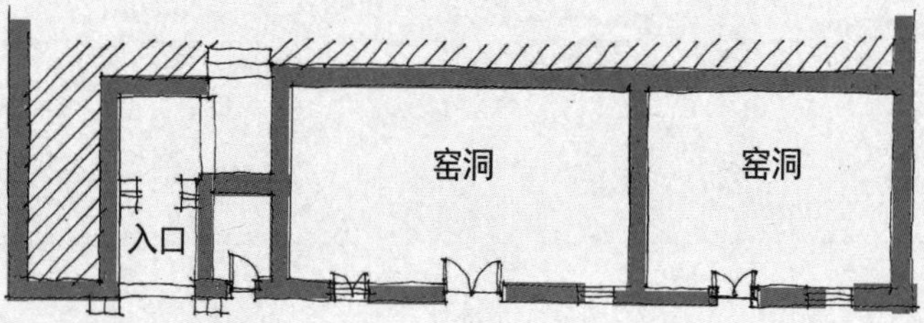

图3-29 窑洞平面

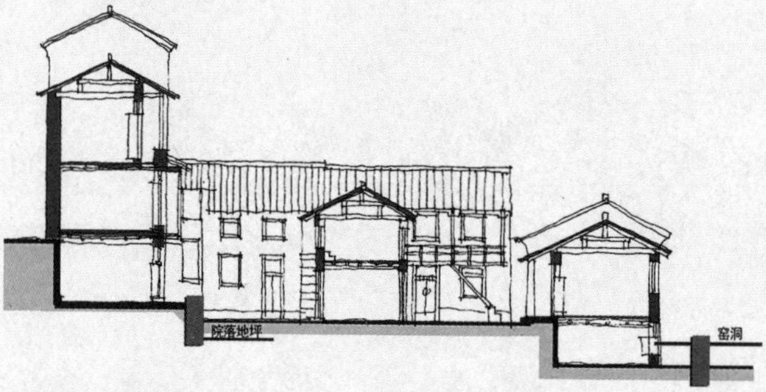

图3-30 窑洞剖面

单的手法解决了问题。湘峪村使用错层手法的建筑群有小男院与九宅东院、棋盘四院等。

以九宅东院建筑群为例。九宅东院和小男院南北向布置，两组院落高差达3.6米。故工匠在处理时，使小男院正房二层与九宅东院的地坪同高，两者通过院落之外的台阶相联系。由于二者并非同一家庭，内外有别，故九宅东院的正房二层，并未向小男院内院开门，小男院内，亦无台阶直接穿过院落，通至九宅东院中。

错层的另一种形式，以棋盘四院建筑群为例。棋盘四院前后两进院落高差仅约1.6米，但是设计者在修建院落时，加大高差，故意在第一进院落的正房二层设置台阶，步行向下可通往第二进院落的地面。同时，第一进院落东侧亦有台阶可行至第二进院落（图3-27、图3-28）。

④窑洞

若采取整体抬高地基的方式消灭高差，则在填土的位置可设置窑洞，提高建筑空间的利用率。以王家大院为例，当地匠人利用高差，因地制宜，创造性地在沿街处南侧倒座下设计了沿街窑洞式的地下室，有效利用空间，亦使街道边界活泼生动（图3-29～图3-31）。

3.立面构成

湘峪古村的居住建筑，一般都为三开间。在等级较为低下的厢房，偶尔会有两开间的房间出现。以村中现存的正房为对象进行研究，总结出基本形，如图3–32所示，为三开间两层的方形，主体部分一般为实墙，在等级较高的部分，会加入檐廊。檐廊突出于墙体之外，给建筑的外立面增加了一个灰空间。

图3–31 窑洞

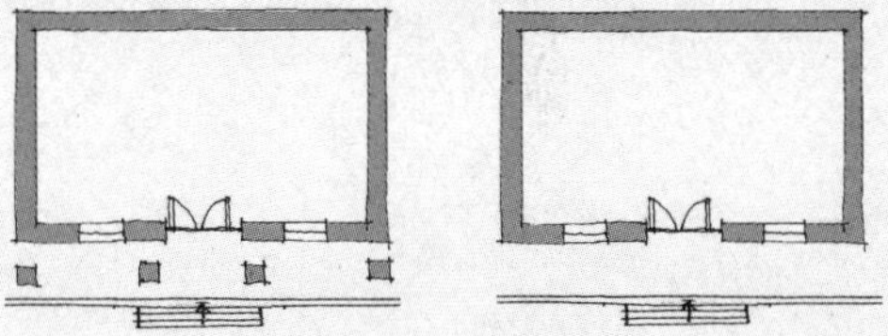

图3–32 平面有柱檐廊和无柱檐廊的样式

村中的建筑按层数来分，一层建筑较少，仅存三宅院一例；两层的建筑较多，开间有三开间和五开间两种。除了等级较高的孙氏祠堂之外，其他院落均没有落地柱子。在等级略高的建筑中，会有辅以雕刻的檐廊；三层及以上建筑，出现外廊的例子较少，整体上以粗壮厚实的墙体为主。最为特别的是八宅院以及六宅院的正房，其在第二层设置檐廊，在第三层向后收缩，形成了两个层次的空间，增加了空间的趣味性（图3–33）。

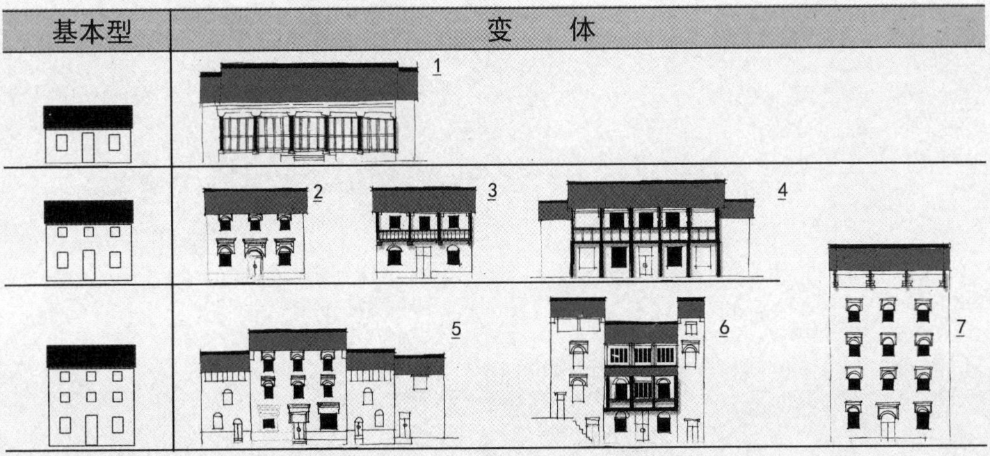

图3–33 湘峪村立面变体研究

1–三宅院；2–小男院；3、4–九宅院；5–十宅院；6–六宅院；7–三宅院

4.结构体系及屋面

抬梁式构架是我国北方最为常见的房屋构架体系，在春秋时已经出现，在四川出土的东汉画砖上已经有了明确的图像体现。发展至明朝，已经形成了严整的体系。在官式建筑中，抬梁式体系一般在柱顶或柱网上的水平铺作层上，沿房屋进深方向架数层叠架梁，逐层缩短，层间垫短柱或木块，最上层梁中间立小柱或三角撑，形成三角形屋架，两翼辅以砖墙承重。而在小式建筑中，这种承重体系则演变为砖墙承重与木构架承重并重，木制铺作只有在较为高级的场合才会出现。

在湘峪村，主要的结构承重体系为抬梁式与墙体承重相结合，屋顶的荷载通过木构架传到砖墙，再由砖墙进一步将荷载传到基础。在村中，搭梁上柱都是建造房屋的大事，均需挑选黄道吉日，进行施工。并且在黄纸上用墨笔书写“梁大吉”、“柱大吉”的字样，以讨吉利（图3-34、图3-35）。

在村中，最为常见的为仰瓦屋顶，在少部分等级较高的位置，常常会有盖瓦、仰瓦相结合的处理方式。站在北侧的山上向下看，不同纹理的屋顶，相应相生，各有不同而秩序凛然（图3-36）。

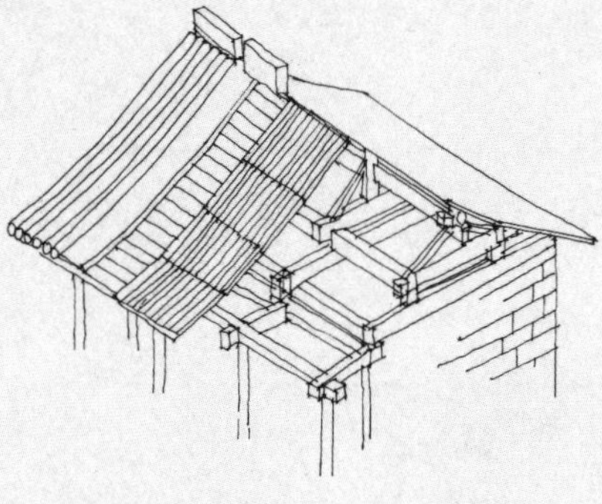

图3-34 屋顶构架（一）

图3-35 屋顶构架（二）

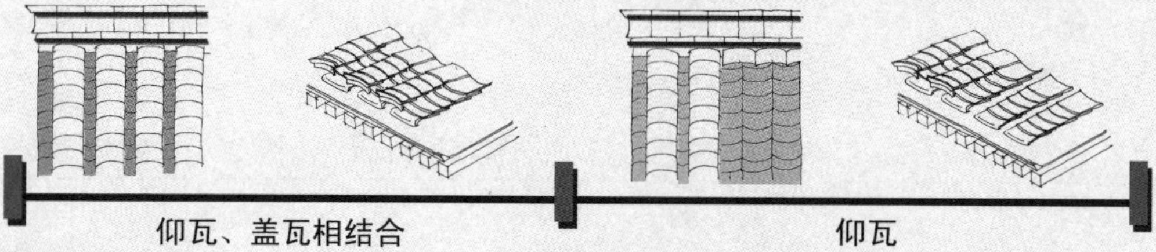

图3-36 瓦的处理方式

(1) 仰盖瓦屋面

仰盖瓦屋面是仰瓦和盖瓦都用板瓦的屋面，类似筒瓦屋面，仰瓦与盖瓦交错排列，盖瓦的尺寸比仰瓦小一些。仰瓦、盖瓦均大头向下，以疏导雨水。

(2) 仰瓦屋面

仰瓦屋面是板瓦凹面向上排列组合形成的屋面，无盖瓦，在屋檐处不设置滴水，属于低等级的屋面。晋东南地区的仰瓦屋面却非常普遍，其讲求经济实用，外观朴素大方。

5.防御功能

和众多在战乱中幸存的村落相类似，湘峪古村的居住建筑也有着明显的防御痕迹。无论在大组团还是小型院落单体的建造上，均有防御上的考虑。从小型院落来看，入口处的耳房，通常为二层，对街道的情况有监视作用；从院落组团来看，不同院落之间通常设置多层的看家楼，与周边院落相互连通，起到观望和探视作用；在与城墙联系紧密的位置，院落会与藏兵洞或者城楼形成实质上的通路（图3-37）。

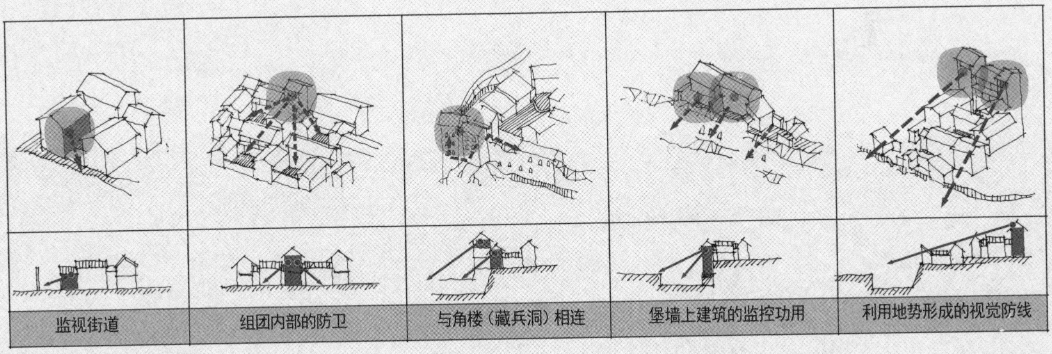

图3-37 湘峪古村宅院防御功能

6.居住心理和建筑风水

所谓风水，晋代郭璞在《葬书》中这样论述：“葬者，乘生气也，气乘风而散，界水则止，古人聚之使不散，行之使有止，故谓之风水。风水之法，得水为上，藏风次之。”可见，“风水”乃“藏风聚气”之术，核心即是人们对居住或埋葬环境进行的选择和处理。古人讲究风水，选择住宅基址必选上风上水之地，以达到趋吉避恶的作用。

“大门者，气口也。气口之正，便于顺纳堂气，利人物出入”。大门的选择，乃是风水中最为重要的一环。湘峪村的居住建筑大门多朝东南开，占据“巽”位，将天地之华由此纳入居所，同时于此处开门讨出入平安的彩头。在住宅朝向街道的方位，为避冲煞，常常用“泰山石敢当”镶嵌于墙身，以镇守屋宅，防止恶势力的侵染（图3–38～图3–40）。

如果说风水是在心理上促使宅主安居于宅院，那么宅院在空间上的组织和安排，则是在物理上达到了这种效果。湘峪古村的居住建筑，无一例外，均体现了极大的内向型和自卫性，这应当是战乱时分宅主心理的真实表达。这种心理的需求可以通过平面功能的组织

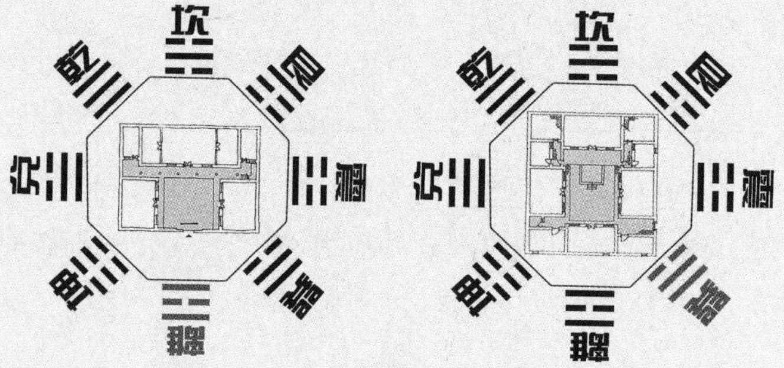

图3–38 宅院和风水

图3–40 街巷所对墙上的泰山石敢当

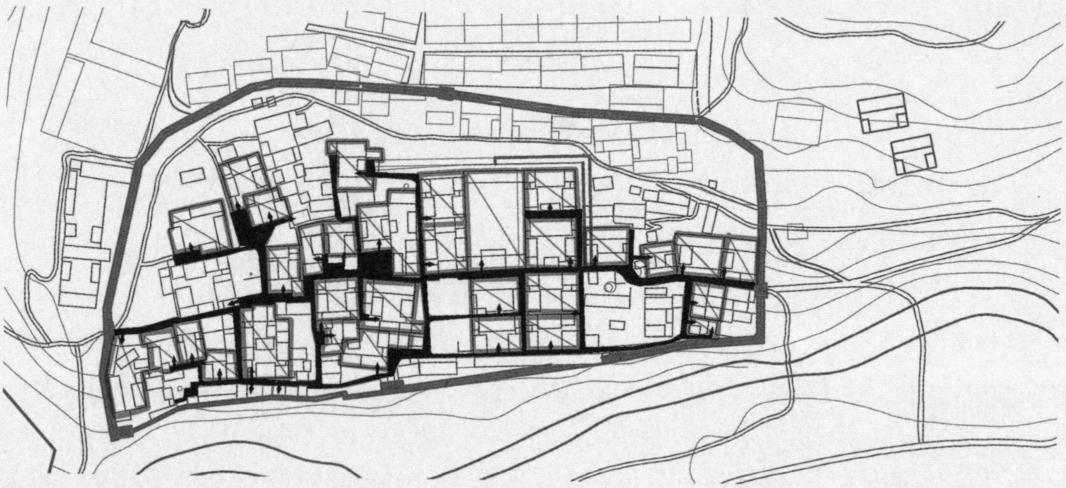

图3–39 村中入口方位图

和空间开合的安排来满足。从平面功能组织上来看，这个庭院遵从“前堂后寝”的原则。位于外侧的院落多用于对外交流、活动，形式开放、严整，位于内侧的院落则更为自由，组织紧密。从空间开合上来看，通常通过门、墙等分隔空间的使用来组织空间序列。一般来讲，外墙高耸，通常与厢房同高，直接遮挡了外界对内部生活的窥探，而不妨碍内部视线对外界情况的观察，体现了传统民居对外的封闭性。而对于内部，这样的道理就不再适用。虽然山墙、屏门的使用对于内部进行了一定的区域分化，但基本上都是软隔断，并不妨碍内部自身自由流通的空间氛围——这是对于内部的极大的开放性（图3—41）。

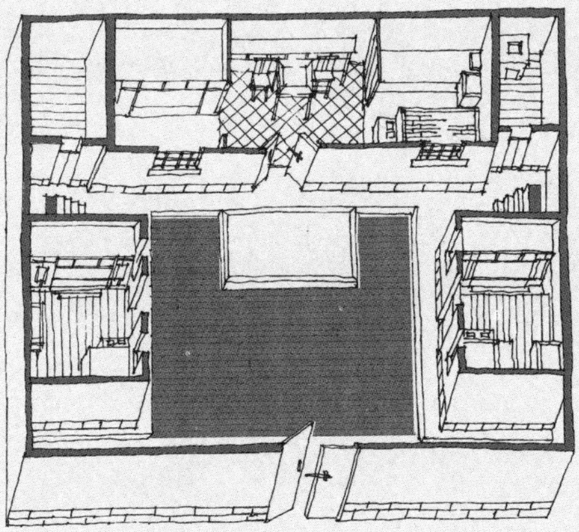

图3—41 典型功能排布

除了这种共同的内外空间特征之外，宅主的社会地位也会对建筑的形式有影响，这种影响主要体现在平面布局上。一般来讲，宅主地位较低时，建筑平面受地形条件限制较大，经常为了对地形的妥协而放弃其自身的形制。当宅主的地位较高时，这种妥协会逐步减少，直至趋向于绝对几何形，即对环境的完全不妥协（图3—42～图3—44）。

典型一进院落（簸箕院）空间序列剖面

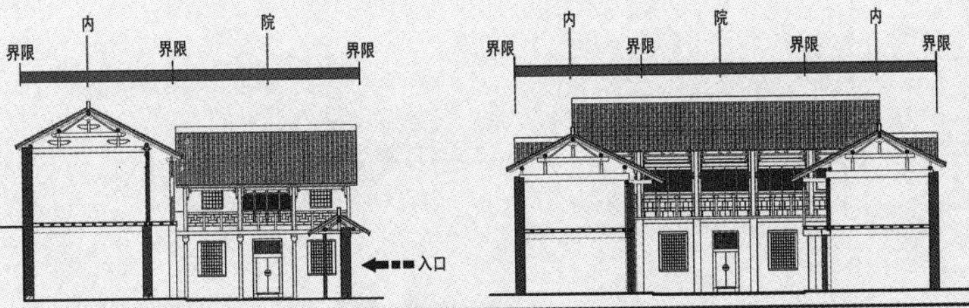

以九宅祠堂院为例。一进的簸箕院形制较为简单，空间收放对比强烈。主要院落空间对内开放，对外封闭。入口处墙的高度一般与一层通高，有效地遮挡住了内外的视线交流。厢房二层处能够看到街巷的行为活动。

院落空间的界限——砖墙，开设门洞，并位于同一轴线之上
内部空间——院落为主要的活动空间
私密性——内部对外部封闭，外部对内部敞开

图3—42 典型一进院落串联序列剖面

典型两进院落串联序列剖面

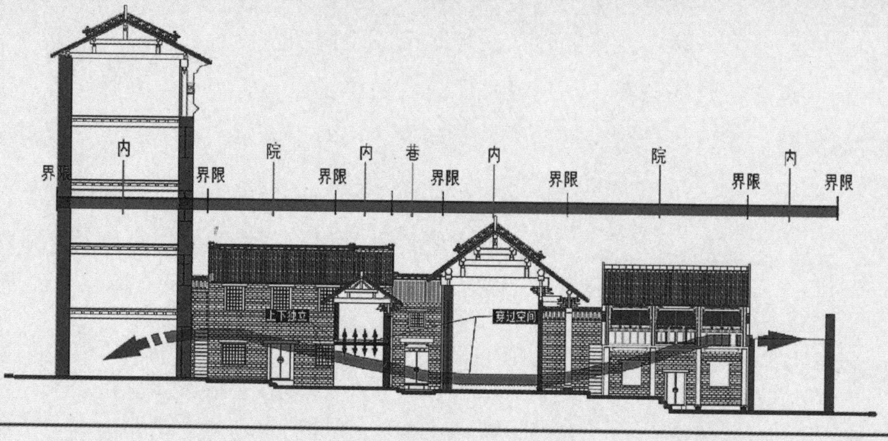

以都堂院为例。都堂院是湘峪村典型的两进院落串联式合院。前后两进院落通过内巷相互连接，底层连通，关系紧密。第一进院落的正房演变为过厅，使视线不能进入第二进院落，第二进院落正门装饰精美，是两进院落之间的屏障。

院落空间经过较大的开合变化，庭院空间对内高度开放，同时对外严格私密。院落内部的可开启门窗构成了不定性的开放性。内巷的存在，补充了横向的院落联系。

独院空间限定——砖墙，同轴线开设门窗洞口

内部空间——院落为开放的外部空间，建筑为有限定的内部空间

私密性——相互联系，各自独立

图3-43 典型两进院落串联序列剖面

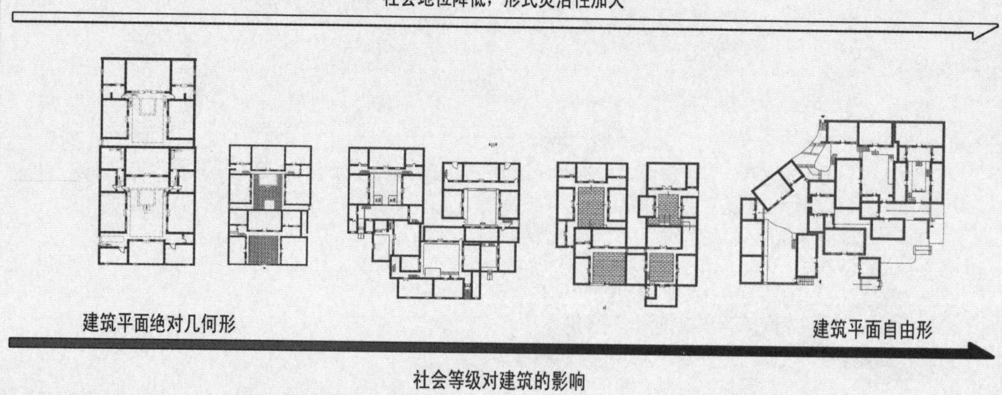

图3-44 社会等级对建筑形制的影响

二、典型居住建筑

（一）官宅

1.大宅、三宅院院落群

（1）空间格局

三宅院落群（图3–45）位于古村的中心略东方位，自东向西由三宅院、大宅院和“居定安”院、东院圪洞四个院落组成。三宅院落群北邻北城墙，南对九宅院落群，东侧为五宅院，西侧为书房院，东南西北依次为三巷、中街、六巷和北街。三宅院落群主要院落呈一字排开，并向中街开门。院落群周遭有内城墙包围，自三宅院东起北行，之后西进直至绣楼院，将三宅院、大宅院、“居定安”院、东院圪洞包围在内。内外两组城墙好似北京的宫城和皇城，两重防卫，层层相叠。从这种意义上来讲，三宅院落群应当是当时湘峪古村真正意义上的政治和军事核心（图3–46～图3–50）。

湘峪古村以六巷为界限，东西分隔。西侧多为商居，东侧多为官宅，而现存的官宅又以三宅院为最典型。三宅院，是孙家第七世孙孙鼎相的宅院，因为孙鼎相曾任都察院右副都御使，故又名都堂院。以三宅为中心，向西的大宅院和向东的五宅院，均是曾考取功名的孙家士子的宅邸。这些院落不仅在空间布局上更为讲究，而且通常有一些表征品阶和地位的特定装饰和构造。

三宅建筑群拆改严重，许多建筑已被翻修数次，基本丧失了原有的形制和装饰，有些甚至完全是推翻原样的重修。尽管如此，通过残留的雕刻、装饰和现有的院落建筑，我们还是能一窥当年的威严鼎盛、雕梁画栋的官宅盛况（图3–51）。

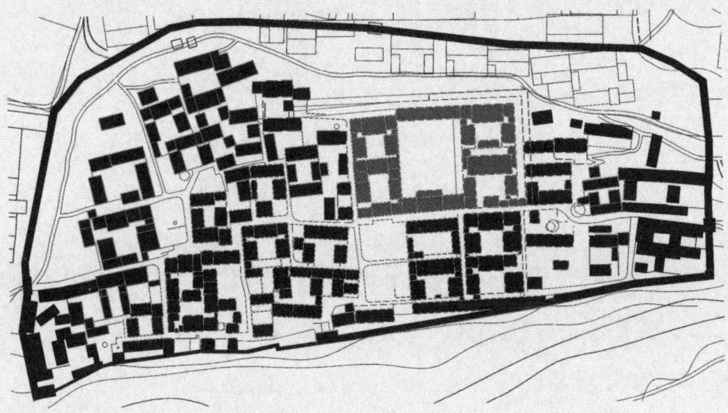

图3–45 大宅、三宅院落群区位图

三宅建筑群布局紧凑、方正，主次有序，开合自如，形式严整，其建筑群主要有以下特点：

①主要院落均坐北朝南，开门

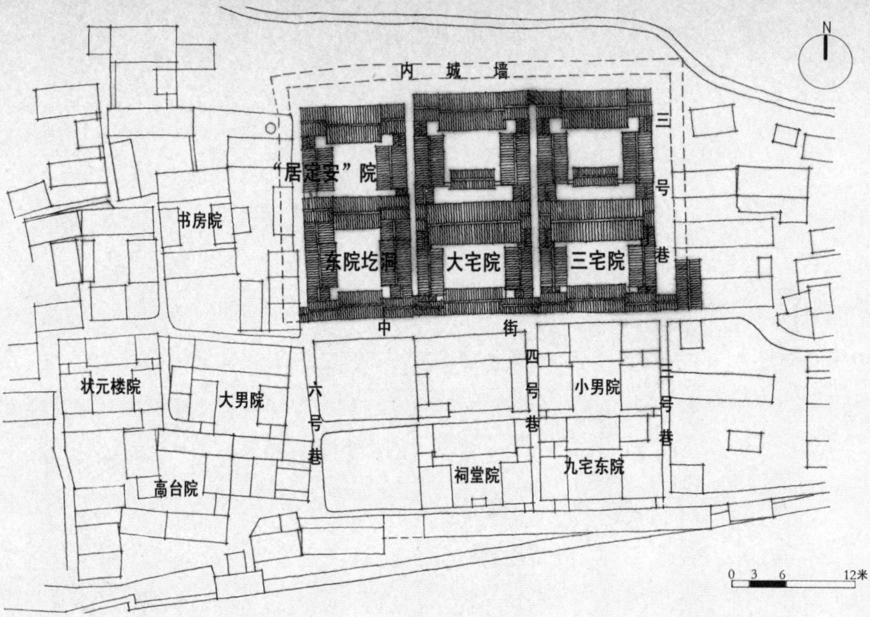

图3-46 大宅、三宅院落群屋顶平面图

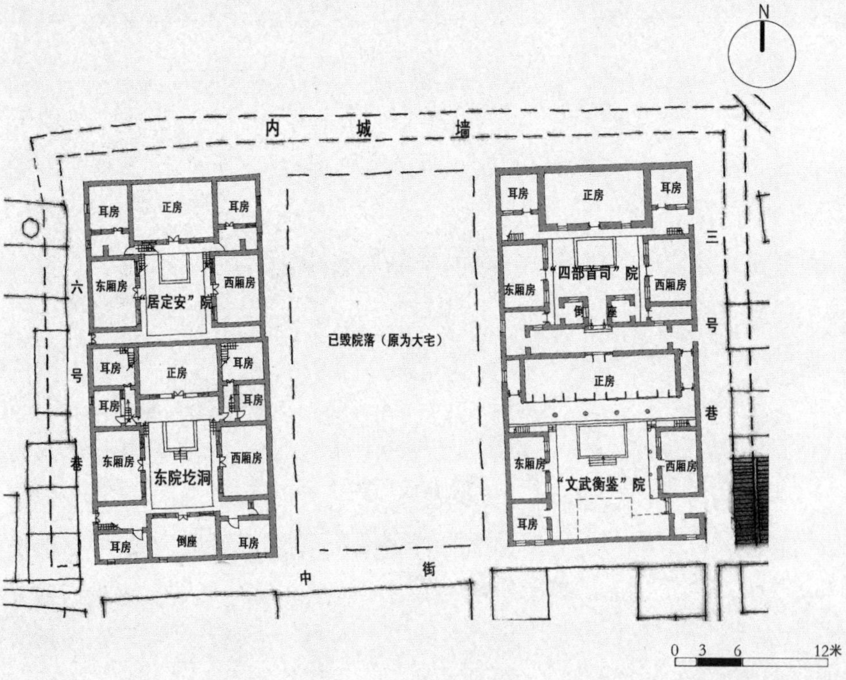

图3-47 大宅、三宅院落群首层平面图

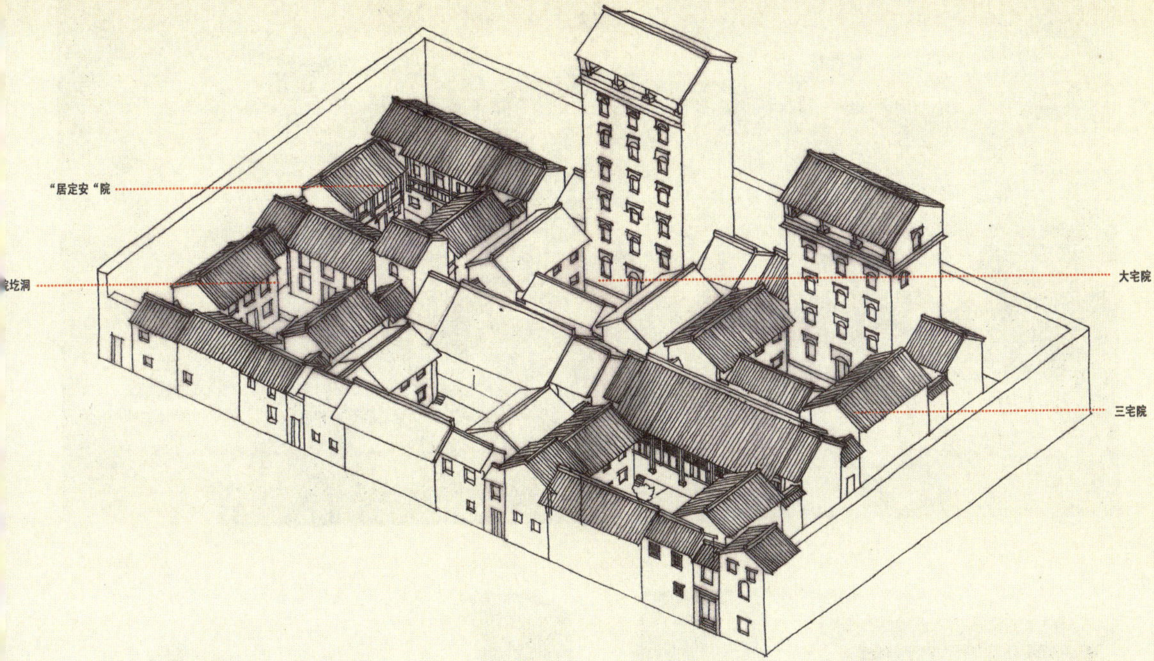

图3—48 大宅、三宅院落群轴测图

图3—49 从大宅院看三宅院

图3—50 内城墙下内巷

图3-51 从东城墙鸟瞰三都堂

图3-52 都堂院内巷（一）

图3-53 都堂院内巷（二）

图3-54 鸟瞰三都堂瞭望楼（一）

多面向主街；

②地坪较为平整，前后进院落严格轴线对称，且无高差；

③不同院落相互串通，开门较多，交通选择性和灵活性大（图3-52～图3-55）。

图3-55 鸟瞰三都堂瞭望楼（二）

(2) 单体院落详述

①三宅（都堂院）——孙鼎相宅

三宅（图3-56、图3-57）位于三宅院落群的最东侧，北靠北城墙，南邻中街，西接大宅院，东依五宅院，共有前后两进院落。三宅院的大门（图3-58）开在院落的东南方向，面临中街。宅东侧有内城墙，城墙北行之后西进，直至绣楼院而终结。三宅与内城墙之间隔一条小巷，小巷向南开门，与三宅院并列，北侧尽头有窑洞口，窑洞内部与古村的排水巷道相连。

三宅院是孙家第七代后裔、孙辰第三子孙鼎相的宅院。在三宅第

图3-56 三都堂瞭望楼

图3-57 瓦当

图3—58 三宅院沿街入口

图3—59 三宅院内城墙下内巷

二进院落的正门上，有彩漆匾额，上书“四部首司”，下写“赐进士第 通议大夫 巡抚湖广等处地方兼提督军务 都察院右副都御史 太仆寺卿太常 光禄雨寺少卿 吏部稽勋司郎中前文选考功验封稽勋 暨礼部仪制司各员外 礼部主客 兵部武选 工部营缮司各主事 孙鼎相”。匾额上有斗栱七个，下有门簪两对四枚。

三宅前后两进院落，均为较为严整的“四大八小”形式。第一进院落和第二进院落之间，有内巷相连，内巷向东侧的内城墙下巷道开门，巷头和巷尾巷门均设有箭楼。箭楼下的巷门关闭时，三宅即与外界隔离，形成单一的防御单元，具有极高的排他性和防守性（图3—59）。

三宅前后两进院落均由正房、东西厢房、倒座组成。正房坐北朝南，中心院落呈矩形，面宽和进深相差不大。院落中均设有月台。

三宅东西厢房尺寸较为统一，面阔在7～8米之间，进深约为4.5米，以院落为中心，东西向严格中心对称。前后两进院落的正房面阔比厢房大，第一进院落的正房变为过厅之后，

图3-60 “文武衡鉴”院大门

图3-61 “文武衡鉴”院入口

图3-62 “文武衡鉴”院入口影壁

面阔五间，尺寸近16米。第二进院落的正方面阔三间，高达五层25米，是湘峪古村现存最高的建筑。

三宅的古建筑损毁较为严重，除了第一进院落的东厢房和第二进院落的倒座、正房之外，其余单体均经过了一系列的重修或者加建。在“文革”中，许多精美的装饰作为四旧的反面典型被砸碎捣烂。“文革”之后，村民将散落在村中各处的雕饰捡回自己家中，作为材料修补墙壁，又使得许多并非本院的装饰出现在本院，为调查工作带来了一定的迷惑性。

a.“文武衡鉴”院

“文武衡鉴”院（图3-60～图3-62）是三宅院的第一进院落，东西与南北长均约20米，占地面积约400平方米，由正房、东西厢房和倒座组成。其中正房、西厢房和倒座均已损毁重建，唯其东厢房还是明朝的旧物。因为其建筑年代较早，故有明显的明朝建筑风格。精、巧、简、雅，轻装饰而重功能，因此其结构构件数目较少，而尺度较大。据村民回忆，正房损毁时，拆下的大梁占据了院东巷道的近一半。

三宅的正门原开在宅院的西南角，面临中街。进门对侧有随墙影壁，装饰精美，上有牡丹、葵花等吉祥图案，龟背纹打底，中心部位有方形的祥瑞图案，可惜“文革”中被人为破坏，现在纹样已不得而知。影壁之上架五架仿木斗栱，斗栱上叠两层仿木石椽，下有束腰须弥宝座，形制庄严典雅。进入大门后可左右行走，向左即是第一进院落的大门，向右即进入三宅院东的巷道。巷道和宅院之间有过街楼相隔，楼下设门，夜晚闭户，“文武衡鉴”院即与外部相隔。

“文武衡鉴”院院门朝东开，上悬“文武衡鉴”的阴刻匾额，相传是时任山西巡抚李若欣所赠。“衡”即“衡器”，是俗称的杆秤。“鉴”为“铜鉴”，即为镜子。“衡鉴”在古代，均是准绳和楷模的接待。宋代的范仲淹曾在《上执政书》中说，“赏罚者，天子之衡鉴也。衡鉴一私，则天下之轻重妍丑，从而乱焉。”结合孙鼎相的耿直性格，这块匾额很可能是时人为表示对其的景仰所致。匾额之下有门簪四枚，门枕石一对。门枕石为方形，须弥座底座，莲瓣肥硕，束腰处有卷草装饰。底座上原有石雕狮子，损毁严重，如今能隐约看出狮子的两爪和母狮子脚下的小狮子。

图3–63 “文武衡鉴”院正房

图3–64 “文武衡鉴”院东厢房

相传三宅第一进院落正房原本为开间五间的过厅，但并没有影像资料为证。根据2001年的影像资料显示，正房经过了一系列的拆改，唯有门前的柱子仍是旧时的八瓣形柱子，柱础上宽下窄，上面有荷花装饰。正房前有月台，东西宽4米，南北长3米，比正房基石略矮，周遭用条石镶边，中心满铺方砖（图3–63）。

东厢房是“文武衡鉴”院唯一保存完好的明代建筑（图3–64），它的形式和装饰为我们猜想该院的原貌提供了依据。东厢房开间三间，面阔约7.2米，进深约4.7米，檐廊独立于墙体之外，有柱支撑，上下贯通。其中下为八瓣形石柱，上为方形木柱，木石相接处安设木质雀替。具体做法是在石柱上开槽，然后把雀替插入其中。雀替为卷草图案，形式简单，仅在要紧处着笔雕刻。二层的装饰较一层略微反复细致，仍以祥瑞花草为主。其最东侧开间处的垫块为透雕，上刻一小狮子，口含绸缎，缎上穿一绣球，取“好事不断”之意。东厢房原本上下均为四扇槅扇门窗，是民居中较为高级的住宅形式。后村民对一楼进行拆改，故只有二层维持原貌（图3–65）。

b“四部首司”院

“四部首司”院是三宅院的第二进院落，东西与南北长均约20米，占地面积约400平方米。因为其院门上有“四部首司”字样的匾额（图3–66），因得其名。“文武衡鉴”院和“四部首司”院之间有内巷贯通左右。进入“四部首司”院有三条道路：即可通过内城墙下的巷道进入内巷，再进入此院，亦可穿过“文武衡鉴”院的正厅或是东北耳房，先进入内巷，再进入此院。内巷东侧箭楼下，悬挂着两块匾额，朝东者为阴刻“司空”，朝西为阴刻“宗伯”。“司空”是中国古代官名，西周始置，位次三公，与六卿相当，与司马、司寇、司士、司徒并称五官，掌水利、营建之事。明清时期也是工部尚书的别称。“宗伯”亦是中国古代官名，西周始置，位次三公，为六卿之一，掌邦礼。明朝又称礼部尚书为大宗伯，礼部侍郎为少宗伯。孙鼎相曾经任职工部、礼部主要官员，但并未真正位列尚书，故此二匾可能是对孙鼎相的美誉。

“四部首司”院院门开在正南，门从内侧看为两层，从外侧看为一层。该院门门上有门簪两对，门枕石一对，形式与“文武衡鉴”院相类似。比较特别的是，此院门上有七组斗栱，顺应斗栱的方向有彩绘，这是村中除了孙氏祠堂之外现存为数不多的彩绘之一（图3–67）。

“四部首司”院坐北朝南，轴线上各建筑对称布局，谨慎严整，体现了官式建筑的严肃气质。然

图3–65 “文武衡鉴”院木雕

图3–66 “四部首司”院匾额

图3–67 “四部首司”院入口

图3-68 “四部首司”院正房（一）

而，该院建筑保存不利，除了正房和倒座之外，均在原基址上进行了一定程度上的拆改，难以看出原貌。其正房为五层三开间，高达25米，雄伟壮观，保存完好，是村中现存古建中最高的建筑。这种高层的建筑被称为“瞭望楼”，又称为“看家楼”，是瞭望守御的高楼，人处于阁楼之上，可以看到对面的烽火台，方便进行指挥和观测敌情。

瞭望楼通体青砖，墙壁厚重，以条石为基础，青瓦屋顶，巍峨耸立，高大坚固。该楼一至三层每层在南侧开三个拱窗，四层除南侧外，在东西两侧各开有一窗，五层朝南敞开，并在东、西、北三个方向上各开一窗。瞭望楼的二层朝北开一门，原本与内城墙相连。瞭望楼最大的装饰特色在于拱券门窗处的“眉檐垂柱”砖雕。瞭望楼上每层的眉檐垂柱花式各不相同，多以几何形式为主，相比繁冗复杂的清式建筑，更显得有一种高官的淡然气度（图3-68～图3-72）。

瞭望楼东西两侧各有二层的耳房。20世纪90年代初村中拆毁北城墙，砖石土块崩塌，将西侧耳房压塌。西侧耳房原为下宅上窑，且窑口为竖向，即起拱方向垂直于门所在的墙。瞭望楼东侧的台阶下方，有荫庇的拱券门可通往内城墙下的巷道。院落之间四通八达，联系紧密，有多条线路可以连通，这亦是湘峪村的一大特色。

图3-69 “四部首司”院正房（二）

图3-70 “四部首司”院正房（三）

图3-71 “四部首司”院东厢房

图3-72 “四部首司”院装饰

图3-73 大宅院现状

②大宅院——孙居相宅

大宅院（图3-73）位于东院圪洞和三宅院之间，南邻南街，北靠内城墙。据村中人讲，大宅是孙辰长子孙居相的宅邸。但是大宅毁坏较早，村中老人只听闻其事，均未见其实，故不足为据。大宅原为南北两进院落，传说有第二进的正房为七层高楼，与三宅的瞭望楼并列，均为防守瞭望之用，门首原有石狮子一对，高大威武，可惜在“文革”中遭到破坏，现已散佚不见。新中国成立后村中在大宅的基址上建设村委会，在南侧修建戏台

图3-74 大宅院戏台

（图3-74），北侧修建一排两层的办公用房。中间空场则为举办活动所用。修建时保持了修新如旧的方法，使得新建筑处于老建筑之中，不至于过于生硬。但是其建筑风格上体现了明显的原苏联影响，并大量使用了钢铁水泥（图3-75～图3-77）。

图3-75 从中街看大宅院

图3-76 鸟瞰大宅院

图3-77 “文革”时期大宅院南立面

③东院圪洞与“居定安”院

东院圪洞与“居定安”院位于三宅院落群的最东侧，西邻六巷，东靠大宅院，北靠北城墙，向南为一片开阔的空地。两院南北相连，各自独立，均为一进的院落。其中，东院圪洞为“四大八小”式的四合院，“居定安”院借用东院圪洞的北墙，为三面围合的簸箕院。两院的主要出入口均位于院落的西南侧，并向六巷开门（图3-78）。

这两进院落的建造年代均不详，宅主为何人也无史料记载。但门上均仅有一对门簪的卡槽痕迹，故其在等级上比三宅低，很有可能是未考取功名者的住宅。关于内城墙的具体位置，村中还有一种说法：即内城墙仅将大宅和三宅包围在其中，而东院圪洞和“居定安”院均在城墙之外，但这种说法，亦未得到考证。

六巷是湘峪村纵向街巷中最长的一条，其向南经过十宅院，向北联系起东院圪洞和“居定安”院。此二院均向六巷开门，门户的位置稍稍退后于外墙，站在巷首和巷尾，无法同时看到两进院子的门户，这也有一定的防御上的考虑。

东院圪洞坐北朝南，一进院落，由正房、东西厢房、倒座组成。“居定安”院亦为一进院落，坐北朝南，位于东院圪洞的北侧，由正房、东西厢房和倒座组成，该院落拆改较为严重，三个建筑单体均经过一定程度上的结构翻修。

图3-78 东院圪洞与“居定安”院内巷

图3-79 东院圪洞入口

a.东院圪洞

东院圪洞（图3-79）院落东西宽19米，南北长18米，占地面积342平方米，中心院落呈长方形，南北向略长于东西向。正房前有伸出的宽敞的月台，几乎占据院落面积的一半（图3-80）。正房、两厢和倒座均为两层，其中正房东耳房净高略高于正房，形成位于街角的看家楼。院中现存的院落均有翻修的痕迹，尤以东西厢房最为明显，墀头处有移位的痕迹，故很可能进行过高度上的落层。

东院圪洞的入口为拱券形大门，门上砖雕精美，装饰得当。门下有抱鼓石一对，年久风化，已经看不出当年的形状。门楣上门簪一对，现已丢失，仅余凹槽。东院圪洞最为特别之处在于它将“眉檐垂柱”的装饰形式用在了门上，大门内外均有雕花，门外饰有莲花、卷草以及草书的福字。门上有仿木斗栱五组，纹样左右对称，各不相同（图3-81）。

图3–80 从后山鸟瞰“居定安”院和东院圪洞

图3–81 东院圪洞东耳房雕花

图3–82 东院圪洞透视

图3–83 东院圪洞倒座房的拼布门帘

院内的装饰亦很精美，东西厢房的墀头以须弥座做底，下肩、上身、盘头和戗檐上均有装饰。正房东西两侧各有一门，通往东北和西北耳房，此二门上亦有眉檐垂柱，上有莲花、卷草等祥瑞图案（图3–82～图3–86）。

图3-84 东院圪洞东耳房院门

图3-85 东院圪洞从院内向院门看

图3-87 “居定安”院入口

图3-86 东院圪洞剖面图

b. “居定安”院

“居定安“院院落东西宽19米，南北长17米，占地面积323平方米，中心院落呈长方形。该院落房屋均为两层，但大部分均拆改严重，仅保留檐廊。且檐廊装饰较为简陋，雀替处几乎无装饰。该院落保存较为完好的为东厢房，东厢房二层均为四扇的门窗，槅扇为简单的斜棱，左右窗户，均由两扇槅扇和两扇窗板组成（图3-87～图3-89）。

图3-88 “居定安”院透视（一）

图3-89 “居定安”院透视（二）

2.九宅院院落群

九宅院院落群属于“内堡”南半部分。南有四层高楼作为防御保障，北邻中街，地理位置居中（图3–90）。

根据现存建筑、遗迹以及村民回忆等信息推测，该院落群在明末建堡时规模庞大，地位很高。现存院落有四层高楼、祠堂院、九宅东院（图3–91）和小男院（图3–92、图3–93）。

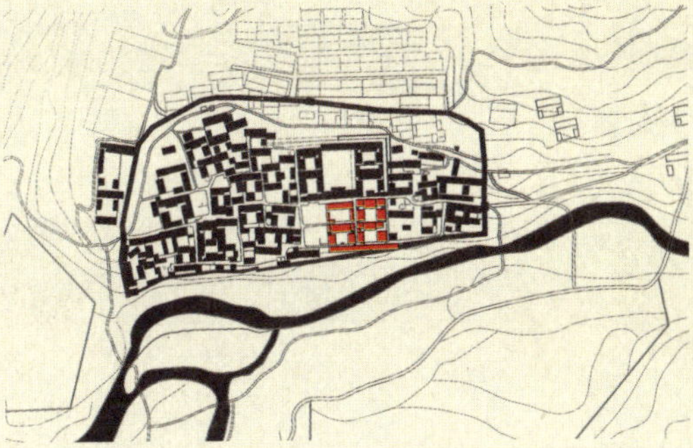

图3–90 九宅院院落群区位示意图

图3–91 九宅院院落群东院东厢房

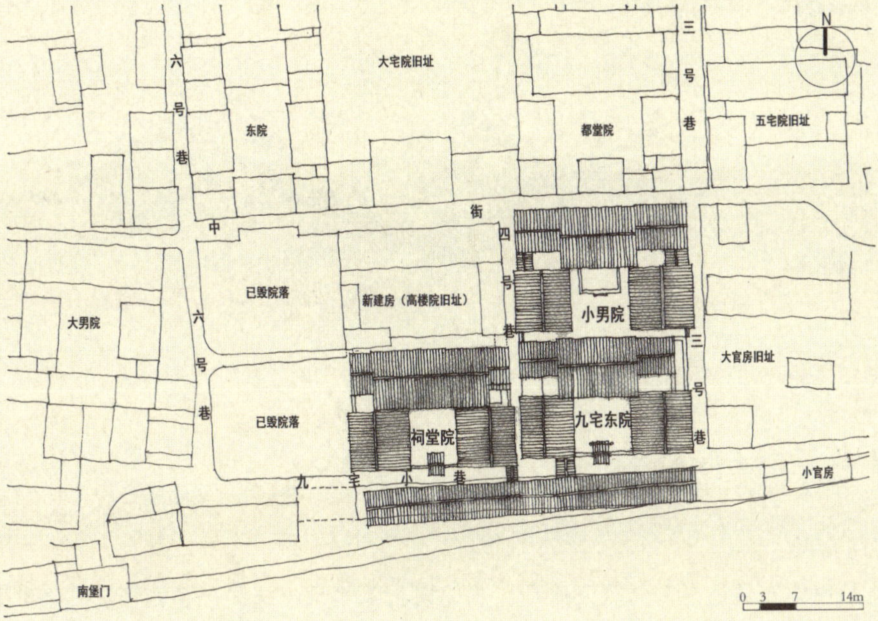

图3–92 九宅院院落群复原图

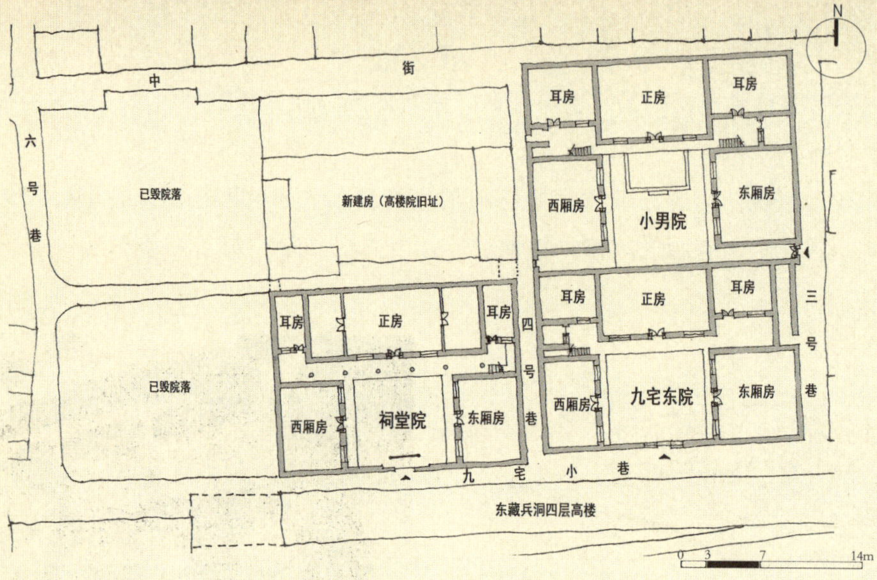

图3－93 九宅院院落群现状平面图

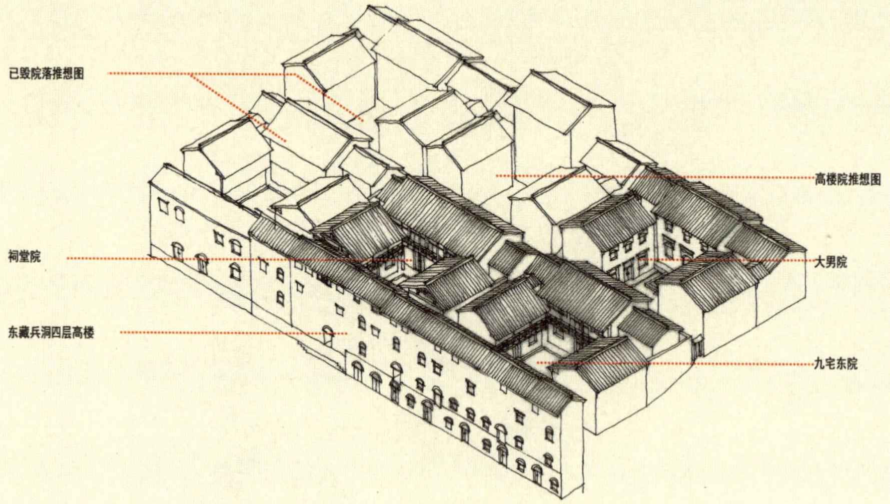

图3－94 九宅院院落群空间复原示意图

（1）空间格局

无论从整体布局还是单体院落来看，该院落群都呈现出极为严整的形制（图3－94）。在地形上，前后落差有3.6米之多。前后建筑采用错层处理，呈现出顺应地势的特点

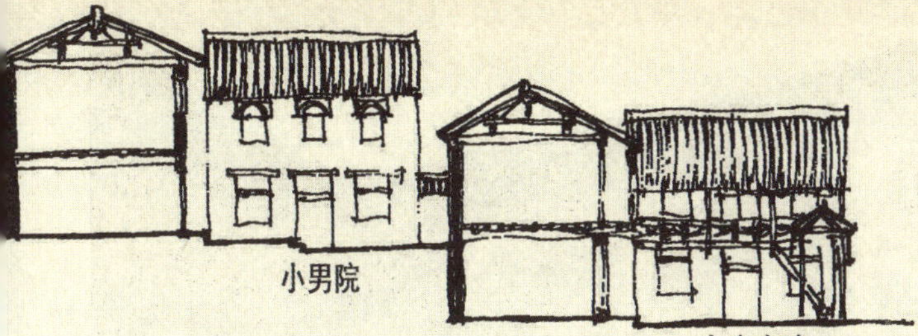

图3-95 九宅院院落群小男院与东院剖面示意

图3-96 九宅院院落群九宅小巷门楼

（图3-95）。由此，该院落群便被划分为前后三部分，前排是堡南高楼，中间是九宅二院，后排是小男院和高楼院（已毁，旧址建新房）。

在建筑特色上，堡南高楼高大封闭，九宅院院落尺度适中、木构细腻，小男院、高楼院正房高耸，饰以砖雕，形成全包围的内聚之气。

在交通上通过内巷组织。现存横巷一条、纵巷两条，分别是九宅内巷（图3-96）和三、四号巷。三合院的形制使得院落大多面南开启随墙门。故横巷是入户巷，纵巷是连接巷。

以上种种规划设计与细节处理手法使得该院落群具备了清晰的脉络、明确的格局，最终达到方正严谨、形神兼备的目的。

（2）单体院落详述

①九宅西院——祠堂院

堡南高楼与九宅西院关系密切。它东西一字排开，下窑上房。上部两层为砖木建筑（以下称南房）。从改建痕迹上可知，南房两处格扇门均与院落主入口相对，故无论从形制还是功能上，它都与四合院中的倒座房极为类似。与祠堂院正门相对的一段南房面阔三间，上部墙体重修，下部仍有明显的格扇门、格扇窗的遗迹。

根据前文对于该院落群在明末格局的推测，可知祠堂院位于该院落群的正中位置，与其后的高楼院、大宅院呈轴线对应关系，占据重要位置。功能上，它是家族宗祠，存放家谱、

图3-97 九宅院院落群祠堂院正房

祭拜祖先，是家族的精神中心。

该院落由正房及东西耳房、东西厢房组成，与南院墙围合成一个一进三合院。从尺度上看，被实体围合的院落空间的长宽高之比为1.5：1.5：1，方正严谨。

南院墙中部有垂花门，是祠堂院的主入口。上有匾额，外为“耕读”，内为“勤俭”，阐明宗族家训。二门改建严重，门扇已不再。上有匾额，对内是“竹苞松茂”，期盼家族兴旺。

正房面阔五间，进深五檩（图3-97）。根据《明史·舆服志》记载：“庶民庐舍，洪武二十六年定制，不过三间五架。”但封建家族制使得祠堂建筑的形制往往远大于所定之规。正房空间高大开阔，檐口高于东厢房1.3米。

正房二层五个开间均对外开启格扇门，内部则被划分为三个空间。正中一个三开间，东西一侧各一间，划分采用格扇门窗。[1]梁架木构件粗大厚实，使用斗栱连接。木构件多

1 首层改建严重，推测与二层形制相仿。

图3–98 九宅院院落群祠堂院正房梁架仰视

图3–99 九宅院院落群祠堂院东厢房

作转角处理，斗栱雕刻复杂而精美，主梁角部饰有彩绘（图3–98）。外廊有木柱六根，底部有阴刻柱础三对。额枋木雕精美，有精美垂花柱。

正房两侧的耳房为两开间，形制甚高。屋顶为硬山，铺有飞椽，出檐深远。

东西厢房性质相仿，现存东厢房较为完整（图3–99）。三开间均向外开启格扇门窗。外廊有精美额枋木雕，形制均略低于正房。垂直交通设在厢房北山墙，房屋之间通过外廊连通。

②小男院

小男院在该院落群的东北，是唯一一个向纵巷开启随墙门的院落。这是因为小男院在设计修建之初具有产房院的属性。[1]为避风寒，而不开大门。

它由正房及两侧耳房和东西厢房组成，层高上正房依次大于东厢房和西厢房。庭院设

1 传说孙鼎相在此出生。

有月台，空间长宽高之比为1.2：1：1，几乎为方体。

院落入口在东北角，朝向三号巷开启。三号巷在入口处作平台处理，前有台阶，后有影壁。院门有匾，上书“凝和”，取聚集祥和之意（图3–100）。

正房面阔三间，现存两层，但有痕迹表明修建之初为大于两层的高楼建筑。门窗洞口均为拱形，下层大上层小。洞口装饰有眉檐垂柱，首层有互不相同的雕花16朵，取吉祥如意之意（图3–101）。

东西厢房面阔三间，现存两层，改建严重。东厢二层保存有拱形窗洞及砖雕。垂直交通在厢房北山墙，直接通往耳房和厢房（图3–102）。

图3–100 九宅院院落群小男院入口门楼

图3–101 九宅院院落群小男院透视

图3-102 九宅院院落群小男院东厢房

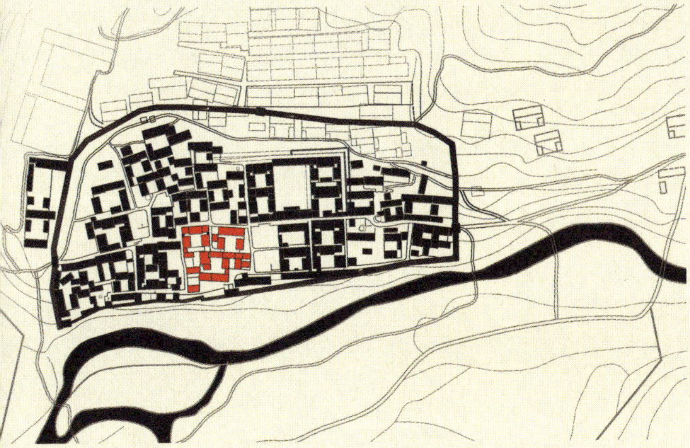

图3-103 十宅院院落群区位示意图

3.十宅院院落群

(1) 位置

十宅院院落群紧邻内堡西墙和堡寨的南北中轴线，位于中街南侧，是自南门入堡后所见的第一个院落群（图3-103）。故呈现出位置居中、地位重要的特点。该院落群由高台院、插花院、大男院和三个辅助院落组成（图3-104、图3-105）。

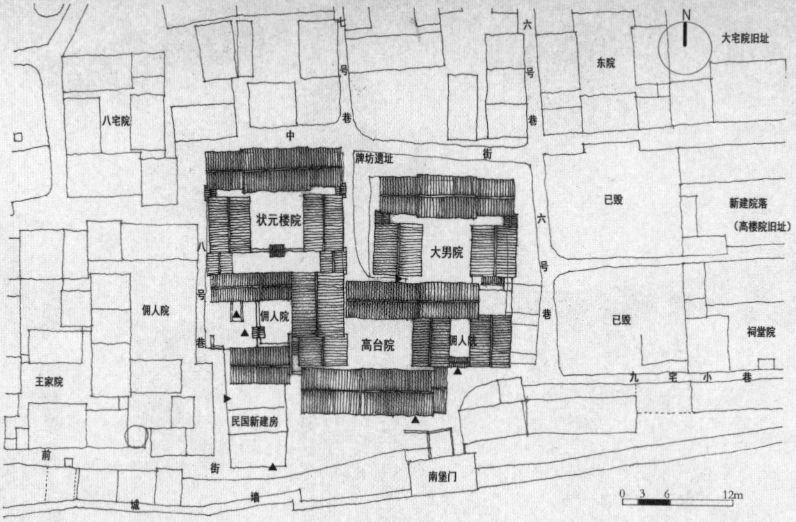

图3-104　十宅院院落群复原图

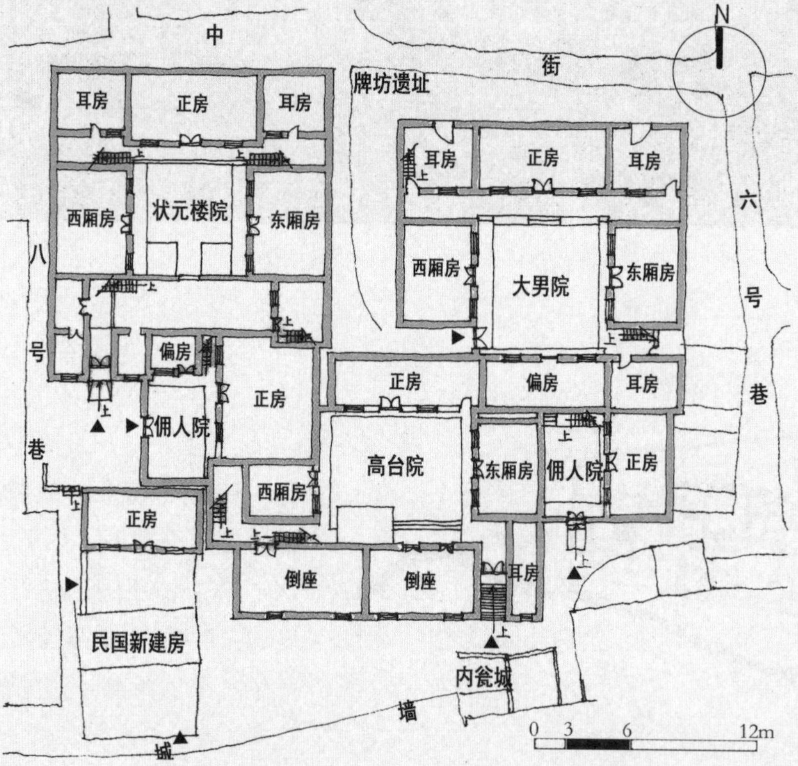

图3-105　十宅院院落群现状平面图

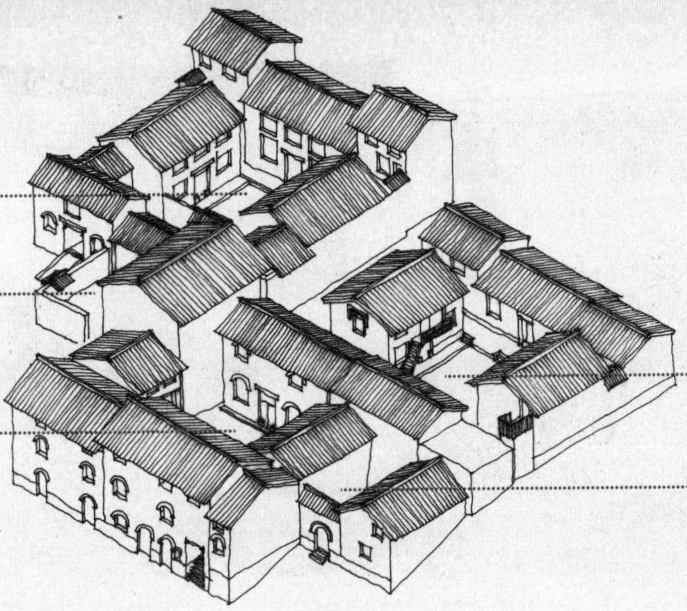

图3-106 十宅院院落群空间复原示意图

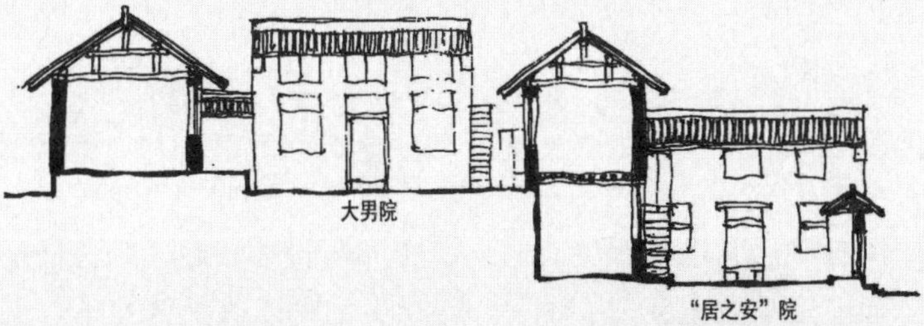

图3-107 十宅院院落群大男院与"居之安"院剖面示意

（2）空间格局

该院落群布局方式灵活。

平面布局上，根据私密程度划分前后。前有待客院落（高台院）居中放置，后为居住院落（插花院和大男院）左右摆开，呈现V形布局。另有辅助院落填补阴角空间，左右分立于高台院两侧，或侵占部分主院落的消极空间，或因势补形（图3-106）。

地形处理上，使用"分层筑台"的手法。前后两次地坪高差均在高台院有所体现。故空间感受上前排院落灵活，空间层次多。相反地，后排院落则方正规则，布局严整（图3-107）。

防御上，前有高台院的连续七开间的三层建筑，后有插花院的两座四层耳房作望楼，形成前后呼应。

图3-108 十宅院院落群高台院沿街南立面

(3) 单体院落

①高台院

高台院是一个特殊的四合院。北房四间，两侧无耳房；南房四间（最东一间为入口，图3-108），西南耳房两间，东南耳房一间，东厢房三间，西厢房两间。显然，南房是整个院落的控制点（图3-109）。地形处理上，采用“掉层”手法，即南房位于高差处，实现街道平面与庭院平面的转换。庭院空间上，其长宽高之比为1.5：1.3：1，略呈方形。房屋联系上，除北房和西厢房有独立楼梯以外（北房的在屋内，西厢房的在屋外），其余均需使用南房外墙上的楼梯。

入口面向前街开启，外有影壁，架在内瓮城墙之上。[1]有完整的门廊空间，洞口上有额枋装饰，12级踏步解决高差问题。该入口强烈的纵深感使其具有明确的引导性和戏剧性的视觉图像（图3-110）。入口门楼高耸，上有匾额，向外“积庆”，向内“勤俭”，表达美好期盼与治家理念。内影壁在东厢南山墙，龟背纹为底，砖雕精美（图3-111）。

1 2001年的《湘峪村·三都古城》光盘资料显示，现已不在。

图3-109 十宅院院落群高台院东南透视

图3-110 十宅院院落群高台院入口空间

图3-111 十宅院院落群高台院院内入口影壁

图3—112 从高台院东北耳房看倒座房

图3—113 十宅院院落群高台院东厢房

由于南房及其耳房进深相同，故于其外侧容易形成壁垒一面的印象。然而层高上的细微差别不仅划分了等级，赋予界面稳定的构图，更使天际线不至过于僵硬。首、二层对外开启拱形门洞，三层窗洞为方形。南房因其待客功能，而使用了丰富的木构件（图3—112）。不仅在三层外挑回廊，还开启格扇门窗（现存以三层为好）。通过立面门窗为该院落明确划定了中轴线，矫正了不规则的房屋对应关系。北墙上有楼梯，上下连接该房二层入口和南房外回廊，楼梯下设储藏空间。东耳房形态狭长，其意义主要体现在外界面构图上。

北房四间，东接“居之安”院三间北房，由于进深相同，隔墙共用，故于视觉上形成七房相连的感受。楼内原有楼梯，连接上下两层，其中二层又与六号内巷相连。东厢房“夹在”南北两排多间房屋之中，构图感极佳（图3—113）。西厢房位置有外院的东房闯入，占据了耳房和部分厢房的空间，故只做两开间。

②状元楼院

该院落因院落内有状元楼而命名。它在该院落群的西北，北邻中街，西接七号巷。院落是堡内为数不多的两进院落，推测与瞭望楼围合中街转折点的需求有关。南北划分为辅助院落和居住院落。这样明确的功能划分，优化了居住感受，体现出完型特征；辅助空间则提供较为灵活的组合方式。二进居住院落呈方形，有正房、耳房以及东西厢房。一进辅助院落呈扁长形，有东西两个耳房。院落之间由矮墙划分，中间开启拱形门洞。入口在西南，有门楼一座。

院落西邻七号巷，前有空地，在七号巷处形成转折，将其一分为二。空地呈方形，向北入插花院，向东入西辅助院，南则有一座三开间建筑作部分遮挡，是一处很好的内外空间交流的案例。该院落和辅助院落均向此开门（图3—114）。入口门楼两层三开间，首层两窗一门洞，二层中间是方形大窗，格扇已毁。门楼有匾，上书“南山翠拱”，笔法古朴，清韵雅致，期盼多福多寿。

正房与耳房形成著名的状元楼形制，当地也称状元楼（图3—115）。耳房原高四层，两开间，正房两层三开间，呈现“高低高”的均衡的构图模式。

③大男院

大男院位于该院落群的东北，相传孙居相曾居住于此。它是仅次于内堡的重要院落。其入口前原有石牌坊一座，面北放置。其后有砖雕影壁，只剩遗迹。院落是标准的三合院，形制严整。但大男院的多次损毁使得原貌依稀难辨，甚为可惜。因其正房形制较高，尺度宽大，曾在合作社时期作为村办小学使用。后因失火重修，旧时风采不在。

入口序列庄严而丰富。穿过牌坊与影壁，需再向南行约14米，才可由西南角进入该院落。院落入口原有门楼，现已不在。正房筑于高台之上，原为一层三开间的建筑，但尺度较大。两侧有耳房，现存西耳房两层。东厢房重建，西厢房则损毁严重（图3—116）。从遗迹可知，二层原有外回廊。首层油松木梁内被蛀蚀，如今变为松油，却仍能承重。南山墙有拱形窗洞，其上有眉檐垂柱砖雕。

图3—114 十宅院院落群状元楼院入口

图3—115 十宅院院落群状元楼院正房

图3—116 十宅院院落群大男院西厢房

（二）商宅

1.二宅院院落群

(1) 历史背景

二宅院位于湘峪堡西，是从西堡门进入湘峪堡的第一组院落群。二宅院南邻老院儿院落群，东邻书房院，西邻西堡墙，北侧为村中少有的空地。因其地理位置上的偏西特点，因此又被当地人称为西二宅（图3-117）。

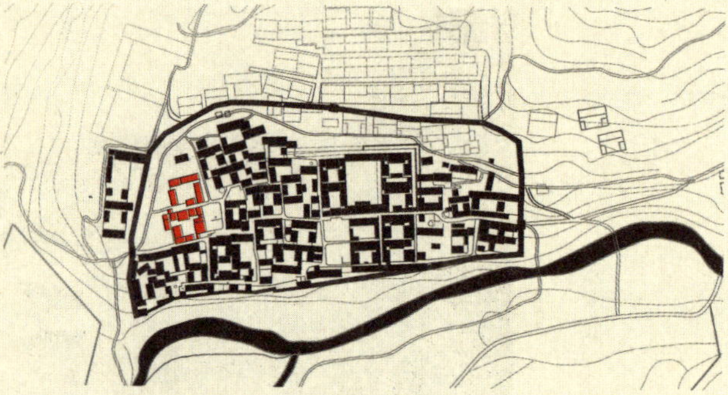

图3-117 二宅院院落区位示意图

二宅院曾经经历过拆改，第一进院落的正房从四层改至三层，原有花梁因此遗失，其建筑年代因而难以考证。据村中人所说，二宅院的主人原为孙辰之子孙可相。据《孙氏家谱》记载，孙可相为孙辰次子，居相之弟，鼎相之兄。孙可相是否也涉足官场，史书上并没有记载，但在村中现存的碑记中，有记载孙可相为“吏部儒官”字样，这大抵是陶渊明一类且耕且读的士人。相较于都堂院而言，二宅院多了几分平静和儒雅，这应当是受到宅主人的影响。

二宅院原为两进院落，现仅存南边的一进院落（图3-118）。靠北边的院落损毁较早，村中耳顺之年的老人，都不曾见过。新中国成立之后，在二宅偏北的院落所在的空地，曾经作为球场之用。20世纪80年代，在其基址上，新建了一组建筑，灰砖青瓦，虽严整依旧，却在形制和气势上与老宅相比望尘莫及。

二宅院的建筑特色主要有：

①二宅院坐北朝南，正房高耸，严整对称；

②院落扁长宽大，明亮舒适；

③耳房体量较大，几乎可以与厢房抗衡；

④主体院落西侧拓展出附属院落，主次结合，各司其职。

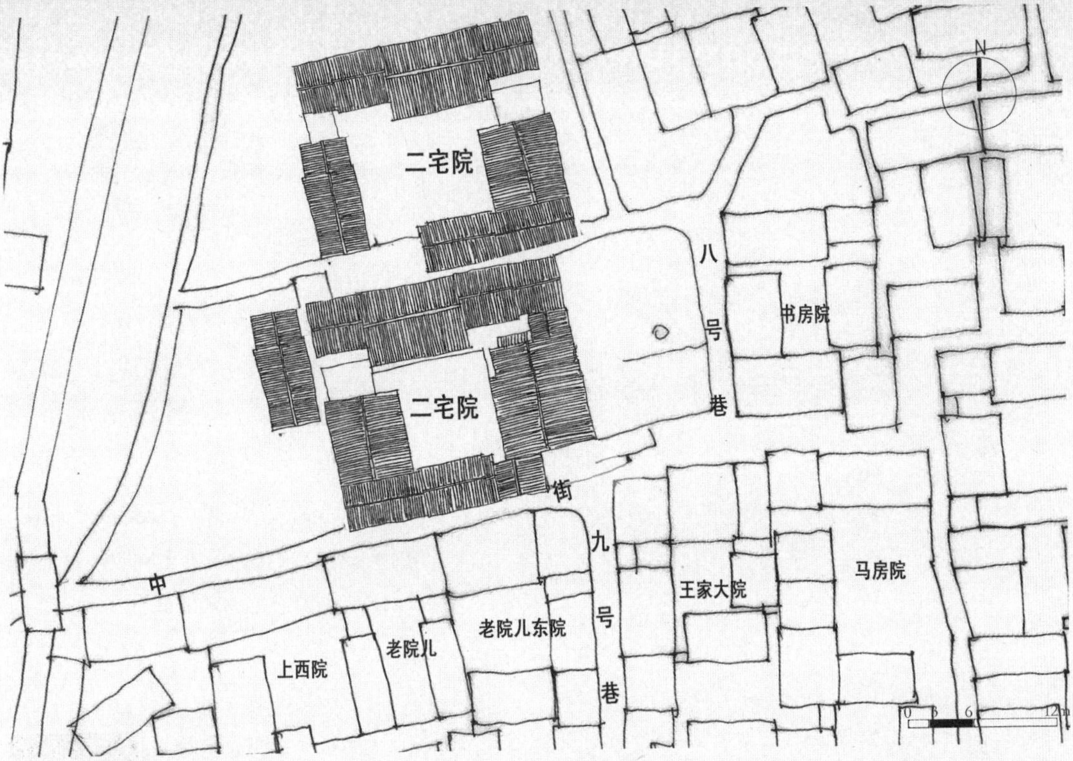

图3-118 二宅院院落复原图

(2) 空间格局

二宅院南邻中街，东邻八巷，西、北两侧为陡峭的山地。山地之上现存一条沿堡墙北上的山路，原是否有院落坐落于此，犹未可知。明清之际，古堡西门为出入湘峪堡的主要出入口，村落中较为重要的建筑都处在距其较远的堡寨东侧。这些建筑与西门之间，大小街巷，千回百转。生人若想到达，实属不易。但二宅院却处于西门之下，开门即可见堡墙。出于安全考虑，坐落于此的院落应该在功能上处于附属地位，但从二宅院的形制看，放眼堡中，只有都堂院可以与之比肩，故此说当属无稽之谈。地位重要却地处是非之地，这也是二宅院的悖论。如果非要在悖论中寻求一个解释，那么，二宅院西侧的空地上，可能有与老院儿院落群的西门里类似的防御建筑，或者，西门曾经有瓮城存在。

(3) 单体院落详述

二宅院现存的院落，即南边的一进院落，被称为“圪坨院”（图3-119、图3-120）。“圪坨”是当地方言，是“成堆的小土包”的意思。这也是湘峪古村以地理特征命名院落的典例。“圪坨院”入口位于其东南角，通过“之”字形缓坡方可进入（图3-121）。入口南侧是一个临街的高台，可见“圪坨院”积土垫石，平整土地而建，是一个利用和改造场地的范例（图3-122）。

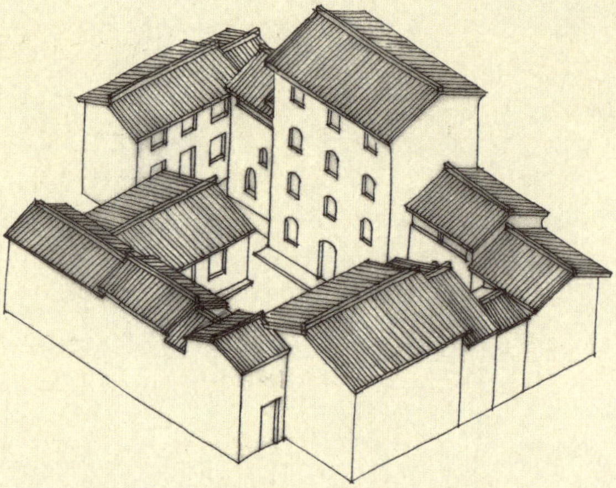

图3-119 二宅院院落空间示意图

“圪坨院”内院12米见方，长宽比接近1：1，是湘峪古村较大的内院，入院后感觉十分宽敞，院内栽种一棵小树却不显得拥挤，加之东南入口窄小，进院后有一种豁然开朗的感觉。倒座房比较矮小，使

图3-120 二宅院正房

图3—121 二宅院入口

图3—123 二宅院东厢房

图3—122 二宅院院落现状平面图

得正房各层的采光都很充分。其正房原为四层，1968年时将第四层拆除，改为三层；首层层高约为4.3米，较湘峪古村中常见的民居正房高出1米左右，总高度10.8米，显得十分高大庄重；据村中老人称西二宅首层室内原有壁画，现已无从考证。两侧耳房对称而建，均为三层，东厢房二层（图3—123），西厢房二层，东侧厢房通过垫高台明，与西厢房高度取齐。不对称式的布局显得灵活自由，但是格局依然不失严整。二宅院的西北耳房向西又加建出一进附属院落，院落中仅有坐西朝东的房屋。

二宅院装饰并不复杂，除却正房三层的“眉檐垂柱”砖雕，可体现其较高的建筑等级之外，其装饰全为素面，较为质朴。

2.四宅院院落群

（1）历史背景

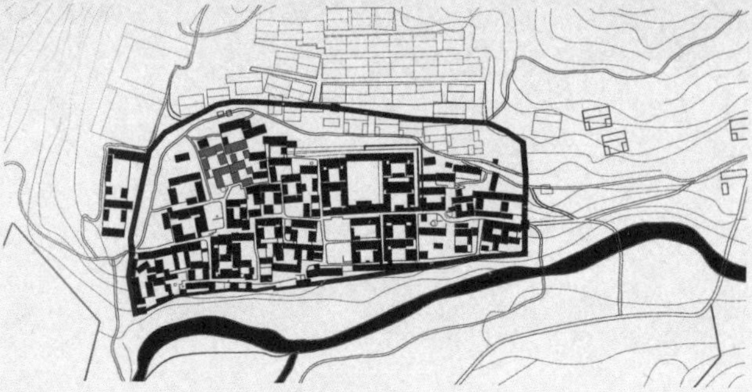

图3—124 四宅院院落区位示意图

四宅院因其布局方正，又名棋盘四院，位于堡内西北角，处在地势较高的位置，在区位上显示出十分重要的军事防御功能（图3—124），但随着湘峪古村的变迁，四宅院也经历着自己的变革。

四宅院之“西南院”和“学恕求仁”院都经过拆改，据村中老人回忆，在他幼年时，“西南院”正房原为三层，现降为二层；“学恕求仁”院正房为五层，曾经是村中最高的建筑之一，系其亲眼所见，而随着岁月的推移也慢慢毁坏了。可以想象四宅院曾经作为瞭望塔楼和防御重点，而今已经风光不再。

四宅院的特点有：

①四座宅院拼连组合，统一构成，形成相对独立又密不可分的整体。

②整体空间充分利用地形，迎合地形，使得建筑群整体空间感明确，妙趣丛生。

③因地势构建防御体系，作为村中的制高点，充分体现防御性。

（2）空间格局

四宅院通过九号巷可达四宅院前的开敞空间（图3—125）。其西临西北堡墙，北侧原本倚靠北堡墙，但是因为北堡墙已毁，现临北侧主要车行道路。南侧与二宅、“视履考祥”院相邻，东邻下佛堂，与绣楼院隔街相望，是湘峪古村内地势较高的位置。总面积一千余平方米，是村中比较集中的几个院落群之一。

在四宅院院落群中，整体空间北高南低，呈阶梯状延伸。坡地地形成为制约四宅院建筑群的主导因素，也成为构建道路和院落之间联系的依据。整个湘峪古堡的建筑依山势而建，气势磅礴，位于“凝瑞气”院中的东侧耳房高三层，是整个村落的制高点之一，原有金鸡高楼为七层[1]，也是村中的瞭望楼，有着重要的防御功能（图3—126）。

1 据村中老人口耳相传，并无史实记载。

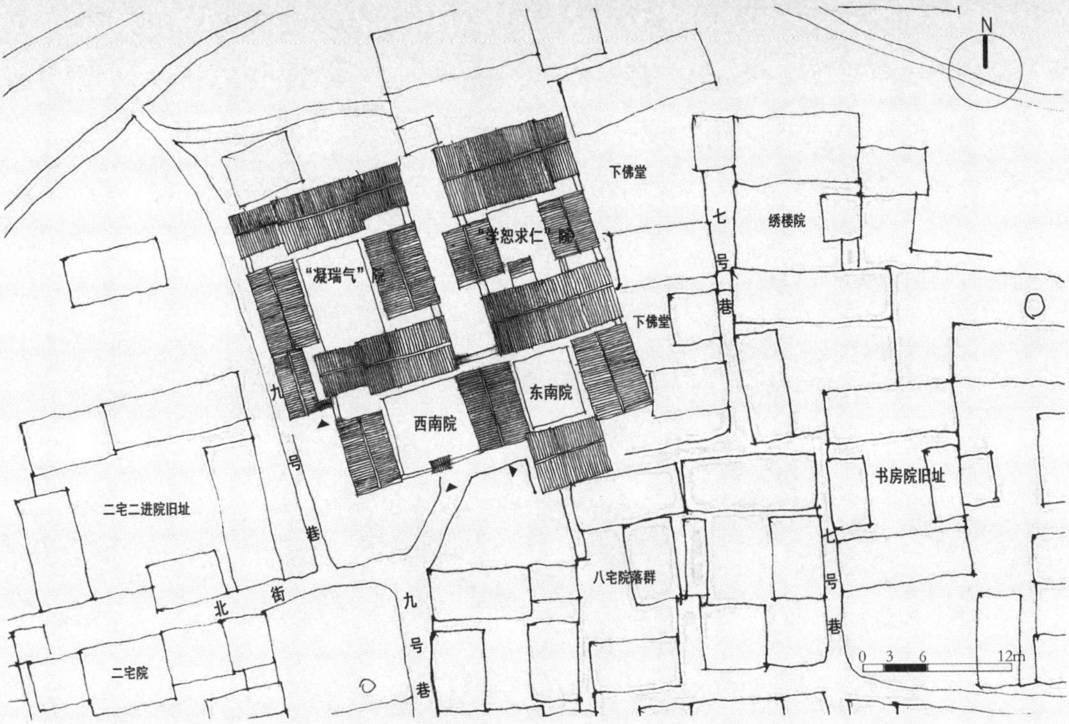

图3—125 四宅院院落图

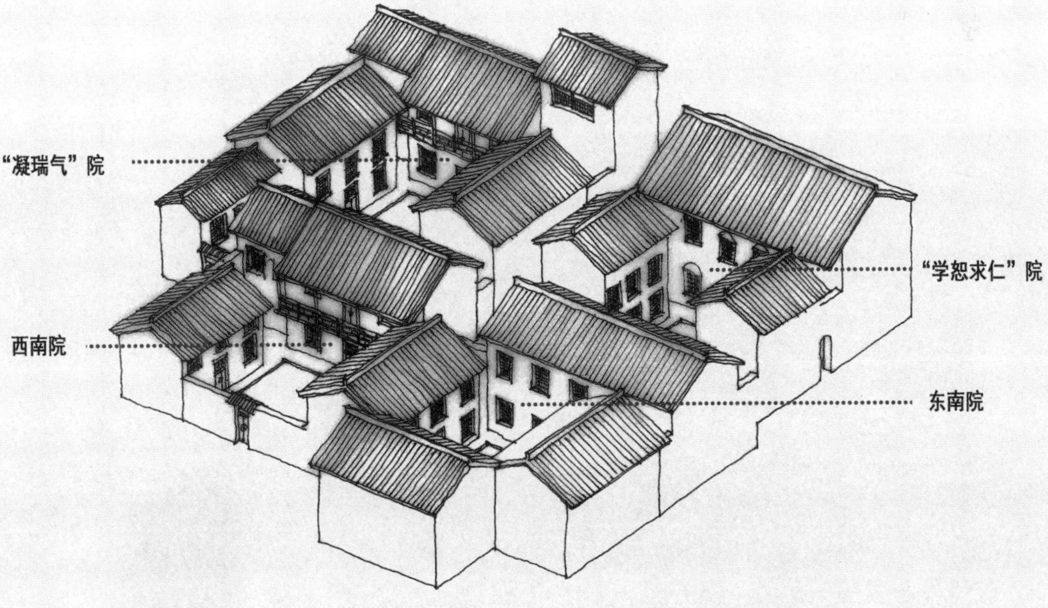

图3—126 四宅院院落空间示意图

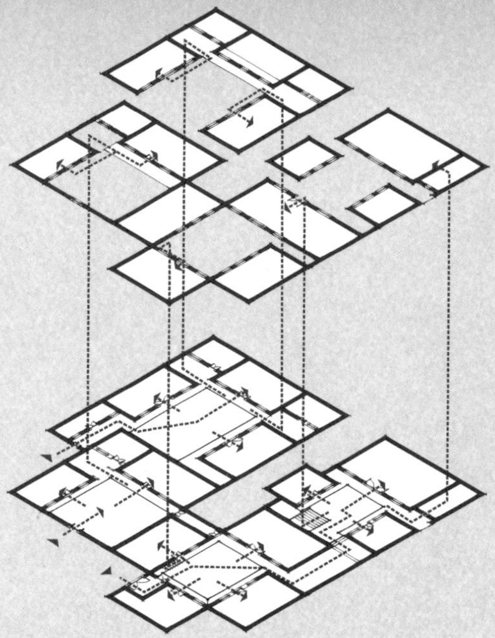

图3-127 四宅院院落交通流线分析

四宅院整体为合院制式，但是并不十分规整，可见其因地制宜，形成了很多丰富的小空间。此四院分属四户人家，每一户均为一进院落，均有独立出口，同时院落之间还有廊道相连，四宅院西南院（以下简称“西南院”）与四宅院东南院（以下简称“东南院”）之间有通廊贯通，“东南院”与“学恕求仁”院之间通过建筑局部底层架空相连，形成了比较独特的格局（图3-127）。

在湘峪堡内整体建筑群呈依山而建的态势，四宅院这一组建筑沿地形阶梯状下降（图3-128）。四个院子从南侧进入，依势而上，这样便可以获得更加充分的采光。院落中央常有老人坐在墙角晒着太阳，生活在历史文化气息如此浓厚的地方，对人本身也是一种熏陶。

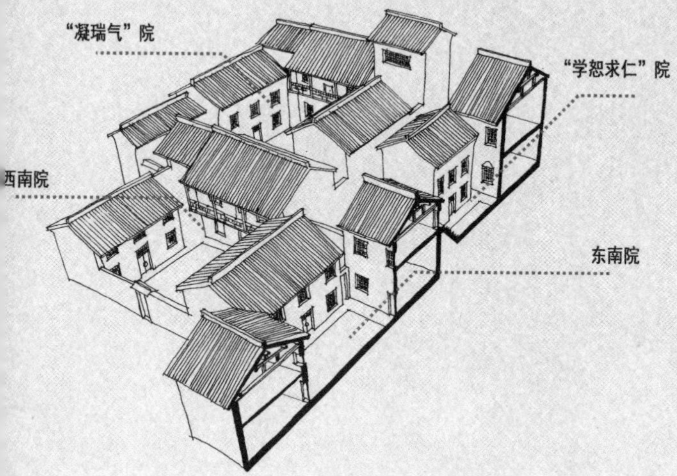

图3-128 四宅院院落阶梯状的建筑方式

湘峪堡内的天然坡地地势，有利于建筑冬日采光（图3-129）。在夏日太阳高度角较高的时候阳光照入房间的角度较小，当冬日需要更多的阳光时，太阳高度角降低，自然满足了其采光的需求。四宅院的四个正房进深为4.3米至5.9米，进深较大，总体来讲光照并不充分，但因其建筑呈阶梯状建设，使其采光状况有了很大的改善。

在“西南院”和“凝瑞气”院内正房二层均有连廊，连廊成为正房和院落之间的过渡空间，有一定的围合，在上部形成没有明确边界的空间限定（图3-130）。可以看到在建筑的居住和使用中，常有二层的连廊下摆放有茶座，为房屋主人提供了一个较好的休憩空间，给人良好的心理感受。

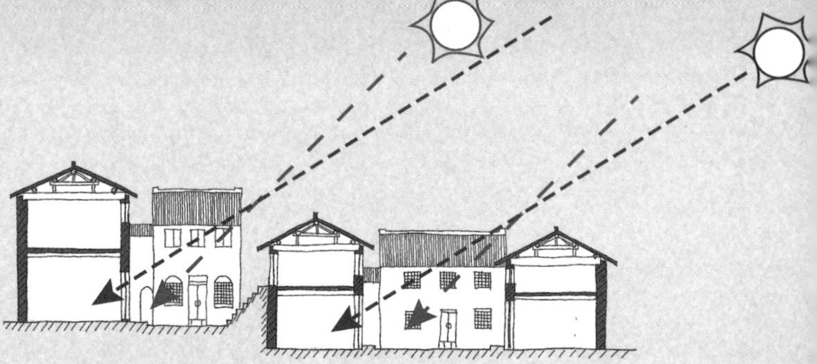

图3-129 四宅院院落冬夏日照分析

（3）单体院落详述

四宅院共由西南院、“凝瑞气”院、东南院和“学恕求仁”院组成（图3-131）。以下分别进行详述。

①西南院

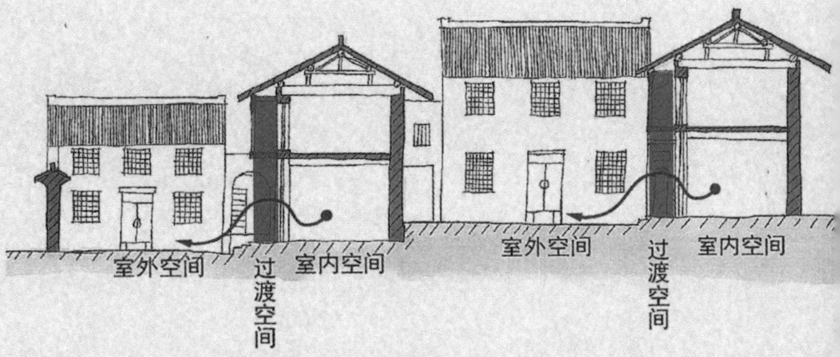

图3-130 四宅院院落空间品质分析

“西南院”位于四宅院院落群的西南角，入口两侧为素面砖墙，装饰简单，低矮的南院墙也给人很强的亲和力，因而狭窄的街巷空间也并不显得拥挤（图3-132）。南墙开拱券门，门楼为硬山屋顶，并无装饰，这与其建筑等级密切相关，可见这个院落以实用性为主。院内正房与西厢房两面围合，合院8米见方，其中东侧墙为“东南院”西厢房后墙，正房西侧只有二层耳房，二楼出挑檐廊。西厢房现在已弃置不用，成为堆放杂物的房间，破损比较严重，同时，观察厢房二层屋檐与墙体的衔接处推测其厢房原层数不止二层，据村民称原为三层。[1]

其正房面阔三间，进深五檩。一层由两根主梁和九根次梁支撑楼板。这种结构为村中民居常见的形式。正房门两侧为箱形门枕石，雕刻荷花，门槛石上也为统一的荷花蔓枝装饰，清新素雅。

1 村中老人介绍：“这里有很多建筑因其高度较高，而且用不到那些较高层，就拆除了一些建筑的上层，拆下的砖便卖掉了。这样的情况很多见。”正是因为这样的原因，村中很多房屋出现“降层”的现象，很多房屋的标记有建造年代的花梁也已散佚，具体建造年代无从考证，也只能从建筑本身加以推断。

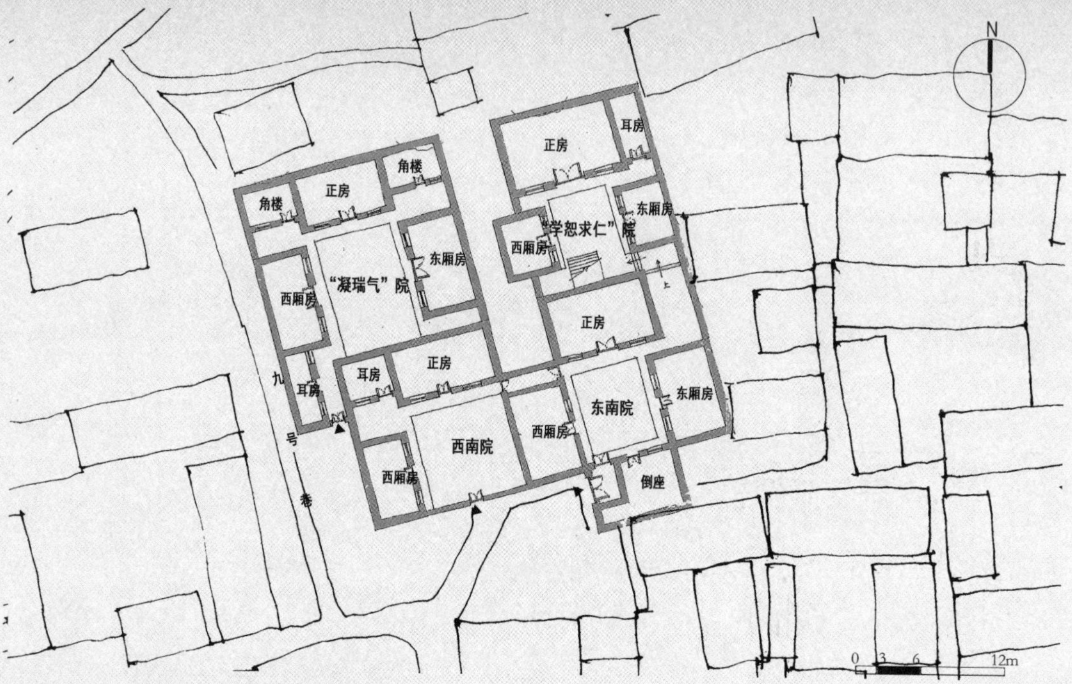

图3-131 四宅院院落现状平面图

图3-132 西南院入口

“西南院”通过廊道与“东南院”相通，现在虽然依然保留着相连通的门，但在小门的门口处堆放着杂物，可以看出这条通廊的使用率不高，在战乱年间是否有军事防御的作用，则给人很大的联想空间。

②“凝瑞气”院

“凝瑞气”院由四宅院院落群西南角经过狭窄入口进院（图3–133），入口处拱门上方有石雕“凝瑞气”匾额。瑞气，乃祥瑞之气，《晋书·天文志》中记载：“瑞气：一曰庆云。若烟非烟，若云非云，郁郁纷纷，萧索轮囷，是谓庆云，亦曰景云。此喜气也，太平之应。二曰归邪。如星非星，如云非云。或曰，星有两赤彗上向，有盖，下连星。见，必有归国者。三曰昌光，赤，如龙状；圣人起，帝受终，则见。”这是古人对宅院的美好祝福和阖家祥和的寄托。合院长10米，宽7.5米，占地270平方米许，并不显得局促。在院落形制上，因其与“西南院”南北拼合，故无倒座部分和东南角的耳房，入院之后，位于院落轴心的正房、东西耳房与东西对称的厢房给人一种严谨庄重的感觉（图3–134），从院子中进入两侧耳房均通过狭窄的拱门，宽度不足1米。通向耳房的拱门上各有石匾额，东侧为“迎曦”，西侧为

图3–133 “凝瑞气”院入口

图3–134 “凝瑞气”院正房

图3-135 东南院正房

图3-136 “学恕求仁”院正房

“挹爽”。与东西两座堡门入口处的石匾额“迎晖”、“来爽”取义相同。东北角的耳房为四宅院中现存唯一的三层建筑，高9米许，是四宅院中现存最高的建筑。在第三层上可以眺望村外的情况，是村中的“瞭望楼”之一，在防御上起着重要的作用，侧重于四宅院周边小范围内攻守。正门面阔三间，进深五檩，二层出挑檐廊，两侧厢房均为素面砖墙，突出了正房的核心地位。出挑部分均为木制构件，以减轻自身结构重量，同时让出檐廊下方首层空间，使得院落显得较为开阔，在较小空间内不显拥簇。

③东南院与“学恕求仁”院

“东南院”入口位于其倒座房的一角，围合出一个凹形拐角，形成一个小玄关，玄关将倒座房的长方形平面打破，十分别致。入院后四面围合，内院长8米，宽7米，占地约250平方米，院内现存均为二层建筑，东厢房损毁严重，其二层已坍塌，而四角均无耳房。在“东南院”的东北角一层处有通廊与“学恕求仁”院南北相通（图3-135）。

“学恕求仁”院位于四宅院西北角。通过“东南院”院西侧的底层架空廊道进入。除此之外，“学恕求仁”院还有其独立的入口，位于其东北角楼处。院落正房面阔三间共9米许，进深6.3米，面积较大（图3-136）。其正房门窗檐部上方有“眉檐垂柱”砖雕，是四宅院中为数不多有“眉檐垂柱”雕饰的院落，可见其地位等级较高。东西厢房对称而居，其倒座的形式较为独特，通过院内宽大的七级台阶直接到达倒座，是“东南院”正房的二层，巧用地形，独具匠心。

3.六宅院院落群

六宅院院落群位于湘峪古堡的西侧，南邻南街，北靠中街，西邻帅府院落群的“诗书画”院，东靠八宅院，与南城墙仅一宅之隔。六宅院院落群由王家大院和马房院两个院落组成，与古村内其他院落相比，六宅院院落群形制较小，但其功能分布明确，是典型的“一主一从”式院落（图3−137～图3−140）。

六宅院院落群的建造年代略晚于堡墙，建成于1638年。在六宅院院落群的主院王家大院正房的花梁上，有明确的记载，其文曰：“旹崇祯十一年二月十七日子时宅主孙述祖、孙率祖[1]建立”。据此推断，六宅院距今有近380年的历史（图3−141）。

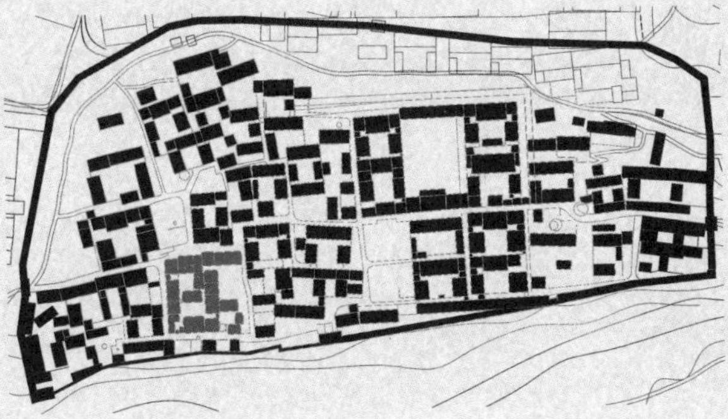

图3−137 六宅院院落群区位示意图

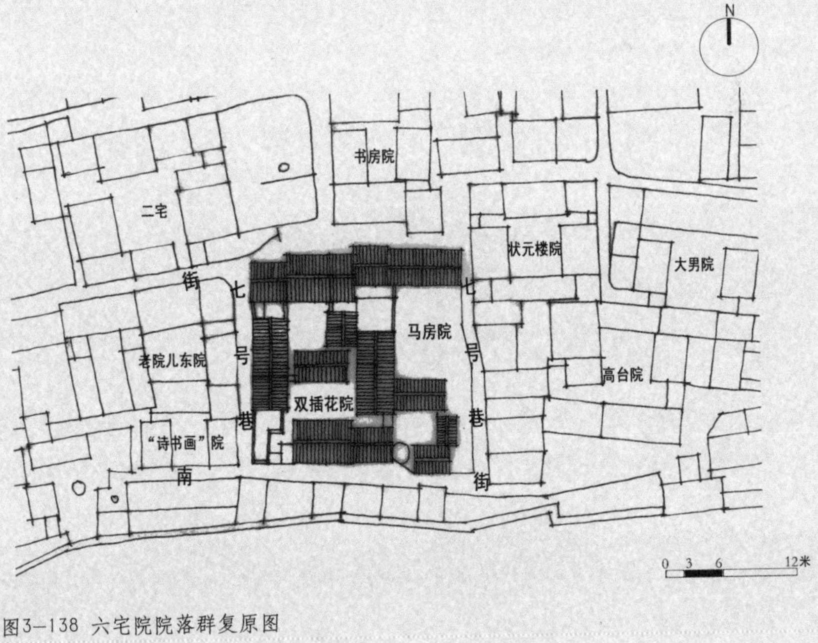

图3−138 六宅院院落群复原图

1 根据《孙氏家谱》记载，孙述祖、孙率祖均为孙家第九世子孙。

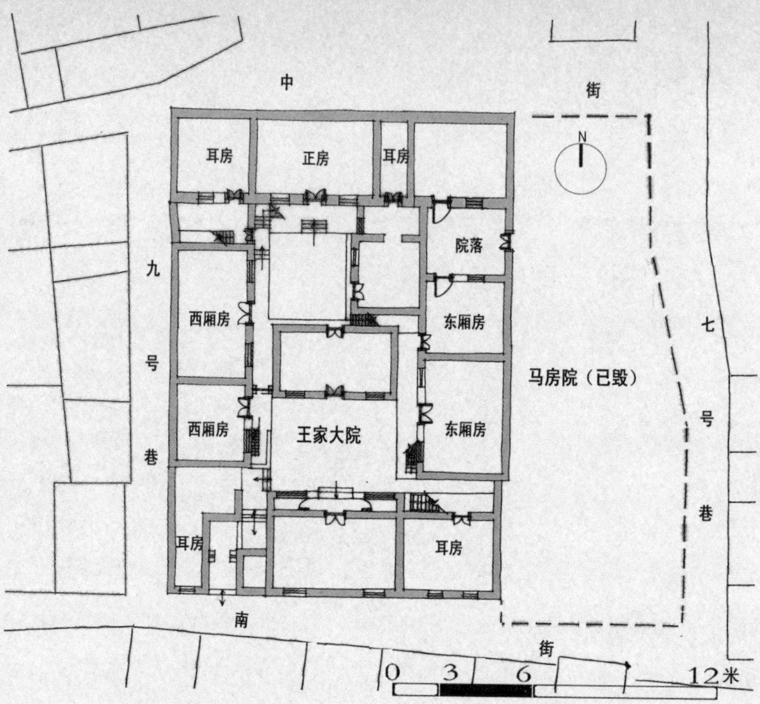

图3-139 六宅院院落群现状平面图

图3-140 六宅院院落群空间复原示意图

图3—141 王家大院正房花梁

除了言之凿凿的花梁之外，关于六宅院的传说，含糊混沌，村中众说纷纭，无一定论。有一种说法，是六宅院的王家大院曾为私塾之用，但此说并无法考证。又云，因为其正房中间低、两边高的独特的建筑形式，又被称为“双插花院”。但六宅院建成之后，又有何人修缮、何人曾居住过，今日已无迹可查，一切推断，都尽巷谈。

（1）空间格局

六宅院院落群形制较小，主次分明。王家大院位于西侧，马房院位于东侧，两院东西摆开，并在院落内部相连。通过王家大院的东北耳房，有一进尺度较小的院落直接联系到马房院的正房。王家大院作为主要的院落，尺度略大，形式较为规整。马房院作为附属院落，尺度较小，形式上也依附于王家大院，为一进院落。两院中间，有两座瞭望楼——一座为四层、一座为三层，王家大院的西侧，另有一座四层瞭望楼——大抵因为六宅院距离城墙较近，视野良好，便于瞭望观察的缘故。高楼林立的六宅院，整体上给人的感觉是，气势威压、戒备森严（图3—142）。

（2）单体院落详述

①王家大院——双插花院

王家大院位于湘峪古堡的西部，是最西侧的第二组院落。王家大院北靠中街，西接帅府院，南邻南街，离藏兵洞仅有一座院落相隔。王家大院院落主轴为南北向，由两进院落组成。由于地形的限制，王家大院在形制上并不完全对称（图3—143）。

王家大院地处湘峪古村的险要位置，距西南敌楼和南城门均很近，占有重要的军事地位，因此，在院落的空间规划和建筑形制上均有防御的考虑（图3—144）。

王家大院前后两进院落，布局均为“四大八小”形式，即由正房、东西厢房、倒座和

图3-142 从城墙下看王家大院

图3-143 从南街看王家大院

图3-144 从二宅院前空地看王家大院

耳房共同围合成高围合度的院落形式。该院整体布局较为严整，前后两进院串联相通。按照私密程度的递增，从外院到内院的尺度逐渐缩小，第二进院落的纵向轴线较第一进院落略向左偏移。

王家大院所处基地坡度不大，故匠人在建房之初将基地进行整合、抬高，用入口处的阶梯解决高差，使院落整体坐落在平整的基地之上。这种处理方式使地形高差在建筑入口处集中，主体建筑处于统一标高，建设方式与平地无异。

王家大院大门朝向南街，高约3.6米，宽1.6米，尺度并不大，亦不甚雄伟，但精巧别致，平易可人。院门现已毁，原形制样式不可知，唯余门前的一对门枕石（图3-145），又有上马石一对。为了解决高差的问题，院落入口处设置了三段台阶。第一段台阶为两级，为东西向，正对倒座的山墙；第二段为三级，南北向，对着厢房的山墙；第三段为两级，东西向，向第一进院落敞开。入口处台阶方向频繁变化，左右夹墙，对外部人员的视线进行遮挡，使院内对外显示出极高的封闭性。王家大院入口处原有耳

图3-145 入口处的门枕石

房，位于整体院落的西部，现已毁。第一进院落倒座处与街巷空间由于填土产生了约1.5米的高差，匠人因地制宜，在沿街处南侧倒座下设计了沿街窑洞。窑洞与内院相互独立，各自向街巷辟门。这种做法有效利用了空间，亦使街道边界活泼生动（图3–146～图3–148）。

图3–146 王家大院入口大门

图3–147 王家大院入口雕花

图3–148 从王家大院看天绘图院

王家大院的第一进院落由正房（图3–149）、东西两厢房（图3–150、图3–151）和倒座房（图3–152）组成，均为两层。院落空间东西宽、南北窄，正房、厢房尺度相当，无明显的导向性。主体建筑层高相当，首层地面与院落空间有一定高差，倒座地面又略高于其他三间。左右厢房的檐柱处各有木质楼梯通向二

图3–149 王家大院第一进院落

图3-150 王家大院第一进院落东厢房

图3-151 王家大院第一进院落西厢房

图3-152 王家大院第一进院落倒座房

图3-153 王家大院第一进院落南房耳房

层，东侧耳房与厢房之间，亦设置楼梯与二层厢房、倒座房相通（图3-153）。在第一进院落与第二进院落的交汇处，“四大八小”的建筑形式出现了灵活的改变：东厢房的部分窗户隐藏在正房山墙之后，在东厢房北侧辟有一间内室，隐蔽性很高，且附属有一个独立式的后院；同时，前后两进院落西厢房之间并没有耳房相连，二者共用一墙，有效增大了使用面积。

王家大院第一进院落和第二进院落之间（图3-154），经过第一进院落的正房后墙上的门，可通向第二进院落，但只有在正式场合才会使用。目前，由于各家分户同住，前后院之间的联系不大，第一进院落正房过厅的作用已经完全丧失。从第一进院落到第二进院落，庭院空间尺度缩小，前后两进院落出现轴线的错位，院落轴线略向西侧偏移。

王家大院的第二进院落由耳房、正房和过厅组成，过厅和厢房均为二层。第二进院落正房即为插花楼。插花楼正房三间，东西两边望楼分别为一间和两间，东西耳房为四层、中间部分为三层。其最显著的特征在于正房两侧的耳房高于正房，仿佛双塔矗立楼边，与科举时代探花郎纱帽一侧插花一朵、另一侧插花两朵的典故不谋而合，故名双插花楼，又称探花楼（图3-155～图3-157）。关于插花楼的不对称性，有一种说法：

图3-154 两进院落之间的小门

图3-155 第二进院落插花楼耳房

图3-156 第二进院落正房——插花楼（一）

图3-157 第二进院落正房——插花楼（二）

孙鼎相在工部任职时曾接触过西方建筑，故在设计双插花楼时，大胆地接受了西方左右不对称的做法。但是，明朝末年，中国与西方接触互动是否依旧活跃，西方文化对中国内地的影响是否如此之大，还值得商榷；且不对称的建筑在中国本土民居中本身就不乏例子，故这种说法仍需要考证。

王家大院顺应山地地形，建筑逐步抬高，第二进院主楼插花楼，建筑高度近第一进院的正房高度的两倍。虽然如此，人站在第一进院落中时，并无法看到插花楼，而只有在第二进院落中才得以看见全貌。但在双插花楼上可以遍览山谷，战争之时承担着重要的瞭望和指挥的作用，带有明显的防御特征（图3-158、图3-159）。

王家大院装饰以砖雕木刻为主，虽无过于

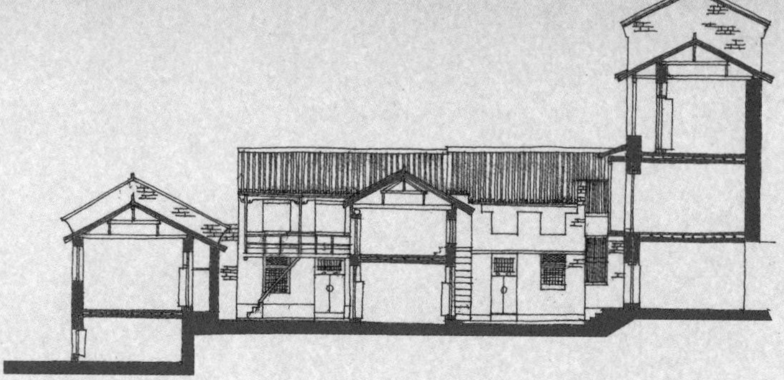

图3-158 王家大院入口处剖面示意

图3-159 第二进院落东厢房

图3-160 王家大院第一进院落正房装饰

图3-161 王家大院第一进院落东厢房装饰

图3-162 王家大院第二进院落西厢房装饰

图3-163 马房院正房

细致的雕饰，但质朴传神，大巧若拙。这些砖雕、木雕“大巧不工、求形不求工”，有着浓厚的乡土特色。大门上残存的“凤戏牡丹”木雕，寄托着富贵吉祥的良好寓意，样式精美、浑然天成。拱券门窗外墙的“眉檐垂柱”砖雕简洁大方。但是因为保护的不力和材料本身的耐久性，大量的木雕已经损毁，许多石柱础四处散佚，不禁让后来人扼腕叹息（图3-160～图3-162）。

②马房院

马房院位于六宅建筑群的东北角，北靠中街，东邻八巷，西接王家大院。相传马房院原是王家大院的马厩，故又被称为马厩院。马厩院南侧有三个独立的房屋，损毁严重，已经看不出原来的院落所在（图3-163～图3-165）。

马房院的正房紧靠王家大院东北耳房而建，正房为三层，第一、二层开拱券门窗，第三层向南敞开，为三组木格扇窗。马房院院门原在东侧，倒座和正房围合成长方形的中心院落。现马房东侧横向加建了两间房屋，并在八巷处建起了拱门，独立形成了新的院落。

图3-164 从东侧小巷看马房院

图3-165 马房院破损院落

4.八宅院院落群

(1) 历史背景

湘峪古堡历经百年，几乎每一个宅院都有故事。但大多数故事，都是围绕孙家祖先的种种轶事，浑然无可考。但在八宅院中流传的故事，涉及了近代抗日战争中的一段历史。

八宅院的最初建造年代和功能作用，我们已经不得而知，但在抗日战争大背景下发生的一件历史故事，使其在湘峪村声名大噪，时至今日，村中人提起八宅院，都恭恭敬敬，称一声“县政府”院。据村中的老人讲，八宅最东侧的一进院落，在抗战期间做过武北县的县政府临时驻地，后人又将其称为“县政府”院。相传在抗战期间，抗日武装力量曾经在此处组织过湘峪村自卫反击战。当时敌众我寡，力量悬殊，日军攻入城内，军情紧急。政府的指挥员原本在“县政府”院中坐镇指挥，敌寇来犯，躲藏不及，只得匆匆躲入东厢房里。日军进院搜查，四大八小十二间房内空空无人，只得收兵作罢。明明人就在西厢房里，却搜寻无着，其中蹊跷，就在于“县政府”院东厢房里。村中一般的厢房多是三大开间，中间用木质隔断分开，当做三间房用。但“县政府”院的隔断却是特殊。其靠南的一开间，设有一个暗层，暗层隐藏在吊顶和顶棚之间，十分隐蔽，非是知情人轻易找寻不到——而靠北的开间却是没有。日军进入靠北一侧的开间搜查，并未发现蹊跷，再粗粗向南一看，空空无人，便以为南北一个道理，是故放弃搜寻。指挥员便如此得以保全。

(2) 空间格局

八宅院院落群位于湘峪古堡中心略偏西方位，由三个院落——“县政府”院、八宅中院和八宅东院三个院落东西向排布组合而成。八宅院院落群西邻西二宅，南靠十宅院，东邻东窑洞院，周遭按东西南北方位分别为六巷、北街、南街和七巷。四周都处在建筑包围之中，街道高宽比较大，院落环境比较隐蔽（图3–166～图3–169）。

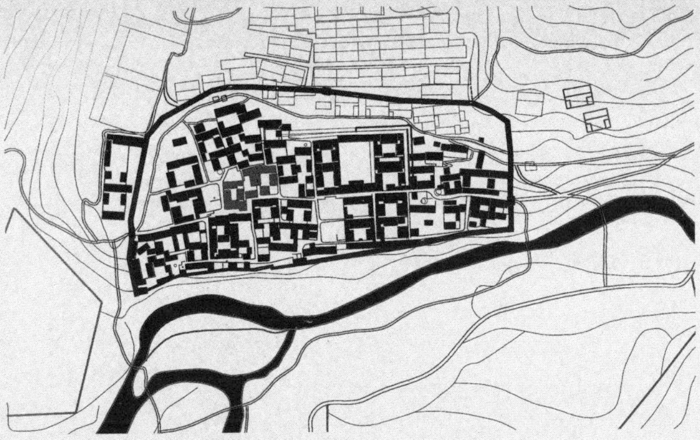

图3–166 八宅院院落群区位示意图

凤凰山的山体在八宅院的位置较为陡峭，八宅院南北方向上的高差可达近3米，站在宅院北侧的街道上看，其院落的正房只有一层高。八宅的三个院落的建造年代和功用至今已经不得而知，只能通过建造风格辨别出其应该分属两个不同的建造年代。

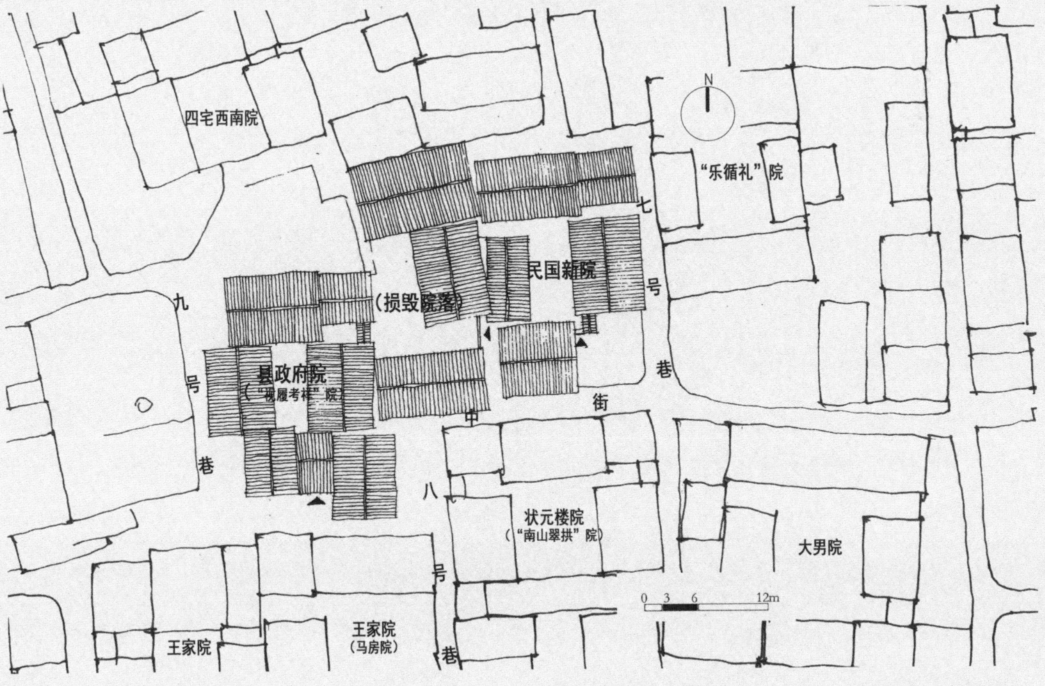

图3–167 八宅院院落群复原图

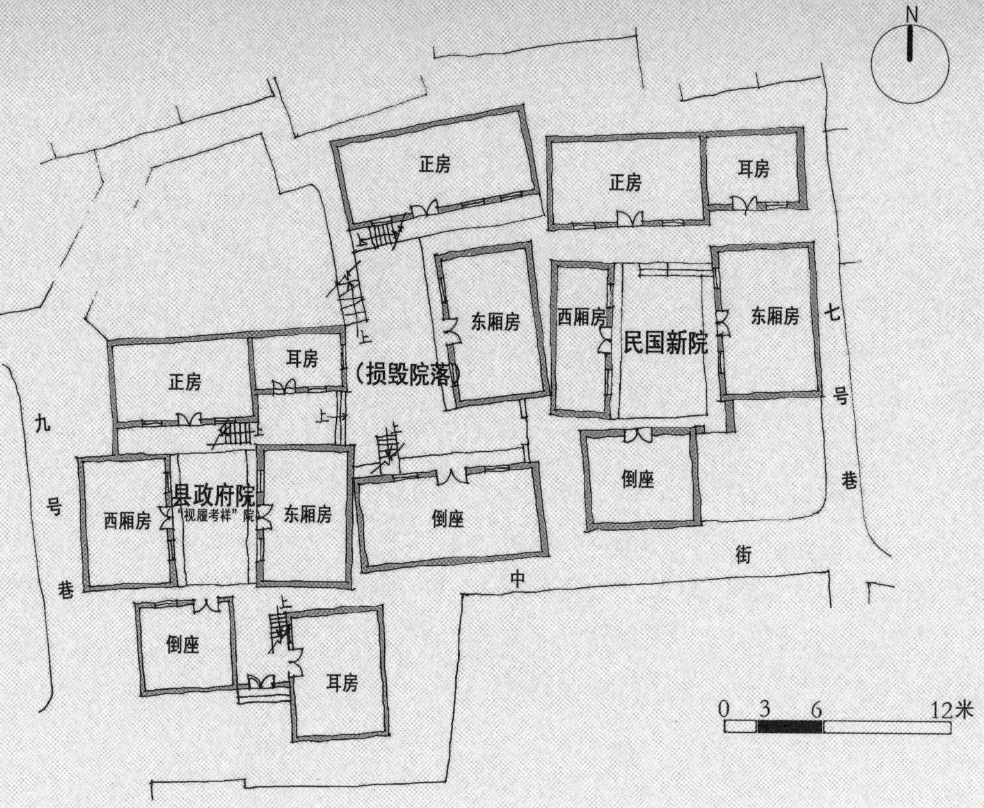

图3-168 八宅院院落群现状平面图

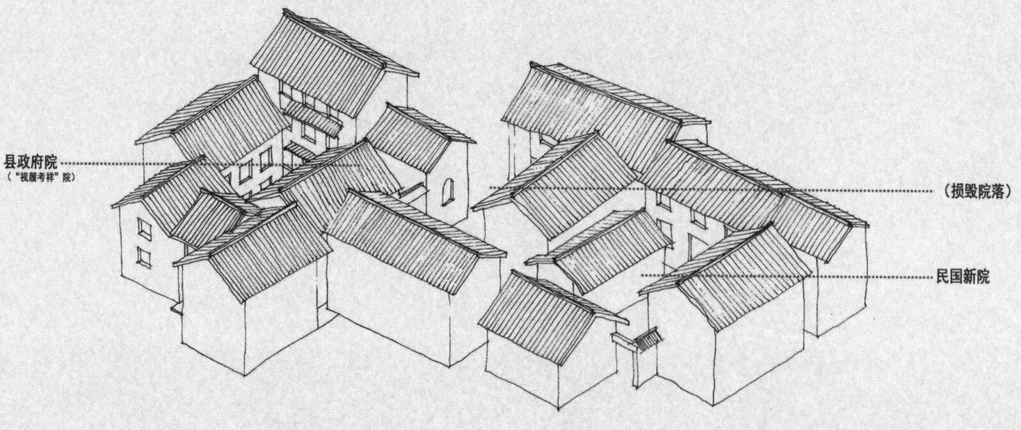

图3-169 八宅院院落群空间复原示意图

三个院落中，保存较好的为“县政府”院。八宅中院和八宅东院都受到了不同程度上的毁坏和拆改。如今的八宅中院正房已经倒塌，从北街处可以看到其倾颓交叠的粗大木梁和古拙的雕花，惜乎宅主筹金无术，无力回天，只能任其倒塌，秋冬时节，草木凋零，更显萧索（图3-170）；八宅东院已经被彻底翻修，除去地基保留之外，均为20世纪60年代新建房屋。

图3-170 八宅院已毁院落

（3）单体院落详述——“县政府”院

“县政府”院（图3-171）位于八宅院院落群的最西侧，北邻七巷，东接八宅中院，南邻中街，北邻北街，是一座严整的四大八小院落。其主要建筑都为三开间，其中正房高达四层，东西厢房均为两层。

“县政府”院的房屋可以明显地分为两个建造时期：其中正房和西厢房的建筑风格与王家大院相类似，推测为明朝末期的建筑，其房屋有檐廊，

图3-171 “县政府”院院落透视

图3–172 “县政府”院门前街巷

木质楼梯架设在房屋的正前方，正房的三层墙上还有“眉檐垂柱”砖雕装饰。东厢房和倒座的修建年代较晚，建筑风格与“乐循理”院类似，推测是民国时期的院落，其建筑较为方正，很少用拱券窗，房屋在比例上略显高挑。故此推测现存的“县政府”院应当经过了较大幅度的拆改。

“县政府”院的入口（图3–172、图3–173）开设在院落的东南向，向南街敞开。门前正对的是六宅院院落群中的马房院北山墙。“县政府”院倒座房低矮，只有一层，马房院后墙高大，足有三层。考虑到南北向高差的影响，从街道上看，两组院落高度基

图3–173 “县政府”院大门

图3–174 “县政府”院入口处的耳房

本相当，使得中街在此处空间突然紧缩，封闭度增高。加之中街在此处向东有近90°的拐角，在视觉上直面十宅院的“南山翠拱”院西山墙，在视觉上形成断层，使得此处迷惑性强，不熟悉路的人到了此处，必然如入云端不知所置。这样的设置，对于村落的整体防御有很大的意义。此外，“县政府”院大门低矮，而东南耳房高大，且耳房处向外伸出有檐廊（图3–174）。站在耳房的檐廊上，街巷情状一目了然，有良好的瞭望监视意义。

从东南角的宅门进入院落，院落呈南北长、东西短的长方形。由于正房较为高大，显得院落略微狭窄。“县政府”院的正房现为三层三开间，每开间一窗，其中二层设有木质檐廊。木梯从房屋前直接通向二层，占有一个开间。据当地人讲，“县政府”院正房原为四层，第四层的形制与绣楼院相类似，建筑墙体稍稍后退，前部加设半开敞的游廊。这种建造方式在湘峪村的高层建筑中甚为普遍。另外一个在高层防御建筑中常见的是眉檐垂柱砖雕装饰。“县政府”院的正房三层亦存有三个“眉檐垂柱”

图3–175 “县政府”院东厢房

图3–176 “县政府”院西厢房

砖雕，但上面并无雕花装饰，线条粗大，形制简单（图3－175）。

“县政府”院西厢房（图3－176）为两层两开间，层高比正房较低。其中一层开拱窗，二层开方窗。其二层中间开间设置有四扇木格栅门，门前向外出挑单开间的檐廊，形制竟与国外的阳台类似。这种形式在当地较为少见。如果推断为三开间的檐廊拆改之后变为单开间，但墙体上又没有出挑的承重木梁痕迹，可能性不大。故该样式是当地比较独有的一种建筑形式。

八宅院其他院落损毁拆改较为严重，已难成体系，故仅收录院落照片如下，不作赘述（图3－177～图7－179）。

图3－177 八宅东院

图3－178 八宅东院东厢房

图3－179 八宅中院

（三）附属院落

1.帅府院落群

（1）历史背景

明朝初年，孙家祖先为避战乱，自高平县赤土坡迁至沁水县相谷村。甫至此地，于城西修建屋舍，以耕种为生。相传当年孙家祖先修建的第一个院落，就是帅府院。因为其在孙家的院落中建造年代最早，抑或夹杂着后世子孙对孕育和繁衍孙家人的祖屋的深深眷恋，当地人又亲切地称之为“老院儿”。几代人的辛苦遭逢之后，孙家日渐鼎盛，人口的增长导致房屋需求的增大，孙氏家族的建筑范围逐渐东移，由于地理位置欠佳，帅府院一步步淡出了孙家人的活动中心，变成了较为附属的院落（图3—180）。

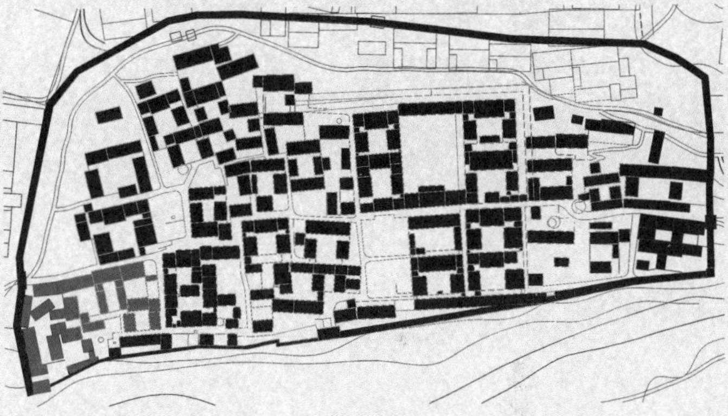

图3—180 帅府院院落群区位示意图

（2）空间格局

帅府院院落群的修建年代前后跨度较大[1]，现存建筑风格也略有差异。该建筑群现存院落六座，包括：老院儿、上西院、下西院、西门里、下西院东院和“诗书画”院。加上已毁的书房院[2]，和帅府东侧、南侧已毁的两组院落，一共九组院落，总占地面积约2000平方米。该院落群位于古村最西端，南北连接中街和南街，向西、向南依附于西、南两面城墙，与南侧的藏兵洞和西侧的御敌角楼均有联系（图3—181～图3—183）。

1 最早的老院儿修建年代约在明朝初叶，西门里则在城墙竣工的同时或竣工之后。

2 在湘峪村中2001年制作的《湘峪村·三都古城》光盘中，仍有书房院影像资料。后经暴雨冲刷，现已毁。

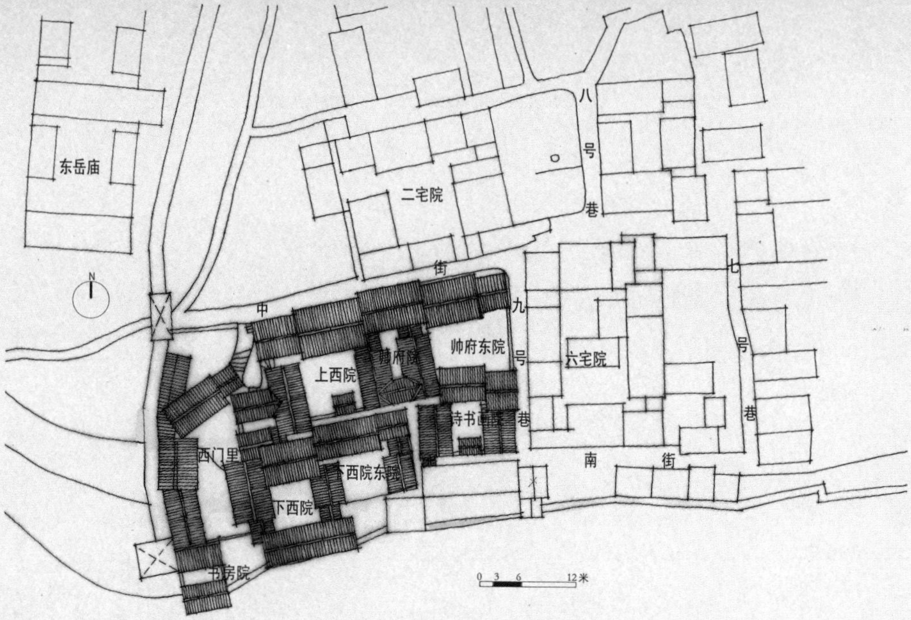

图3-181 帅府院院落群复原图

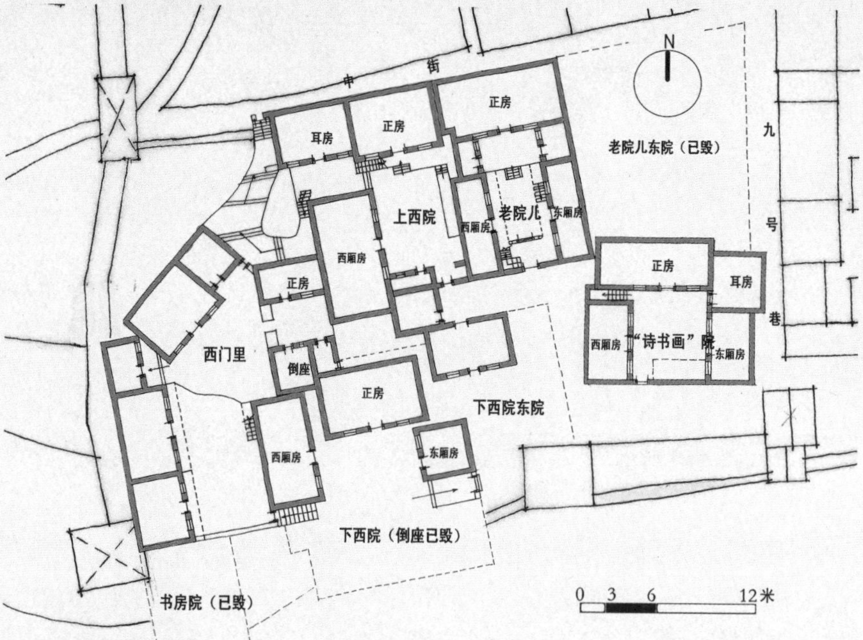

图3-182 帅府院院落群现状平面图

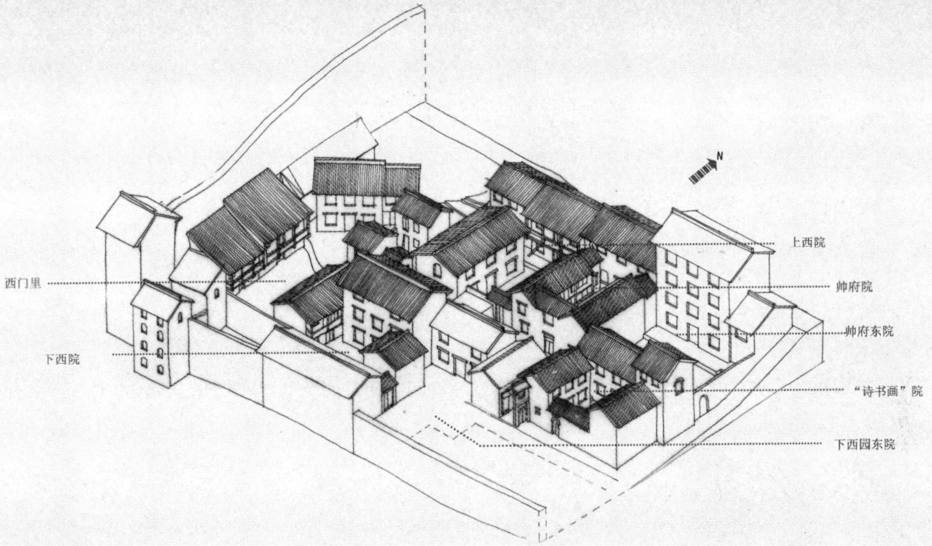

图3—183 帅府院院落群空间复原示意图

帅府院院落群虽然面积不大，院落不多，但与地形结合紧密，因地制宜，不拘泥于成规。其院落群特色主要有以下几点：

①主要院落坐北朝南，其余建筑则根据地形灵活布置。

②整个建筑群内部相互连通，高低错落，联系紧密。

③不同院落互相借用山墙，围合成新的院落。甚至两组院落共用房屋，如厢房等。共用的房屋同时向两个院落开门，利用院落间的高差，形成某些特殊功能的空间。

④与防御工事，如藏兵洞等联合紧密，体现了极高的防御性。

这些院落经历了近三百年的风霜雨打，战乱侵扰，有些已经倾埤倒塌，唯余基址，有些甚至连基址都荡然无存，仅仅留存在影像和记忆中，成了永久的过去。但我们仍能从一砖一瓦，一街一巷中，想象出流寇四起、战火燎原的当年，一个家族是如何运用智慧，巧设机关，实现在血与火的滔滔江河中的自我救赎的（图3—184、图3—185）。

(3) 单体院落详述

①"老院儿"——帅府院

帅府院位于帅府院院落群的中心部位，北邻中街，南邻下西院，西接上西院。帅府院

图3-184 从西侧城墙上看帅府院院落群

图3-185 从九号巷看帅府院

宅院向南开门，位置隐秘，站在城墙上，由于下西院东院的遮挡，根本不会看到帅府院的大门。只有经过“诗书画”院门前的中街，并通过内巷北行，复向西绕行后才能到达帅府院（图3-186、图3-187）。

孙小留老人是目前帅府院的主人，也是孙家第四支孙立相的后人。据孙小留老人介绍，帅府院是孙家刚到湘峪村所修建的第一组院落。孙家搬迁之初，在此建屋居住，以在周边的野地开荒种田为生。在调研过程中，我们没有发现任何有关此事的碑文记载，帅府院中也没有花梁留存为证，故这种说法甚难考证。帅府院与其西侧的上西院中，设有金、银库。帅府院曾经在日本侵华战争中，做过武北县的临时指挥部。因为其装饰简单，形制也不雄伟，在城外看起来不太起眼，安全系数很高。复加之其与周边交通便利，相互连通，是指挥部的不二之选，当地人乐于叫指挥部为帅府，“老院儿”因此得帅府院之名。

由“诗书画”院与下西院东侧院落之间的小巷向上北行，即可到达帅府院。帅府院和上西院共用一条东西向的甬道，帅府院居东，上西院居东，甬道南侧为下西院。甬道南北高差将近3米，使得下西院的正房二层地坪与甬道平齐。帅府院、上西院、下西院三院皆向甬道开门，这条甬道是三院的交通核心。

图3–186 老院儿入口复原想象图

图3–187 帅府院入口

帅府院（图3–188、图3–189）由正房、东西厢房三幢房屋围合而成。正房坐北朝南，面阔三间，约10.7米，进深约5.4米。东西厢房面阔近9.0米，进深3.3米。东西厢房的北侧各有一间耳房与正房相连，这样的组合在民居建筑中十分常见，称为“簸箕院”。帅府院的特殊之处，在于其一屋两用：其西北耳房在东西方向上各开一门，可通过室内从帅府院直接到达上西院（图3–190、图3–191）。西厢房也向两院开门，由于两院的地坪之间存在高差，西厢房在交通上并不连通，而是在空间上形成暗层。旧时候，人们在暗层中放置金银细软，即所谓的金库。由于金库的位置刚好在火炕下面，出乎一般人意料，故十分安全（图3–192）。

帅府院东西宽10.3米，南北长17.1米，占地面积约170平方米，中心院落为狭长的矩形。院落南面正中开随墙门，门与内巷稍稍错位，巧借下西院的正房北墙为影壁之用。从街巷上向老院儿看，只见墙，不见门。帅府院大门为双扇木门，门上有方形门簪四枚，门枕石两个。古代讲究“门枕石门簪”。“门枕石”是固定宅门用的抱鼓石，因鼓声宏阔威严，厉如雷霆，古人以其能辟邪，所以常称门枕石为抱鼓石。“门簪”是置于门楣上的方形或圆形、砖雕或木雕的短柱，长一尺有余，一般为圆形或者方形。古代“门簪”成

图3-188 帅府院院落内部（由南向北看）

图3-189 帅府院院落内部（由北向南看）

图3-190 帅府院东耳房的金库入口

图3-191 帅府院正房摆设

对出现，且数目与官位品级有关：三品以下人家可以用两个门枕石，三品可用四个，二品可用六个，一品可用八个，又以皇帝为九五至尊，可以用九个。按照“门簪”的数目进行推测，则至少在最后一次修缮时，孙家中人已经有人拥有正三品的品阶。根据史料记载，明朝六部左右侍郎均为正三品，而孙家最先获得正三品的子孙为孙居相。孙居相曾在天启四年（1625年）和崇祯元年（1628年）两度拜兵部右侍郎和户部左侍郎。故约在1625年之后，孙家曾对帅府院在原有基础上进行加建或修葺。

图3-192 帅府院金库示意图

帅府院的大门尺度不大，仅为单层双扇的木门。整个大门与山墙平齐，门面狭长，左右对称，平淡之中自见威压。进门处设屏门，额枋装饰古朴，线条粗大洗练，是典型的明代风格。

帅府院正房与东西厢房均为二层。大门处增设楼梯，通往西厢房的二层，虽然此处只为交通空间，没有实际功能，但二层处却又有四扇木质方形镂空门扇。帅府院为抬梁式木构架结构，砖墙辅助承重，硬山式屋顶。院内一层空间较为封闭，二层空间较为开敞。比较特别的是，东西厢房均有连廊，且开四扇木门，窗的尺度较大，为四扇木格栅窗，但是正房却是以实墙为主，窗洞面积小，且窗扇形式也较为简单。

帅府院西厢房地坪比院落地坪稍高，东厢房与正房地坪一致，约高于地面1米。东西两厢房向院落中间偏移，显得中心院落十分狭长，也突出了建筑的高大。由于建筑年代较早，房屋以实用为主，较少装饰。但细微之处，亦见工匠们的独具匠心。

②上西院、下西院和下西院东院

上、下西院位于帅府院院落群的中心部位，东接帅府院，西邻西门里。两进院落南北排列，介于中街和南街之间，南北贯通。下西院东侧原有一进的簸箕院，但年久失修，已经荡然无存（图3-193）。

湘峪古村命名宅邸习惯讲究大小对称，东西对应。比如有大男院，就必有小男院。有上西院，就必有下西院。上西院和下西院以方位命名，因其在城西，故按南北位置命名为

图3-193 现存的下西院东院

图3-194 下西院东院的影壁

上下西院。两者不仅在名称上对称，在功能上也有一定的联系。

上西院、下西院建筑年代均不详，相传是孙家的佣人院，两个宅院之间通过小门连接。但由于年代已久，部分建筑毁坏和拆改，两院的连接，已经不甚明显。

由帅府院前的甬道继续西行，北侧为上西院，南侧为下西院。下西院东院已毁，20世纪70年代村民在此修建新房，唯留存一影壁，仍是当年的旧物，龟背纹路，大气简约。按其位置推断，可能为东厢房上的随墙影壁（图3-194）。故原来下西院东院的入口应当在影壁对侧，南街之上。则此处当年应该为一组两进的院落。第一进院落为下西院东院，第二进院落为下西院。而下西院的大门应该位于下西院东院西厢房和倒座房之间。

上西院和下西院均由正房、东西两厢房和倒座四间房屋组成。正房坐北朝南，中心院落成矩形。上西院比下西院地势高，两院地坪相差近2米。下西院正房与上西院西厢房相对，下西院的南房直接与南城墙相接。下西院东院原为一进簸箕院，正房四层，东西厢房直接接在城墙上，城墙构成院墙（图3-195）。

由于两院落均为佣人所用，故主要以实用为主，在形式上较为简单，装饰较为质朴。且谋划建筑时，不甚在意形制上的对称和完整，形式上较为自由，显示出民间建筑不同于官式建筑的灵活性。

图3—195 下西院

图3—196 上西院院门上的匾额

上西院东西宽14.2米，南北长17.1米，占地面积238平方米。其正房与东西院落均为两层，抬梁式结构，双坡硬山屋顶。其中正房二层带有连廊，廊下东西向设木质楼梯通向二层。东厢房与帅府院相连，西厢房已毁，现存房为20世纪60年代所建。

上西院大门高约3米，为双坡屋顶，设望席，席下望板，板下乱搭椽子。门上有木质匾额，匾额上阴刻“其旋元吉”四字，形制古朴。“其旋元吉”语出自《易经·履卦第十》，原文为“视履考祥，其旋元吉”（图3—196）。《履卦》讲人的行为要合乎礼制。主要讲两方面的内容：一方面讲要维护等级观念，靠礼的制约来区别差异；二是要注意“和”，当以和为贵。两者统一，使理性和情感得到合理的调控，从而保持人们的心理平衡，在重差别的情况下，达到和谐的目的。上西院以此为门匾，警示子孙，体现了孙家讲求和谐、尊重礼仪的传家之道。大门门首“门簪”两对四枚，抱鼓石一对。根据大门内框的凹槽判断，上西院大门以前也应有屏门。从大门进入后，直面屏门，起到遮挡视线的作用。人进入门户后，从左右进入院子。

上西院东西厢房比院落高，正房又高于东西厢房。正房（图3—197）三开间两层，带有连廊。室内抬梁木构尺度较大，线条硬朗。东厢房与帅府院的西厢房为同一间房，该房同时向东西两个院落开窗开门。东北耳房仅开一门，使东西院落串通。卓有特色的是上西院的西北耳房。西北耳房进深和面宽都很大，可以与正房相抗衡。

图3—197 上西院正房

图3—198 上西院通往中街的台阶

下西院形制灵活，且与周边院落联系紧密。从中街西侧的拱券门，也可直接进入上西院（图3—198）。上西院与西门里院并无明确的空间隔阂，可以从内院连通。

下西院东西宽18米，南北长10米，占地面积约180平方米。中心院落东西向远宽于南北向，呈扁长的矩形，入口位于院落的东南角，东厢房与倒座之间。下西院由正房、东西厢房和倒座组成，但四间房之间并无耳房相连，故并不是标准的“四大八小”形式。下西院正房三间三层，东西两厢房均为两间两层。原有南房三开间两层，双坡硬山顶，南墙与藏兵洞平齐，形制与现有的“天绘图”院相近。1968年，由于暴雨冲刷，倒座房毁坏。下西院现存正房、西厢房，共两间。东厢房原已毁，后在原址原样重建（图3—199～图3—201）。

③西门里与书房院

西门里（图3—202）位于帅府院院落群的最东侧，与城墙相接，东与上西院相连，南与书房院相接。书房院位于帅府院西南角，北望西门里，南靠南城墙，位于凤凰山上一个略向前探出的土坡上，位于帅府院院落群最南端。

西门里与书房院建筑年代均没有记载，但二者在形式上与城墙结合十分紧密，故我们推断可能是与湘峪堡墙同时期建造。

图3–199 上西院西耳房

图3–200 下西院西厢房

图3–201 下西院东厢房

图3–202 上西院通往西门里的门

西门里作为上西院和下西院的内院，并没有直接的对外出入口。从外界到达西门里，就必须通过上西院西侧的过街楼，或者穿过下西院的院落。另有一条道路是通过中街南侧的拱券门，经由一系列的台阶，进入到西门里。从实质上来说，西门里是连通上西院和下西院的交通区域，三组院落相互连接，形成交通回路。西门里的地坪较上、下西院均高，高差的变化使得整个院落组合上下交错，充满了曲折性、趣味性和防御性。

西门里因临近西门，是一进西门的第一进院落，故当地居民按地名命名其为西门里。西门里形式特殊，院落形制无法归类。若按照地形高差来划分，可分为上下两部分，若按照院落围合来划分，则院中套院，可以分为内院和外院。西门里依附于城墙而建，建筑的方位依靠城墙的走势而定，后墙紧靠城墙，屋顶也演变为单坡屋顶。

书房院位于西门里南侧，为一进的四合院。书房院正房三间两层，倒座位于藏兵洞之上，与藏兵洞上下连通。由于地形的影响，城墙在此处突出，整个书房院坐落于山坡的一块巨石之上，突出于城墙，形式类似于马面。书房院原来的功能势必与防御有关。之后海晏河清，此院的军事功能下降，因此被作为学堂使用，这也是书房院名称的来历。

西门里按高差（图3-203）分为上下两院。上院为楔形，北窄南宽。上院与上西院相连，入口处设有过街楼。过街楼是传统街巷中较为常见的建筑形式，对营造和划分空间起到了重要的作用。过街楼下层通行，上层建筑仍作为使用空间而被利用。在空间上讲，既分隔了空间，又保留了空间的延续和渗透。这种空间格局使人们在行进时视线产生变化，通过开－合－开的变化过程，给人留下深刻的印象。

图3-203 西门里

上院的西侧建筑紧贴城墙而建，为一大一小两个独立建筑。略大的建筑为三开间两层，较小的即是过街楼。东侧的建筑南北相对，均为两间两层。南北建筑又围合成一个独立的小院落，西侧设拱门，形成院中院。小院东侧即为上西院的西厢房。从倒座房穿过，可以通到下西院的二层连廊上。上西院西厢房、下西院正房和小院倒座房共同围合成高而窄，封闭性极高的天井空间。三向建筑均向天井空间开窗，形成视觉交流。

图3-204 “诗书画”院

西门里下院借用下西院西厢房的西墙围合成封闭的院落空间，实际上仅有西厢房。西厢房共两个独立建筑，各三开间两层。两个建筑均有连廊，相互可以走通。上下院之间有近2米的高差，通过紧靠下西院的台阶连通。同时，从下西院通过台阶，亦可到达西门里下院。

书房院为一进院落，只有正房和倒座两个房屋。后经暴雨冲刷，根基松动，现已毁。[1]

据村民回忆，书房院的倒座房与藏兵洞相连接，下窑上房，梁架结构。承重体系独立于墙体之外，有“墙倒屋不塌”之称。书房院倒座房为三间四层，上两层在藏兵洞之上，下两层与藏兵洞连为一体。书房院二层到三层的楼梯，可以直接通到角楼。

④“诗书画”院和帅府东院

“诗书画”院（图3-204）和帅府东院位于帅府院院落群的最东侧，西邻帅府院，东靠六宅院，南邻南街。北靠中街，两院呈南北排列。目前，帅府东院经过了较大的拆改，现存的院落为新中国成立后重建。“诗书画”院建筑年代较晚，保存较好，现存的院落为民国时期的遗存。

“诗书画”院位于帅府东院的南侧，因其门上有“诗书画”字样的门匾，故称为“诗书画”院。“诗书画”院为一进的四合院落，大门朝向南侧的南街，为单层的随墙拱门，位于院落的西南侧。从外部看与墙面平齐，内部则在院落中开辟出一个两开间的倒座房。该院落中正房以及东西厢房均保存完好。

1 2001年资料显示，书房院仍存在。

“诗书画”院的正房为两层，台明高约0.6米。正房东北侧有两开间三层高的看家楼一座，开窗形式较为随意。东西两个厢房（图3-204）均为三开间两层。地坪比正房略低，且两侧均有台阶通向正房的台基。“诗书画”院的院落门窗方正，开窗面积均很大，风格明显有别于帅府院院落群的其他院落。

帅府东院的正房原为三开间四层，是帅府院院落群中最高的建筑。此院落已毁，现存院落为村民在20世纪70年代建造的一间新的锢窑式住宅。

2.绣楼院

（1）历史背景

依据建筑风格、装饰构件等推测，湘峪堡并非同时落成，也随着时间的推移有一定修葺和改建。现存的绣楼院建成于清康熙十五年（1676年），可见其形制严谨，专为村中大家闺秀所建，虽然现在院中杂草丛生，已经弃置不用，但从现在的颓败之中依然可见其百年之间经历的兴衰变迁，岁月的痕迹跃然其中。虽然绣楼院院落占地面积不大，但四周建筑围合而生，其与地形结合紧密，因地制宜，也可见工匠巧夺天工的安置排放。

其特色主要有：

①打破绣楼位于大院深处的常规，在堡内将小姐的绣楼独立安排，自成一体。

②因地制宜，利用地形，改造地形，形成高低错落的建筑格局，形制规整又不失变化。

③用独创性的方式组织交通，主要通道连通主入口和小姐的闺房（绣楼院正房三层），通过佣人房旁边的辅助空间三折而上，别具一格。

绣楼院现为村中两家人所有，通过走访得知，村中古稀老人亦未见绣楼有过变化，倒座房为20世纪70年代人口紧张而新修的房间，正房和其东侧的佣人房均保持原样。

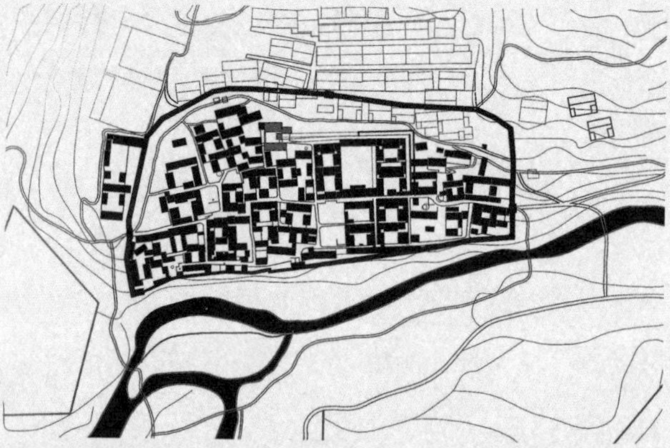

图3-205 绣楼院院落区位示意图

（2）空间格局

绣楼院坐北朝南，位于湘峪堡内北堡墙墙脚下（图3-205），其北

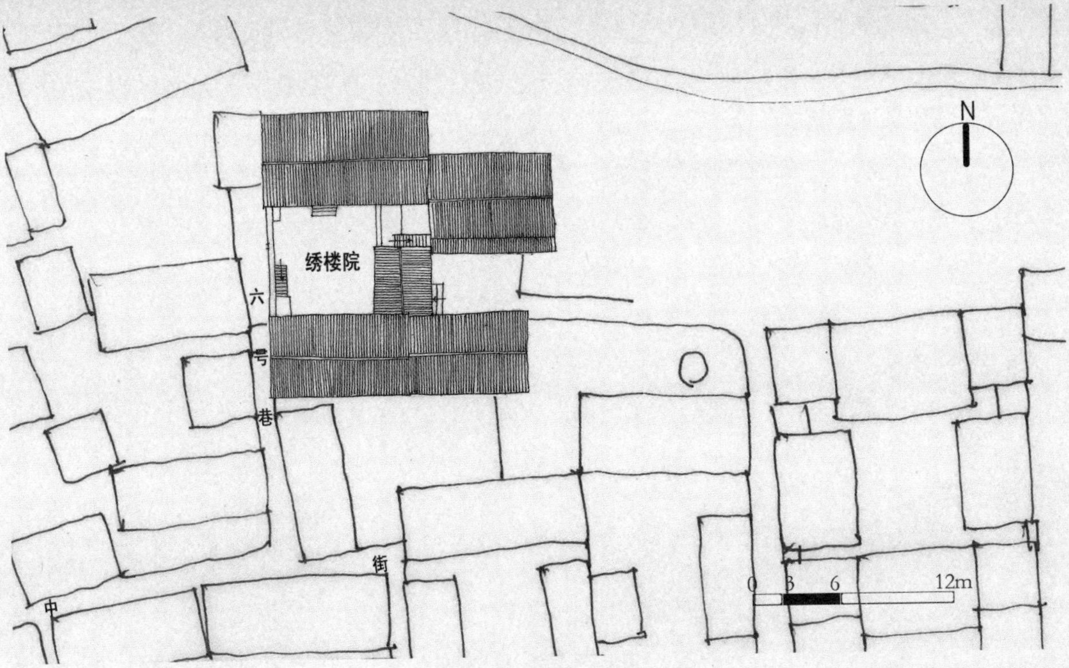

图3-206 绣楼院院落复原图

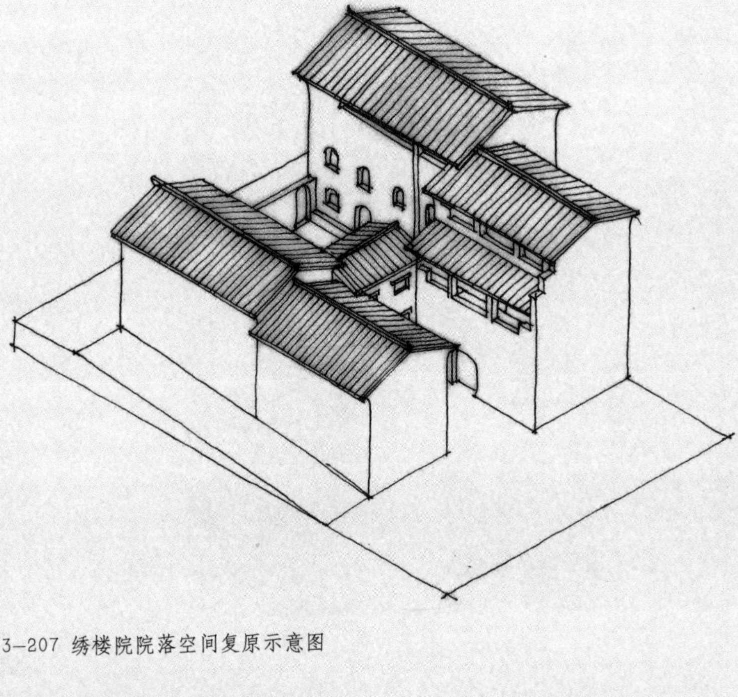

图3-207 绣楼院院落空间复原示意图

侧原有北花园，是居住深闺绣楼中的小姐的后花园。现花园位置已新建民居。绣楼北侧有一条小路，直通内城的三都堂和大宅（图3–206）。其西侧为下佛堂，南侧与六宅建筑群相邻。绣楼多在整个家族建筑群的院落后方，而湘峪堡内的“绣楼院”因其地形限制，独立成院，较为独特（图3–207）。绣楼院正房高三层，第三层为瞭望阁，为宅主人提供了极佳的视野，可将整个村落收于眼底（图3–208）。这里的瞭望楼阁除了观景的功能以外，也有着一定的防御功能，可以说，整个湘峪古村处处都体现着其防御用途，居高而临下，便拥有战略的主动性。

（3）单体院落详述

绣楼院由东侧进入，七步高台而上（图3–209），入口高悬木匾额“容安齐”。绣楼院正房前院东西宽7米许，南北长约8米，几乎为1：1的正方形，宽敞明亮，合院西侧立院墙，东侧为入口过楼。东侧佣人房与正房相邻，和正房联系紧密，串联交通，同时形成丰富的空间变化（图3–210）。

图3–208 绣楼院正房

正房（图3–208）一、二层为东西向的横窑，侧墙开门窗，墙厚达到1.08米，宽厚的墙体正是为了支撑一、二层的无梁窑顶。正房东侧紧挨三层辅助用房，在其内部组织竖向交通，楼梯三折而上，显得别致有趣，同时方便佣人为小姐服务，实用性很强。佣人房一、二

图3-209 绣楼院院门

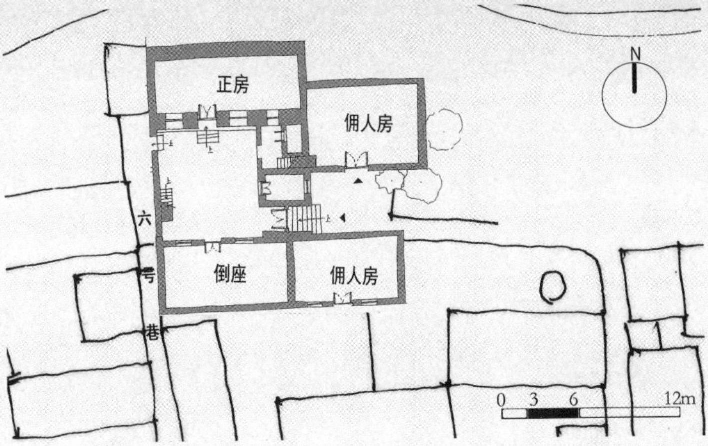

图3-210 绣楼院院落现状平面图

层是窑洞，进深4米许，单层窑洞之间贯通相连。第二层露台为单坡顶，第三层因长期无人使用，屋顶已全无。佣人房的一层地坪位于绣楼院入口外部，低于院内地坪，二、三层都有通廊，可用于眺望，同时辅助空间也充分地显示其服务功能。佣人房的东墙为风火山墙，阻隔了整个建筑与外界的联系，保证其私密性（图3-211、图3-212）。

图3-211 绣楼院内西侧门楼

图3-212 绣楼院倒座房

绣楼院中的竖向交通是通过东侧的佣人房外部空间组织起来的，楼梯踏面窄小，踢面较高，踢面和踏面宽度几乎相同，使用并不方便。除本身用地较为紧张的原因之外，同时

图3-213 绣楼院正房花梁

体现了家中族长对深闺中小姐活动的控制。楼梯与北花园相通，串联各主要的使用功能，可见其因地制宜，形无定式。通过三层的阁楼可向北进入北花园，可以想象闺中小姐在为其设定的独立的空间系统中与丫鬟嬉笑玩耍的样子，中国古代家族式文化也可见一斑。据村民称北花园中有供小姐游戏的三个相通的鱼池，三池通过小口相连通，鱼儿可以在三个池中穿梭，饶有趣味，成为小姐在深闺中消遣时光的玩物，可惜现在花园已无存。一、二层为佣人房，居住马夫、伙夫等。整个建筑中，小姐闺房的核心地位十分突出，围绕服务千金小姐展开，整个绣楼独成一体，别具一格。

绣楼院整个院落装饰较少，也许是为了更大程度上强调其功能性。正房三层与其一、二层砖拱窑不同，为侧墙承重，屋顶五檩，脊檩上有彩绘（图3-213），上书“清康熙五十年……时……”，历经岁月的变革，可以明显看到雨水侵蚀的痕迹。

3. 堡墙上院院落群

（1）空间格局

出于防御需要，湘峪古村东西南北四个方向均环绕以城墙，防备森严。在传统的略有规模的城池中，城墙之上除了垛子和马面之外，并无房屋。但由于湘峪村规模较小，又非严格意义上规制森严的军办堡寨，在非战乱时节仍是以居住生活为主体，故有时为了节约宅基地，把居住建筑直接建立在城墙之上，院墙与堡墙外边界平齐，因此形成了独特的堡墙上的院落（图3-214～图3-217）。

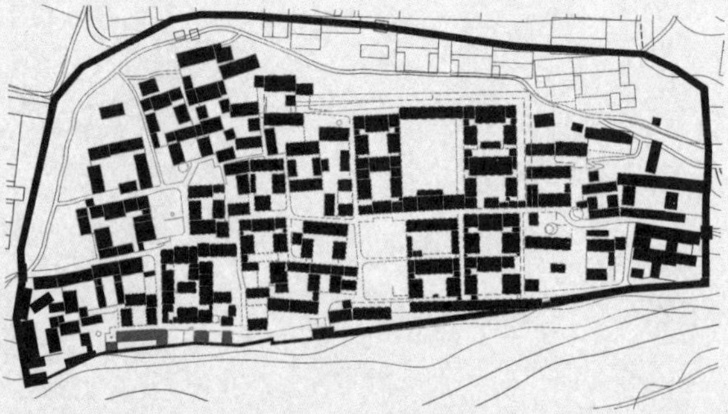

图3-214 堡墙上院院落群区位示意图

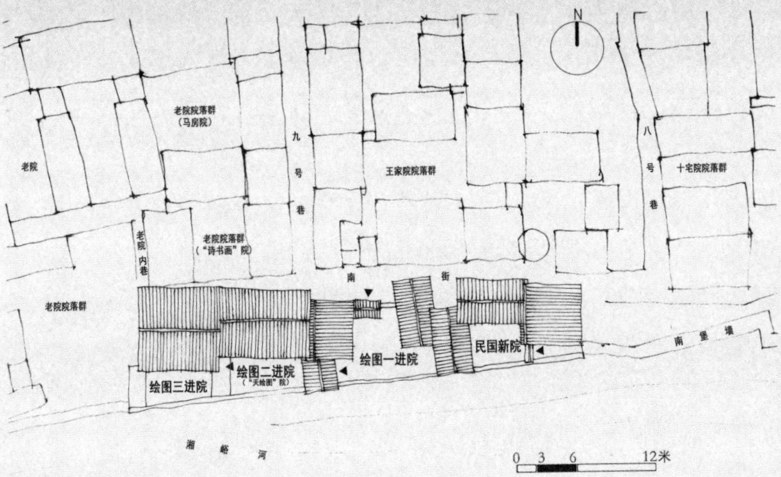

图3-215 堡墙上院院落群复原图

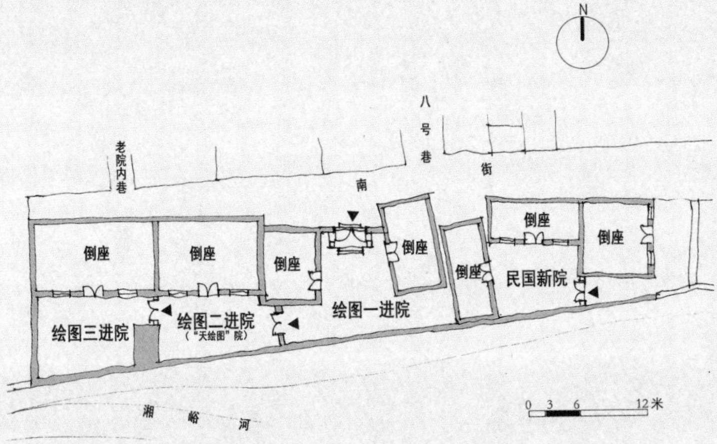

图3-216 堡墙上院院落群现状平面图

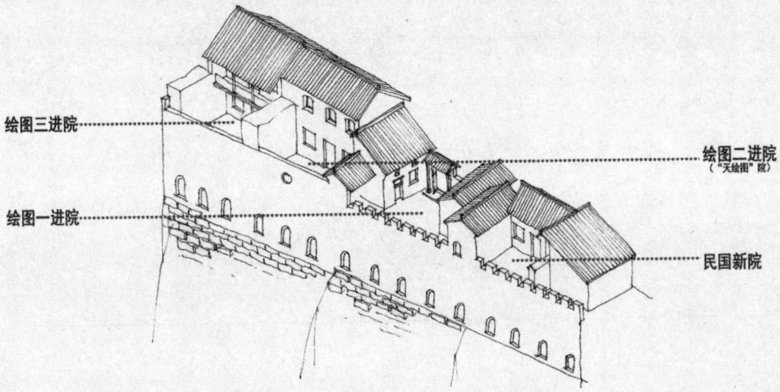

图3-217 堡墙上院院落群空间复原示意图

湘峪古村中，城墙上的院落沿南堡墙分布在古村的东西两侧。[1]西侧的院落群位于六宅院院落群之南，东侧的院落群处于九宅院院落群之南。这些院落群多有共通之处，譬如，均北面南街且处于藏兵洞之上，与藏兵洞有直接或间接的联系。这些堡墙上的院落，均是防御工程的一个重要组成部分。

由于东侧的城墙上房已在九宅院院落群中加以阐述，故此处仅举例湘峪古村西侧的城墙上院落进行阐述。古村西侧的堡墙上院落群位于湘峪古村南堡墙的西侧，北邻六宅院院落群，西邻帅府院院落群，东邻南城门，南侧则直接立在堡墙之上，院落之南即为50余米高的壁立堡墙。这组院落群共有三进院落，按照东西方向进行联系。这些院落多受到很多地形上的限制，也因此显示出了一些独有的特点：

①院落受地形限制较大，空间通常紧凑，院落多呈现东西长、南北短的长方形；

②院落可以是簸箕院，也可以是“四大八小”形式，但无论是哪种形式，南墙通常与堡墙一体建造，若以院落形式存在时，通常墙上有马头；

③院落中房屋的开间根据空间是否宽裕，呈现出两开间和三开间两种形式；

④院落的门均开在北侧。

（2）单体院落分析

①“天绘图”院

“天绘图”院位于该院落群的西侧，由东西三进院落组成。第一进院落位于东侧，其大门与王家大院的大门南北正对，坐南朝北，向南街开放。第二进院落位于西侧，因其门上悬挂有“天绘图”字样的木质匾额，故又称“天绘图”院。“天绘图”院的院门坐西朝东，朝向外院。村中传说“天绘图”院是当年修建湘峪古堡时存放图纸的地方，因此设有如是牌匾。第三进院落又称为议事厅，据传是孙氏三兄弟商议村中要事之处，但此说法并无考据（图3-218）。

第一进院落由东西两厢组成，无正房及倒座。东西厢房均为两开间，其中东厢房现已毁。其院落呈东西长、南北短的方形。其院落中原有通向藏兵洞的入口，可惜后来堡墙倒塌，将此进院落冲毁，修复后不得不将藏兵洞的入口迁移至帅府院南侧。

---

1 其中东侧的院落与祠堂院、小南院等共同组成九宅院落群，西侧的院落群与其他院落联系较弱，自身内部联系较强。故此处将南城墙西侧的三进院落称为城墙上的院落群，并作为一种较为独特的建筑形式进行举例分析。

第二进院落与第三进院落均只有正房，与南侧堡墙围合成院落。两院正房均为两层三开间，立面比例敦厚扎实。第二进院落装饰简单，墙面平整，没有檐廊。第三进院落设有木质檐廊（图3-219～图3-223）。

②“延秀”院

“延秀”院位于“天绘图”院的东侧，为一进的院落。院落由西厢房和东厢房两个房屋组成，北侧为主要入口，南侧为堡墙。其西厢房已经损毁，现有房屋的朝向也已经更改，变成了朝向城门开门的单坡屋面的房屋（图3-224～图3-226）。

图3-218 “天绘图”院大门

图3-219 “天绘图”院中“文革”时期标语

图3-220 “天绘图”院中的损毁房屋

图3-221 从街巷看“天绘图”院入口

图3-222 从院内看“天绘图”院入口

图3-223 “天绘图”院第一进院落东厢房

图3-224“延秀”院西厢房

图3-225 “延秀”院

图3-226 “延秀”院入口

【第四章】

湘峪古村的庙宇建筑

MIAOYU JIANZHU

湘峪古村建有多座庙宇阁楼（图4-1），形式多样，不拘一格。整个村落受到宗教文化的影响，信仰的神佛广泛，如玉皇大帝、关帝、龙王等，不一而足，构成了村民日常生活的重要部分。多座庙宇历经几百年，经过多次维修现依然保存良好并且还在使用，有的庙宇建筑至今仍是重要的文化活动场所，可谓历史悠久，古韵绵长。

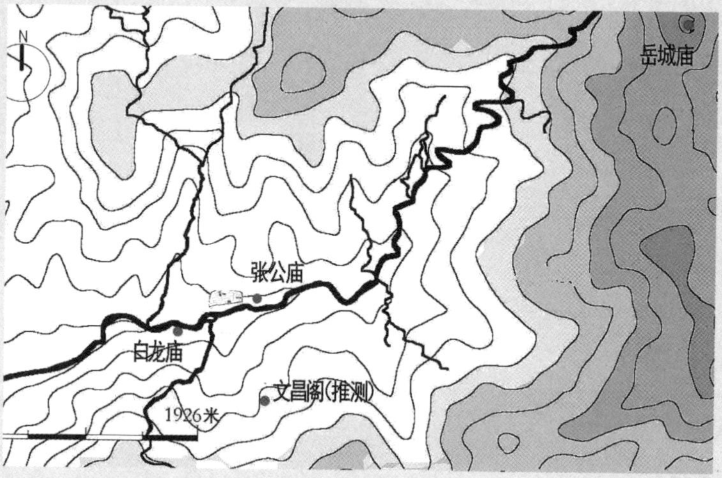

图4-1 湘峪古村村域现存公共建筑分布区位图

在湘峪古村庙宇中，体现了泛神信仰的特点，这一般是在区别于正统宗教信仰之外自发形成的，是民间思维观念和习俗惯例所致，是居民生活和社会风俗的重要方面。泛神信仰在湘峪古村中首先表现为祭祀对象的多样性，既有佛教中掌管生死的阎王，又有道教中的玉皇大帝、老君；既有代表“仁义”的夫子、关帝，又有取自民间的“门神”、“张仙”；既有主管文运的文昌君，又有民间断案的土地爷，祭祀对象纷繁，却无一不联系着百姓的日常生活。儒、道、释三教共同出现在方圆几里的村落周边，却并不显得突兀，在村民眼中，神明各司其职，不论司职大小、地位高低，都怀有敬畏之心。其次，泛神信仰的特点表现为信仰的功利性，村民对于湘峪古村中的神佛王爷敬重有加，但多是在重大庙会和自己遇到困难时会去求神庇佑，病时求张仙，大旱拜龙王，无子嗣拜菩萨，求商运拜财神等，且村中神庙香火旺盛与否取决于其中的神明是否灵验，“许愿”、“还愿”的功利想法成为泛神信仰的一般状态。第三，泛神信仰的特点表现为信仰的本土性，湘峪古村中流传的很多故事都与庙宇有关，也有许多故事发展成为神话传说，其可信度虽有待考证，但其形成的独特地域文化已经深入人心，如关老爷阁中“红脸大汉挥手降雨”（见下文的“关老爷阁介绍”）的故事等，都取材于民间本土，形成了当地特有的民间信仰。

湘峪堡西建有东岳庙（图4-2～图4-5）、土地山神庙，堡东有东佛堂、张公庙（图

图4-2 湘峪古堡及其周边现存公共建筑分布图

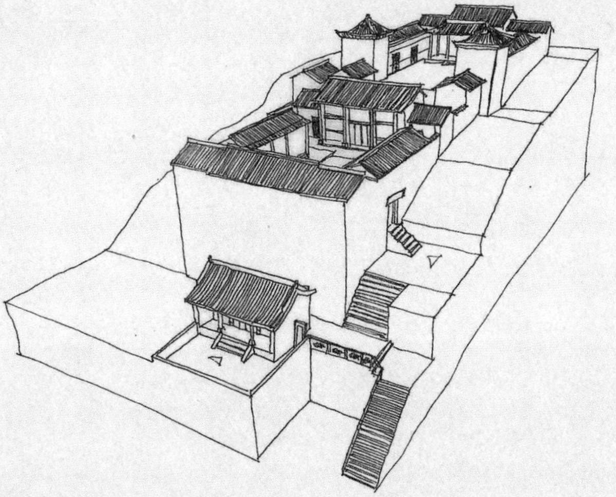

图4-3 东岳庙效果图

4-6、图4-7）、鸿门寺、清心庵、岳城庙（图4-8）等，堡内建有上佛堂、下佛堂，古堡东门入口内有关老爷阁，堡南建有文昌阁、白龙庙等。有很多庙宇现在仍在使用，如东岳庙、土地山神庙、白龙庙等都于近几年重修，香火很旺，也有一些庙宇如张公庙、岳城庙、下佛堂等现在破损严重，失去了昔日的光辉，又如上佛堂、鸿门寺、清心庵等建筑只留存于民间传说之中，据村中老人的回忆，上佛堂在五六十年前已只剩下残迹，现在更是荡然无存。在对村中老人的访问之中依稀得知关于鸿门寺、清心庵的传说故事，消失不止百年。

随着历史长河缓慢地向前行进，这些公共建筑记录了整个湘峪古村的发展轨迹。在现在斑驳的墙壁上，承载着数百年来湘峪古村所经历的沧桑变革，如今依然焕发着其应有的光辉，供后人瞻仰（表4－1）。

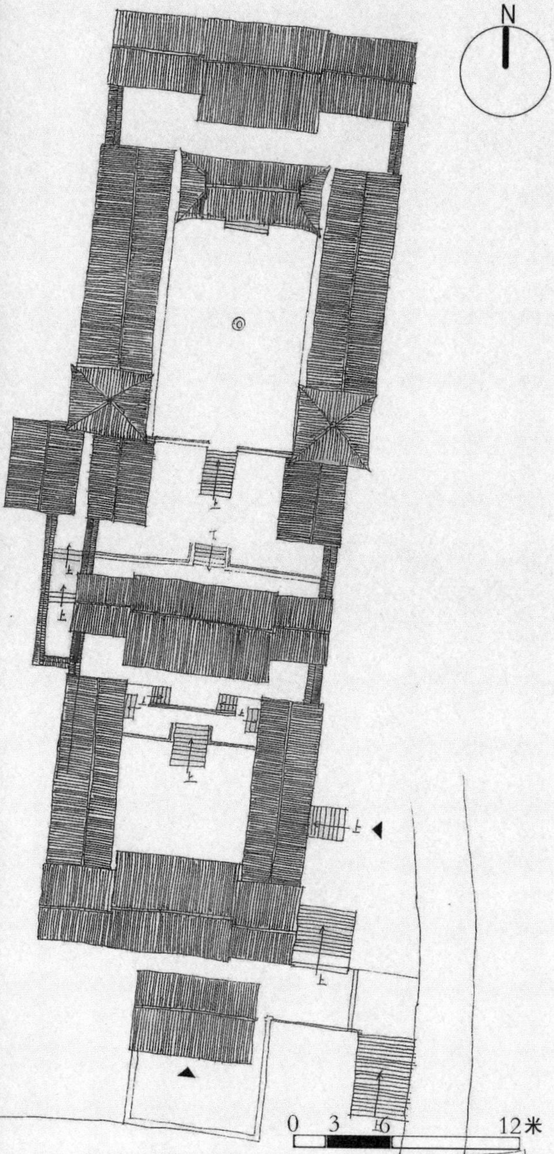

图4-4 东岳庙屋顶平面图

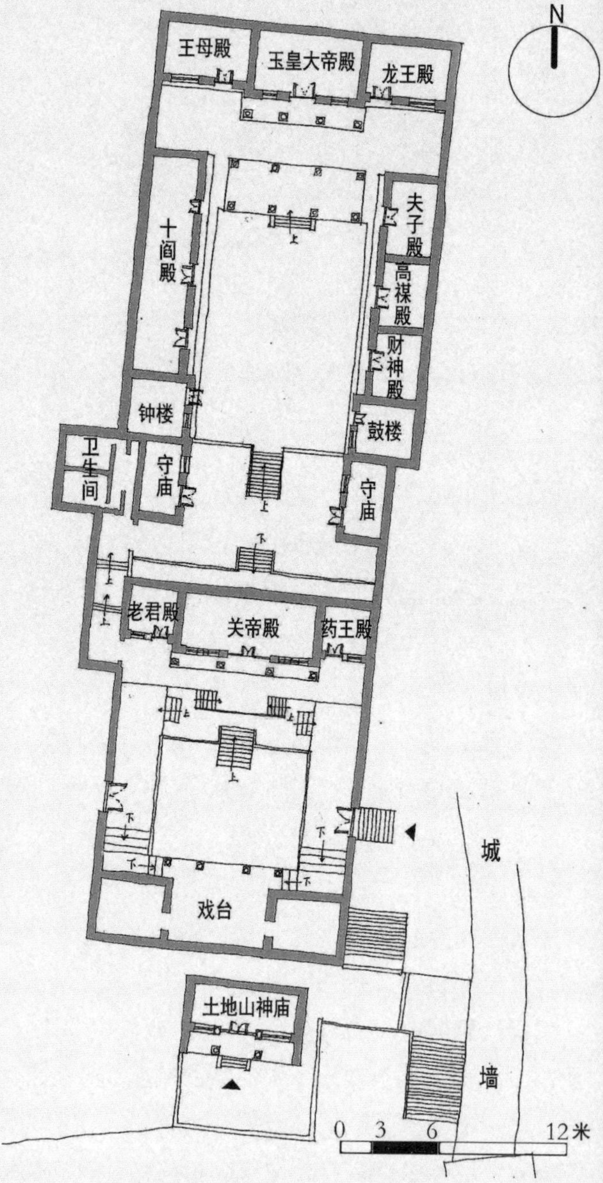

图4-5 东岳庙首层平面图

图4-6 张公庙现状

图4-7 张公庙室内彩绘

图4-8 岳城庙入口处“云古松”雕刻

湘峪古村庙宇建筑简介 表4－1

名称	坐落地点及简介
东岳庙	东岳庙位于湘峪西堡门外，紧挨西堡墙，向南紧邻土地山神庙，其地形呈阶梯状拔起，向北延伸，是湘峪古村最重要的庙宇建筑之一。东岳庙整个院落据地势高差分为上中下三院，南北总长70米许，层层叠落，气势恢弘。 据《东岳庙始创碑文》记载，东岳庙始创于明正德三年（1508年），在湘峪古村堡墙墙垣修建之前就已存在。这500多年的变革之中曾经历六次大的修葺，清顺治七年（1650年），修葺庙门、戏台、厢房等；清康熙四十年（1701年）重修东岳庙；清乾隆二十二年（1757年），补修；清道光六年（1826年）再修；清道光十一年（1831年）修葺关帝庙金装圣像，彩绘舞楼等，并刻碑一块；2010年，重修东岳庙，立玉皇庙碑一块。东岳庙也并非一直作为庙宇存在，在新中国成立后的特殊历史时期内，曾作为“湘峪中心小学”校舍，后该村新建小学校舍，将教学设施迁出，东岳庙逐渐废为空房，废置不用。2004年开始，村政府着手对其进行重修，又将其恢复成为庙宇建筑。东岳庙于2010年重修毕，所有墙面、斗栱、屋顶都修葺一新，不见当年的模样

续表

名称	坐落地点及简介
土地山神庙	土地山神庙位于湘峪西堡门外，东岳庙南，依山而建，为土地庙和山神庙合建而成。山神与土地神都是与百姓息息相关的神仙地祇。土地山神庙占地约100平方米，面阔三间，进深五檩，为悬山顶，正面彩绘斗栱，雕梁画栋。山神又名山灵，他顶盔贯甲，手执开山大斧，意味“一福（斧）压百祸”。山神雄视青山，富察峻岭，保佑出入平安。土地神俗称土地爷，因为在神仙中级别较低，故与人最亲近，每月农历初三、十三、二十三是土地神开庙日。土地爷地位虽低，但是为百姓办的都是实在的事情，人们敬拜土地山神，为保安居乐业，五谷丰登
东佛堂	东佛堂位于湘峪东堡门外门口处，与北侧暴家圪洞紧邻，相传暴家圪洞在堡内，因而也不能祭拜堡内的神佛，无法还愿，所以在堡外东门口倡建东佛堂。东佛堂原有上下两院，较现在大很多，现重建的东佛堂并非按照原样修建，且尚未投入使用，内部还未供奉佛爷，只是空房。现东佛堂正殿三间，宽敞气派，面阔约20米，进深约8米，两侧耳房矮小，更突出了正殿的高大，殿前两侧长梯直上，面朝古村东门前的广场，显得庄重大气
张公庙	张公庙又名张仙庙，位于湘峪东堡门外，“东关”西侧，是“东关”内仅存的公共建筑。张公庙原有庙门、正殿、南亭、东楼、戏台、厢房等建筑单体，此庙原有正殿三间，南亭三间，东楼三间，上塑“五瘟之神”，庙会期间，香火颇盛，现存仅为一座正殿和东厢房。该庙创建于明天启元年（1621年）十二月，续修于清顺治七年（1650年）三月，又续修于康熙三年（1664年）正月。现张公庙存有康熙三年续修碑一块，嵌于正殿南墙之上。碑文云：“尝诵地灵人杰之语，而知斯地之关于吾村匪浅鲜也。于上为下煞，于下为提纲，屹然中处，所系诚最重焉。然培地脉而钟其灵，孕人文而毓其秀，则又唯神是赖……康熙三年正月十五日立石”。在1968年至1970年间，张公庙曾作为“湘峪中心小学”教室，是东岳庙“湘峪中心小学”的分校区。现存张公庙庙房两间，但整体建筑形式已经改变，正殿墙壁已裂缝，房梁已开裂，西山墙仍有壁画痕迹，正殿石柱上依稀可见浮雕佛像，但已经不可辨认细节。东厢房已成危房，南亭则已倾圮

续表

名称	坐落地点及简介
鸿门寺	鸿门寺位于湘峪古村东侧山麓。相传很久以前，寺院规模宏大，僧徒不少。住持法号“通海”，年事已高，法力无穷，能身骑谷杆，日飞千里，夜行八百，走遍了全国的名山胜水。一日来到京都，恰遇皇姑进香回宫，顿时心生邪念，色迷心窍，遂施展法术，顷刻间，漫天乌云密布，狂风怒号，飞沙走石，天昏地暗之际，乘机把皇姑抢走，欲娶为妻。过了好大一阵，风停树静，抬皇姑的轿夫一下子发现皇姑不见了，十分惊慌，大内总管火速跑回宫中，将所发生的事情一一作了禀报。当朝皇上一听，龙颜大怒，雷霆大发，于是派了三万精兵强将，一路明察暗访，又下了一道圣旨：“若谁能找到皇姑，定赏金万两，并加官进爵。”圣旨传出不久，便有知内情者来报说：“是鸿门寺住持心术不正，法力无边，出游时巧遇皇姑，强行抢走。”朝廷立刻下令将“鸿门寺”里三层外三层紧紧包围起来，传令让住持老“通海”交出皇姑。老“通海”得知后，马上再施法术，只见大雾弥漫，天色暗淡，“鸿门寺”在瞬间消失得无影无踪。三万大军十分茫然，不知所措，无奈再次向皇上禀报。皇上更加恼火，便又下旨：“活要见人，死要见尸，就是挖地三尺，放火烧山，也要找到皇姑。”不几日，浓烟滚滚，火光冲天，数十天不熄，但是始终未见皇姑踪影。从此，“鸿门寺”便不复存在。这些只存在于村中口口相传的传说故事之中，经过历代的变更叠加，现在已经成为神话了
清心庵	关于清心庵，村中老人都知之甚少，也只有俗语云：“有一寺便一庵”，成为其曾经存在的合理性推断，但已经淹没在滚滚的历史长河之中
岳城庙	岳城庙又名“洞阳观”，曾是当地的重要庙宇，因其位于“岳神山”而得名。此山位于沁水、阳城、泽州三县交界处，距湘峪古村东4公里许，海拔1100米左右。据湘峪村民口碑史料，岳城庙的倡建人为湘峪名宦，明吏部郎中、御史孙鼎相，由附近四十八社共同集资兴建，总耗银三千余万两，用工三万七千余，历时三百多日。岳城庙建于岳城山的堡墙内，内堡墙内部建岳城庙，分前、后两院，前院建有戏台及庙会市场；后院建有殿宇，供奉道教神像；院内有清泉一处，终年不竭。每逢朔望和庙会之日，善男信女前来进香，络绎不绝。从这里也可以看出岳城庙远近驰名，香火甚盛，当时是晋东南地区著名的道教胜地之一。

续表

名称	坐落地点及简介
岳城庙	岳城山山巅郁郁葱葱，一片白皮松林茁壮成长，在灌木丛中残存一段段古城遗址，城门依稀可辨。在城门附近的石壁上，刻有“云松古”三个大字，字迹流畅娴熟，行草字体，有如行云流水，飞龙走凤。传说岳城山顶峰的城门旁原有两株参天古松，历经千年仍然枝繁叶茂，高耸挺拔，可惜整个岳城庙已毁于50多年前，昔日香火鼎盛的洞阳观，已成为一片瓦砾，令人惋惜不已。 据村志记载，1943年春，日寇占据东沟、周村、河头等周围的集镇，并向更多的村庄要塞延伸，据情报知日寇要在岳城庙设据点。因为岳城山地居高位，是方圆百里的制高点，而且是东西往来的要冲，山势险要，易守难攻，一旦被日军占据将会给当地百姓带来无穷的灾祸，为此，晋北县指示，烧毁岳城山庙宇，不给日寇可乘之机，于是湘峪、半峪、赵庄、东山的民兵趁着夜色的掩护扛着柴草向岳城山疾进，到达山头庙宇时分头行动，把庙宇的每个房间塞满柴草，经检查无误，一齐点火，第二天等日本头目前来勘察的时候，庙宇已成为灰烬，粉碎了日军的计划。 在废墟中笔者发现一些残垣断石，其中一块残垣碑文尚可辨认，云：“元至正岁在壬午，洞阳观道士……洪武十三年岁次庚申秋七月。”又有《清乾隆十年重修碑》残石，还有《……路碑记》残碑，碑文中依稀可见此庙曾经叫做“洞阳观”，由此可以推出“洞阳观”之名由来甚远，元慧宗二年（1342年），已有“洞阳观”之名。明洪武十三年（1380年）已有岳城庙修建情况的记载，清乾隆十年（1745年）曾重修岳城庙。 现岳城庙损毁严重，只剩下根基残迹。但现在依然有信佛之人虔诚相信这里的佛爷很灵验，依然在岳城山残庙前烧香跪拜，甚至在此居住做工，虔诚祈愿。可惜现在的岳城庙已经风光不再
上佛堂	上佛堂位于绣楼院北侧，北城墙西北段。据现场考察，上佛堂已经荡然无存，但经过村中70岁以上的几位老人的共同讨论回忆，对其进行还原推测。上佛堂依北城墙而建，经过陡峭的踏步到达上佛堂的院中，院内有正殿，东、西厢房以及北亭。正殿半掩在北城墙内，为单坡顶，在北城墙上开三口浅窑（深1.5米），供奉一大两小三尊老佛爷像。东、西厢房为硬山顶，山墙承重，面阔三间，进深五檩。北亭东、西为山墙，而南北通透。面阔三间，进深五檩。其建筑形制较为独特，因地制宜，构思巧妙，当我们在老人的带领下来到原址处时，当年的上佛堂已经不见痕迹，原址基座处现堆放垃圾，很难想象当时上佛堂的繁华景象

续表

名称	坐落地点及简介
下佛堂	下佛堂位于绣楼院与棋盘四院之间，七号巷北段。上、下佛堂隔北街相望，连为一体。据村中老人回忆，下佛堂正殿为单层殿，高6～7米，东、西皆有厢房，曾有守堂人居住，厢房高4～5米，更显正殿的突出地位。新中国成立后，下佛堂已改建，但其基础尚存，考察中发现木匾一块，上刻："福济□黎"四字，猜测很可能是佛堂内的匾额。该匾额是下佛堂唯一的历史见证，而令人惋惜的是，该匾额已被破坏，作为门扇之用，竟无人过问
关老爷阁	关老爷阁位于东堡门内20米许的位置，是一座过街楼形式的阁楼，跨过连接东西两堡门的主街。新中国成立后由于种种历史原因破坏比较严重，最终于1968年将其拆除。从侧墙上还可以看到拆毁时改变踏步的痕迹。 相传王自用曾在湘峪古村放火烧西关，大火一直向村内延伸而来，这时堡墙上出现一赤面大汉，手臂一挥，从天而降一阵大雨，遂稳定军心，随之官兵出动，使李自成的军队不得不退兵，同时火势随之减退，众官兵大喜。这时再看这赤面大汉已经不见踪影，堡内相传这是关公关老爷神灵保佑，于是百姓为了感恩，在湘峪堡东曾经失火的五宅南侧东门入口处过街位置修建关老爷阁
文昌阁	文昌阁位于湘峪古村南山（村民称之为龟山）中部，从湘峪堡内向南山望去，正处在龟山的龟背处，因为南山延绵起伏，山北麓又有湘峪河流过，当地人见其山形变化丰富，从风水上来说，此地为金龟饮水，是风水宝地，取辈辈封侯之意。有谚语云："金龟头上卧，银钱上来多。"在这里建文昌阁是为了保佑湘峪古村中的年轻人学有所成，人才辈出。可惜文昌阁现已拆毁。 文昌阁是为了纪念文昌老爷——姬文昌，曾经家中有做学问的人都会来这里求签保佑，文昌阁中没有姬文昌的塑像，只供奉文昌老爷的牌位

续表

名称	坐落地点及简介
白龙庙	白龙庙位于湘峪堡西南侧的枣林山北麓，湘峪河南岸。其始创于明万历年间，于2007年翻修。其原址已经无从考证，新修的白龙庙坐南朝北，其面阔约4米，宽约8.5米，单体坐落，无任何附属房间，占地仅50平方米左右的小庙北侧开敞，无门窗。相传庙内有龙井一口，常年涌出的清香白龙泉水冬暖夏凉，人们喝了白龙水便会无病无灾，逢凶化吉，可保百姓安康。村民无不敬仰。 在村民的带领下笔者来到白龙庙现址，庙内空间较为狭小，但可见香火台经常有人烧香供奉，“神光普照”的神龛位上白龙公子塑像正襟危坐，相传每年的祈雨活动中村民都会聚集在此，常年以来香火都十分旺盛。在白龙公子前有一眼四方水井，为白龙吐水的龙井，其上塑有龙头雕像，龙口大张，泉水由其口中自然流出。正是因为白龙泉水的存在，使得白龙庙内增添了几分威严神秘的气氛

【第五章】

湘峪古村的装饰艺术

ZHUANGSHI YISHU

湘峪古村内装饰精美灵巧，古朴雅致，体现了丰富的文化气质和历史厚重感。村中装饰多见砖雕、木雕、石雕，且三种雕饰统一联系，共为一体，也成为传统民居中彰显先人审美观、价值观乃至世界观的重要组成部分。其装饰题材丰富，多数取自生活，如花卉、蔬果、动物以及人物等，体现了淳朴的民风，有着浓郁的生活气息，寄托了对生活的美好憧憬；另外，也有一部分取材于地方信仰传说，如神兽、仙人、鬼神等，标志了当地人的文化信仰以至思辨哲学，有些故事在祖祖辈辈之间流传下来，口口相传，构成了独特的地域文化内容。

一、柱础

柱子为受压构件，受到集中的压应力，柱础是传递柱子压力的基石，达到增加受力面积、减少沉降的效果，而且可以防止柱子受潮腐侵蚀，同时它也是显示房屋主人身份地位的重要标志。湘峪古村中柱础装饰较为精美，但因很多建筑单体的改造，仅有少数柱础仍在发挥功用，多数柱础石散落在院落之中。

三宅第一进院中散落着的柱础中，多个柱础上均浮雕莲花，下面以三宅第一进院厢房柱础（图5−1）为例进行介绍。这个柱础形态饱满，构图美观大方，其间花瓣圆润，看似并不繁杂，却更直接地体现出工匠营造的智慧。莲花[1]又称作荷花，原产自人杰地灵的江南水乡，带着几分灵气，这份灵气配合堡内清素斑驳的墙面，便有一种沁人心脾的力量。同时，湘峪古村中“家族性”很

图5−1 三宅第一进院厢房柱础

1 北宋周敦颐在《爱莲说》中写道：“出淤泥而不染，濯清涟而不妖”，象征着君子的品性，不受世俗的沾染。“清水出芙蓉，天然去雕饰”中水芙蓉即为荷花。荷花的根为藕，质脆而且生长在淤泥之中，故有“质脆能穿坚”、“淤泥之中自有节”的特性，古人对气节的崇尚使得“荷花”这种植物有了灵性，其中的内涵和深刻的人生哲理成为中国文化中浓墨重彩的一笔。

强，“荷”与“和”同音，寓意和合美满；在淤泥中生长的莲花预示着只有强固的根本才能有家族的兴旺，显示了人们对美好生活的向往。而“青莲”又与“清廉”同音，是孙氏家族中入朝为官的人对自己的鞭策和身居高位的标榜。

三宅过厅现已经翻修，原来的装饰构件就散落在院子里，其中有多个以狮子为主题的柱础。狮子作为中国古代建筑的装饰主题[1]，经久不衰，特别是在民间装饰之中广泛流行。

狮子生性勇猛，是兽中之王，在堡内较常见，是看家护院、保卫平安的神兽。三宅过厅的这一柱础（图5-2）散落于三宅第一进院内，柱础线条刚劲有力，每个角部都有狮子面部浮雕，角部的狮子面目狰狞，鼻子高耸，獠牙外露，尽显狮子凶猛孔武的状态；“几”字腿上辅以云纹阴雕，线条匀称，构图稳健；在“几”腿间的六个面上，相间雕刻狮子的前身和尾部，而且头尾相间，好像三只狮子在六条狮子腿之间穿梭一样，生动有趣，活灵活现。

三宅院内另一散落的柱础（图5-3）雕刻着耍狮样式，这个柱础整体给人感觉敦实可爱，一丝拙气中显得与人亲近。与其他以狮子为主题的柱础相比，这尊柱础的“几”字腿

图5-2 三宅过厅的柱础

图5-3 三宅第一进院的倒座柱础

1 狮子作为佛教的护法神兽，有着驱邪除煞的威力。狮子作为一种十分凶猛的动物，人们难得一见，故在进行艺术创作时民间艺术家会根据传闻和自己的印象进行创作。在民间传说中，狮子可以预卜灾难，在大的灾难将要来临之前，狮子的眼睛会变成红色，或流血。传说中的故事无从考证，但是还是显示出狮子作为神兽，在人们心中的崇高地位。而且，在传说的影响下，拥有狮子作为雕饰的人家就成为了财富和权势的象征。

部较细小，线条和缓；其角部浮雕狮子面部，神态安然；“几”字腿间的六个面相间雕刻耍狮的头部和背部；雕饰的狮子灵活可人，显比例夸张，其头部夸大，腿部短粗，眼睛柔润地望向构图的一角而非怒目圆睁。这个柱础比较充分地体现了狮子作为瑞兽的形态，体现了浓浓的生活气息。

孙氏祠堂二层由三对柱础构成，从明间至梢间分别为以下A、B、C三个柱础（图5-4～图5-7）。三对柱础均为嵌入式，被门框分割为内外两部分，其上根据主次关系阴雕不同的花纹图样。明间两侧柱础（图5-4）内外均为阴雕，龟背六角纹框内收纳不同题材花纹，好似一个个窗棂中撷取的一幅幅画景，分别为梅花、荷花、牡丹、菊花、葡萄、石榴和火珠等（图5-5）。梅花乃岁寒四君子之一，荷花为高洁的表征，表示宅邸的高洁不容侵犯；牡丹为富贵的象征，菊花谐音“居”、多解释为安居乐业，表达对家族兴旺发达的美好向往；葡萄、石榴均多子，表示子嗣繁昌，家族后继有人，且寓意整个家族兴旺发达；火珠是一种能聚光引火的珠子，传说是一种通灵的宝物，是象征光照大地、永不熄灭的吉祥之物；在龟背纹下方为回文，与圆形的柱础相结合，首尾相接，寓意福寿绵长，无

图5-4 孙氏祠堂二层柱础A

图5-5 孙氏祠堂二层柱础A线描展开图

图5-6 孙氏祠堂二层柱础B

图5-7 孙氏祠堂二层柱础C

穷无尽。孙氏祠堂作为家族祭祖拜先的场所，这些图案中所蕴涵的关于家庭和睦、子孙满堂的期待，集中地体现出其家族性。

孙氏祠堂二层次间外侧两个柱础为鼓形柱础（图5-6）的变式，柱础中部阴雕两圈回文，上下均阴雕梅花，梅花与花叶缠绕向前，以二方连续的方式重复出现。其梢间外侧一对柱础（图5-7）为覆盆式柱础，其上阴雕富贵菊花纹样，菊花枝叶舒展，显出别样的富贵华丽景象。

二、窗台石

窗台石是窗与窗下墙体相连接处，水平放置的条形石块，起到承托窗框与保护窗下墙体免受侵蚀的作用，湘峪古村中现存较为完整的窗台石集中出现在三宅内，因很多房屋经过改建，其很多装饰构件散落各处，据其摆放的位置和重修房屋的位置推断，为三宅第二进院厢房窗台石。窗台石为长条形，据窗洞大小定制长度，因建筑等级确定高度。三宅内的两块窗台石的等级便明显高于其他院落民居，其高15厘米，长2米许。因窗台石形状扁长，故对装饰图案有较大限制，湘峪古村中保存完好的窗台石中几乎全部以花草为主题。

三宅厢房窗台石（图5-8）浮雕蔓草纹，蔓草生命力极强，滋长延伸，蔓蔓不断，其藤茎有很强的生命力，因此人们寄予它茂盛长久之意。另一窗台石（图5-9）显得更为工整，两个如意环之间雕刻了菊花、荷花、宝相花、花叶，再倒叙重复出现。五朵花形态纷繁，丰富饱满，珠圆玉润之中透露出当时人们的审美情趣。三宅第一进院西厢房窗台石（图5-10）雕刻较为繁杂，但并非简单的二方连续，虽然只出现了莲花这一种花型，但是每一朵花的角度均不相同，枝叶缠绕其间，六花各异，更显雕刻的用心和莲花本身的美态。

图5-8 三宅第二进院厢房窗台石

图5-9 三宅第二进院厢房窗台石

图5-10 三宅第一进院西厢房窗台石

三、门枕石

门枕石位于门两侧的边框下方，用以承托门扇的转轴使得大门得以开启，因为古代宅邸大门多为比较厚重的实木门扇，所以多以石料制成，使得门扇固定，不至于倾倒。同时，门枕石是古代建筑中十分醒目的构件，而建筑的大门正是直接反映主人身份和权势最直接的地方，大门给人印象的很重要的一部分就取决于门枕石。湘峪古村中保存较好的门枕石屈指可数，下面以九宅巷内的两对门枕石为例进行介绍。

九宅巷内两对门枕石形制较为统一，临街面均阴雕麒麟[1]，自古麒麟就被赋予优秀的品质，往往伴随圣王或是喜庆祥瑞时出现，是吉祥、福瑞的象征。这两对门枕石（图5-11、图5-15）体积较小，是简单的长方体块石。

1 麒麟，敦煌写本葬书《卜葬书》（第2831页）云：“……麒麟、凤凰、章光、玉堂，四吉神兽。”是一个虚构的瑞兽形象。《礼记·礼运》云：“何谓司灵·麟、凤、龟、龙，为之四灵。”东汉许慎《说文解字》曰：“麒，仁兽也，麇身、牛尾、一角。”麒麟因其品性温良，与中国古代“士”的价值观有很好的吻合，蕴涵了丰富的文化特色。相传汉武帝元狩元年（公元前122年）获白麟，又有传说孔子的母亲见到麒麟后生下了孔子等，在传说中麒麟常伴随帝王和重大吉庆事件出现，关于它的神话传说，形成了丰富饱满的麒麟形象，是中国古建筑装饰很重要的主题之一，时至今日依然保持着其艺术生命力，是中国传统文化的瑰宝。西凉武昭王在《麒麟颂》中有言：“一角圆蹄，行中规矩，游必择地，翔而后处，不蹈陷阱、不罹罗罟。”体现了麒麟高洁独行，品行有度，其“仁兽”的形态可谓深入人心。

图5-11 九宅巷内东侧门枕石

图5-12 九宅巷内东侧门枕石麒麟纹样

图5-13 九宅巷内东侧门枕石菊花纹样

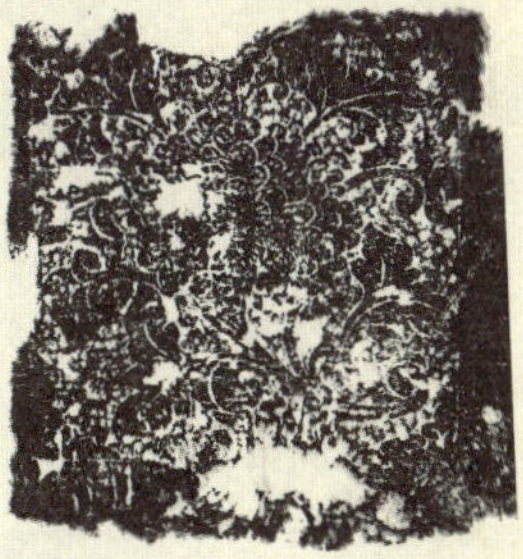
图5-14 九宅巷内东侧门枕石牡丹拓片

九宅巷内东侧一对门枕石（图5-11）呈长方体，临街面麒麟跨步向前，头部回身眺望，精神抖擞，器宇轩昂。这一双麒麟的鬃毛和尾部腾空飘扬直上，好像在空中飞舞，又似麒麟踏地时制造出强大的气场，生猛矫健（图5-12）。临门一侧浅浮雕菊花图案，并不繁冗，但构图大方严谨，平静之中方见其真挚（图5-13）。而这一对门枕石临门一面均阴雕牡丹（图5-14）。牡丹花位于构图的正中偏上，花形饱满，绿叶簇拥，繁花似锦。加之花与叶的形态均经过抽象提炼，纷繁的曲线线条让整个画面有一种飘扬翻飞的盛景。

九宅巷内西侧门枕石呈正方体（图5-15），临街面阴刻麒麟（图5-16），这只麒麟神兽以火焰纹相辅，鬃毛和尾巴好似燃烧浮动，麒麟口部大张，前肢支撑，后肢伏坐，尽显其刚猛的姿态。麒麟居于中心偏左位置，使得整个构图显得稳定大方，周边环绕浮云纹、钱形纹、方胜纹等纹样，使得画面饱满生动（图5-17、图5-18）。其临门一侧浅浮雕出水莲花图案（图5-19），下方为线条提炼的荡漾湖水，水面上方漂浮出水莲花，莲花自碧波中探出头来，摇摆多姿，风摆荷叶，姿态婀娜，形态生动，活灵活现，极富动感。构图顶部又有几枝梅花作为衬托。饱满的构图、丰富的层次和富有创意的主题，穿插构成了这对门枕石特有的趣味。

图5-15 九宅巷内西侧门枕石

图5-16 九宅巷内西侧门枕石麒麟纹样

图5-17 九宅巷内西侧门枕石纹样

图5-18 九宅巷内西侧门枕石麒麟纹样拓片

图5-19 九宅巷内西侧门枕石莲花纹样拓片

四、夹杆石

夹杆石是牌坊的重要组成部分，位于牌坊的立柱前后，立于地面之上。其一般由石料制作，以其自身的重量起到稳定支撑牌坊的作用，因为距行人的视点最近，夹杆石往往是重要的装饰部件。

大官房牌坊为两柱一开间石牌坊，牌坊只余留残迹，只剩下两柱及其相应的夹杆石，细观此两组夹杆石，其相向的两个面雕刻精美，相背离的两个面素面无过多装饰，主次分明。

这座石牌坊东侧夹杆石（图5–20）中间为一个饱满的圆鼓，下部为须弥座，上部顺着鼓形的曲线延伸形成蜿蜒的边缘，角部有兽头雕饰，但已被破坏，无法辨认；其内侧鼓面上形成圆盘，浮雕盘龙。[1]古人对龙有着至高的崇拜，认为龙是一种吉祥的神兽，能辟邪，给人带来吉祥。这里的盘龙龙口大张，形态凶悍。东、西两组夹杆石形制相仿，只是在雕刻内容上有所区别，牌坊西侧夹杆石（图5–21），在鼓面上圆盘内雕刻麒麟呈蹲伏状（图5–22），上部为仙鹤与宝相花雕刻，仙鹤回首观望，姿态悠然，宝相花饱满敦厚，枝叶繁盛。圆鼓上部浮雕一文官骑在鲤鱼上，逆着波浪前行。其内侧又有宝相花与花叶盘旋上升，整体构图疏密有致，传达出安稳惬意的感觉。

图5–20 大官房牌楼东侧夹杆石

图5–21 大官房牌楼西侧夹杆石

图5–22 大官房牌楼麒麟石雕

1 龙是中国神话中的圣物，“龙究竟是个什么东西呢?我们的答案是：它是一种图腾，并且是只存在于图腾中而不存在于生物界中的一种虚拟的生物，因为它是由许多不同的图腾糅合成的一种综合体。”（闻一多《神话与诗——伏羲考》），《礼记·礼运》云：“何谓司灵·麟、凤、龟、龙，为之四灵。”其体长威猛，能腾云驾雾，呼风唤雨。

五、“眉檐垂柱”

在湘峪古村中，三宅院、双插花院、棋盘四院等院落中存在着独特的“眉檐垂柱”装饰形式。眉檐垂柱将木雕形式中的“垂花柱”改为砖雕形式，置于建筑立面的门窗上部或过街门楼下方。湘峪古村可以说对眉檐垂柱这种特殊的构造形式作了全面的展现。

垂花柱，俗称“垂莲柱”、“垂柱”，常见的为木雕形式，多吊于门檐下，通天不通地，是倒垂于门下的短柱，古有“悬梁吊柱”之称。在这里，垂花柱在门、窗上部，以砖雕的形式呈现，好像一个帽子一样盖在每个拱形门窗上面。拱门顶部和方形眉檐垂柱搭配比例合理，结构统一，当其以统一的样式重复出现在建筑立面时，便给人强烈的震撼。

从这里的建筑装饰中可以看出，眉檐垂柱的形式非常统一（图5-23）。眉檐垂柱上面的盖板在木质结构中为额枋，作为砖雕的构件已经有了很大的改变，拱形门窗顶部上方亦称额枋，两层额枋之间是装饰的主要部位，上下层之间一般通过垫块相连，也有一些实例并没有垫块，在木质结构中，垫块本来起连接上下两个额枋的作用，但是在这里没有实质意义，只作为装饰构件；额枋外侧为两根垂花柱，通天不通地，由上侧额枋伸出，止于门窗开扇顶部，垂花柱下端多为球形莲花雕饰，装饰主题比较丰富。

图5-23 眉檐垂柱的基本样式

棋盘四院的“学恕求仁”院正房门窗眉檐垂柱（图5-24）形制较为简单。其两层“额枋”之间四个垫块隔出五个小间，各个砖面上浅浮雕云形底纹，云纹框上素面无雕饰。东、西两窗上的眉檐垂柱为湘峪古村中最基础的眉檐垂柱形式，两个垂花柱之间单层额枋相连，无垫块间隔，样式与木构件并无二致，依然可见明代装饰的简约大气、敦实可人。

图5-24 “学恕求仁”院正房门窗眉檐垂柱

整体看来，“学恕求仁”院正房门窗的眉檐垂柱虽然雕刻较为简单，但是呈现了其最基本的样式，三宅院、小男院等院落中较为复杂的眉檐垂柱均是在此基础上发展演变而来的。

三宅内院北侧五层看家楼立面门窗上部均有眉檐垂柱（图5–25）。其每一层门窗的眉檐垂柱的装饰规格均不一样，越向上就变得越简单。这是为了强调人视线所及范围内的装饰细节，其正房一层门楣檐垂柱两层额枋间有四个垫块（图5–26），分格出五个小间，雕刻盘长纹和方胜纹：盘长纹为五彩丝带盘成长结，寓意驱邪避凶；方胜纹为两个菱形角对角相叠组成的图案，寓意吉祥如意。第一层的窗顶眉檐垂柱（图5–27、图5–28）两层额枋间有三个垫块，垫块形如短柱，雕饰简单；第二层的垫块之间的方格雕饰边缘，素面；第三层、第四层的眉檐垂柱的两层额枋间无垫块，雕饰卷草纹。

湘峪古村中现存的砖雕艺术最精彩的莫过于小男院[1]正房门、窗檐部的眉檐垂柱砖雕（图5–29），其基本形式与其他院落统一，其精彩之处在于各个垫块之间的吉祥纹案。小男院为

图5–25 三宅内院正房门窗眉檐垂柱

图5–26 三宅内院正房门眉檐垂柱

图5–27 三宅内院正房东窗眉檐垂柱

图5–28 三宅内院正房西窗眉檐垂柱

1 村里有一种说法是孙居相出生的院子叫“大男院”，孙鼎相出生的院子叫“小男院”。另一种说法称，小男院是小孩接生和读书的地方，所以习称，“小男院”。

当时孙氏家族产妇分娩临盆的地方，故很多吉祥图案取生命力旺盛、多子多福的寓意。

小男院内正房东窗眉檐垂柱（图5–30）中的两额枋间（自西至东）装饰有：“四瓣花”、鹌鹑与荷花、石榴花、鸳鸯荷花、牡丹。鹌鹑栖息于杂草之间，生性勇健善斗，常被看做是一种斗鸟。《诗经》言：“鹑之奔奔”，就是说鹌鹑勇猛矫健，是生命力强盛的代表；而且“鹌”谐音“安”，象征和谐美好，与菊花谐音“居”共同出现，意为“安居乐业”，表达人们对生活的憧憬。石榴多子，被誉为多子多福的象征，象征着旺盛的生命力，是孙氏家族对后世“人丁兴旺”的美好愿景。

小男院正房门眉檐垂柱（图5–31）的五个垫块之间形成的六个小间（自西至东）分别雕饰：兔子、荷花、鸡、凤凰、牡丹、麒麟（已毁）。每一个吉祥图案长度均在20厘米左右，但是雕刻都十分细致，将每一个主题刻画得活灵活现。兔子在人们的生活中很常见，且备受喜爱，其奔跑跳跃、短腿圆唇的特点十分招人喜爱。《尔雅·释兽》记载：“兔子曰娩”。因其繁殖能力强而视为生育能力强，是多子多福的象征。鸡的谐音

图5–29 小男院正房门窗眉檐垂柱

图5–30 小男院正房东窗眉檐垂柱

图5–31 小男院正房门眉檐垂柱

图5–32 小男院正房西窗眉檐垂柱

为“吉”，是吉祥的象征，取大吉大利之意。公鸡昂首好斗，形态勇猛，有阳刚之气，姿势矫健，意气风发，象征着旺盛的生命力。在这幅图中，公鸡金鸡独立，母鸡与另外两只小鸡嬉戏玩耍，同时给一只小鸡喂食。生活气息浓厚，观赏性很强。凤凰是中国古代劳动人民智慧的结晶，是集多种鸟禽的特征于一身幻想出来的神兽，因此凤凰是集多种鸟禽的美丽于一身的形象美好的象征，同时其内涵丰富，象征着富贵华丽，给人带来吉祥。牡丹形态华美，雍容繁复，兼有色、香、韵三者之美。在民居中比较常见，是富贵的象征。荷花与麒麟之前已经介绍过，这里不再赘述。

小男院正房西窗顶的眉檐垂柱（图5–32）中两额枋间（自西至东）分别雕饰：菊花、仙鹤、寿桃、喜鹊和梅花、牡丹。菊花在深秋开放，不畏寒霜，有着高洁的品质，与梅、兰、竹并成为“四君子”，映射了古人的人生追求，是屋主人的价值观的体现；同时，“菊”的谐音为“居”，意为“安居乐业”，体现了人们对美好生活的向往。仙鹤又称丹顶鹤，其身体纤细，长腿细颈，亭亭玉立，形态美丽；且仙鹤还是长寿的象征，故称“鹤龄”、“鹤寿”，其高雅的气质吸引了历代文人墨客，为它附上了一层浪漫的色彩。喜鹊在民间传说中可以报喜，喜鹊出现时人们认为好事将要发生，因其“喜事连连”的寓意，使得其在中国传统民居中十分常见；喜鹊身后雕刻梅花，在小男院中，这一对喜鹊嬉笑玩耍，在梅花间穿梭，寓意“喜上眉梢”，雕刻生动活泼，十分精美。而且，在喜鹊旁边雕刻有牡丹样式，更是取锦上添花、荣华富贵、好事连连之意。

小男院中正房的眉檐垂柱雕刻细节突出，堪称精湛。中国古代以“九”为最，小男院正房装饰中共有九种动物，十八朵花（图5–33），喻示吉祥无尽，福寿绵长。其内容丰富，众多的砖雕装饰吉祥纹样集中展现在一个构件上，在堡内其他民居建筑中并不常见，更何况其形态生动，活灵活现，体现出工匠精湛的技艺。小男院内正房眉檐垂柱是湘峪古村少有的，整个构件保存较好的砖雕精品，不可多得。

东院圪洞内多处门楼下方有眉檐垂柱，具有很强的代表性。位于东院圪洞巷内第一进院入口处的这处眉檐垂柱砖雕（图5–34）可以说是湘峪古村内门楼砖雕的上乘之作，虽略有残缺，但总体保存尚好。细观其尺度，这处砖雕高约162厘米，宽约106厘米，此尺度使人感受十分亲切自然，同时这个长宽比接近黄金分割比，令这个门楼显得沉稳庄严又与人随和。此处眉檐垂柱在其较为简单的基础样式上略作改变，因其为仿木装饰，故在“额枋”之上增加斗栱砖雕，横向等距平分为六间，每一个间隙的砖面上都有浮雕纹样，包括富贵莲花、盛放牡丹、“福”、“新”等字样，斗栱承托出挑的砖雕“飞椽”、“望板”、瓦当、滴水

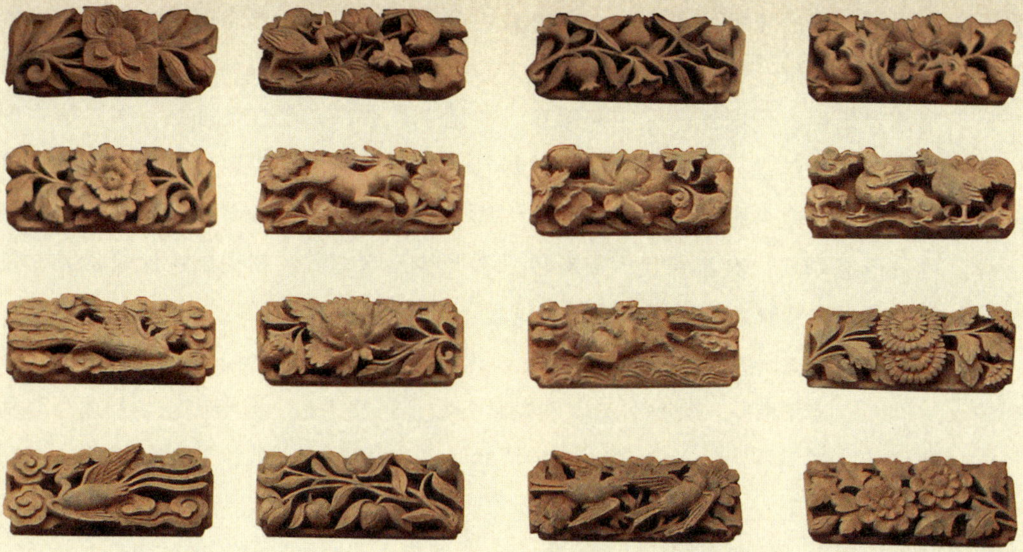

图5—33 小男院眉檐垂柱吉祥图案

图5—34 东院圪洞第一进院入口门楼眉檐垂柱

图5—35 东院圪洞第一进院内耳房门楣檐垂柱

等，均与木构形式别无二致。但是在两层“额枋”之间，门楼砖雕则和门窗檐口的砖雕差别性很大，此处砖雕采用通长的蔓草纹样，以二方连续的形式重复出现，而门窗檐口处的相应位置则多采用“垫块”间隔。就其艺术价值看来，不论是比例尺度的掌握，还是装饰内容，都显得气度不凡，独具匠心。

东院圪洞第一进院内耳房上入口眉檐垂柱（图5—35）形制与它所在的第一进院过楼入口眉檐垂柱砖雕相仿，其长宽均接近50厘米，不足其他眉檐垂柱砖雕的一半，虽然整体比例缩小，但其形态的完整性并未受到影响。同时，这种“非正常”的比例使得此处砖雕显出别样的韵味，没有了浑然大气，却增添了十足的可人灵动气息，加之其位处内院，其内向性的功能特点也使得对它少了几分严肃，多了些许把玩的意味。

其上两层“额枋”之间浮雕菊花图案，三朵菊花位于构图的中心地位，其周边枝叶蔓蔓而生，作为底纹的枝叶缠绕翻转，花型的清晰线条与枝叶的曲线形成的碰撞对比丰富了构图，增添了灵活性，饶有趣味。“额枋”上方支撑三组浅浮雕斗栱，相隔的两间砖面上浮雕莲花，可见其装饰细腻灵巧。

六、墀头

墀头位于硬山墙面的山墙顶端，是其伸出檐柱以外的部分。墀头自上而下可以分为三部分，分别为顶部的盘头、中部的上身和下部的下碱。一般情况下，盘头较为形态丰富，下碱用坚固的角石加固，角石上也有雕刻纹样。墀头面积虽然不大，但是因为其位置突出，所以也有很重要的装饰意义。湘峪古村的墀头装饰多以花卉、动物、器皿等为主。这里以保存较为完好的官厅墀头为例进行介绍。

官厅的墀头砖雕（图5–36）装饰集中在其下碱部位，故作为详述，此部分装饰分为三段，整体为浮雕形式，其上段两侧通过书卷支撑，书卷中间形成一个视觉中心，上檐为卷云纹斜顶，衔接面砖为书卷丝绦浮雕；下边框衔接葫芦，毛笔浮雕。葫芦谐音为“福禄”，其枝茎称为“蔓条”、“蔓带”，谐音“万代”，故葫芦有“福禄万代”的美喻，代表着家族人兴福旺，世世荣昌；其中段两侧支撑着两只寿桃，中间为一尊圆鼓，中束敦实，构图稳定；其下段边框与上面的丝绦对应，中间缠绕扇子和宝剑，扇子为八仙之宝物，能驱逐妖邪，同时“扇”谐音“善”，寓意善良美好，宝剑更是有着“驱邪斩煞”的效果，在民居中也是常用的题材。为了追求整体构图的稳定感，下段只用浅浮雕手法，下段构图中的两条鲤鱼好像跃出水面一样，对称而立。

从这对墀头的雕刻中可以看到浓郁的书香门第的气息，从三段的图案可以看出其内容具有连贯性，这对墀头三段分别镂雕鲤鱼、圆鼓和仙鹤。好像记载了“鲤鱼跃龙门”、“锣鼓喧天”、“平步青云”的高中科举，入朝为官的故事，给人无限的遐想，其中雕饰精美，内涵丰富，体现了工匠高超的技艺，极富创造力。

七、墙上砖雕

墙上砖雕一般指嵌附在房屋入口及内部一些重要部分的砖墙面上的砖雕作品，所处位置越重要，雕刻的内容和技法也就越考究。

在湘峪古村中，现存的墙上砖雕可谓少之又少，更使五宅入口处这面墙上的砖雕显得珍贵。五宅现已经不复存在，其入口的砖雕原本与前面的牌坊形成整体，现在墙面的砖雕损毁严重，中间龟背纹上附有的雕饰，已被挖空，但是从残存的四角砖雕和宝相花蔓枝边框，依然可以看出其较高的艺术价值。

五宅入口的这面砖雕（图5–37）全幅2米见方，风格朴实稳重，构图饱满。此砖雕四边边框围合，其下边框内雕刻卷云纹，可谓清新简洁，内涵丰富，寓意称心如意、吉祥美满；上方和东西两边框内形成盘旋上升的宝相花藤。宝相花综合了牡丹、荷花、菊花等诸多花卉的成分，重新组合，图像具有雍容华贵的美感，寓意庄重富贵，高洁吉祥。图框内为六角龟

图5–36 官厅墀头雕饰

背纹，龟是动物中长寿的代表，寓意福寿绵长；四角均作雕饰（图5—38），上角为展翅飞翔的仙鹤，下角为奔走回首的骏马。仙鹤品性高洁，姿态优美，又是高寿的象征；骏马在中国传统文化中也是美好品德和勤劳朴实的象征。[1]可想五宅主人借马自喻，希望具备良好的德行，包容、广阔、光明、远大，同时又有勤劳、踏实、坚忍不拔的品行。图中的仙鹤展翅翱翔云中，姿态美丽，骏马似乎也在云中奔驰，身姿矫健，马蹄飞踏，回首眺望，甚至可以推测其淡然的表情，使人产生丰富的联想，从雕刻工艺看来，整体画面活灵活现，很具有感染力。可惜整面砖雕的中间部分被破坏，令人不胜唏嘘。

八、额枋木雕

额枋，宋称阑额，是连接两个檐柱的矩形横木，起到了横向联系檐柱以及在纵向上支撑檐口的作用。额枋变化多样，纹饰丰富，多以垂花、祥云、回纹等装饰。在湘峪古村中现存的额枋木雕的主要内容为花木、钱形纹样、蝙蝠等。这里的额枋木雕以辅助装饰为主，追求美观大方、清雅有致，也显示了其民间工匠的高超技艺和平静的创作心态。古村中檐柱额枋雕饰下端雕有垂花柱，通天不通地，是主要的雕刻装饰部位。

图5—37 五宅入口墙壁的砖雕残迹

通观湘峪古村中的额枋木雕，要数孙氏祠堂中的檐柱额枋保存最为完好，然而因其建成已有三百八十多年，很多木结构受侵蚀严重，致使二楼平台已经不能上人，额枋木雕装饰开裂破损，毁坏严重。

1 “坤厚载物，德合无疆。含弘光大，品物咸亨。牝马地类，行地无疆，柔顺利贞。”（金良年 《孟子译注》）

图5—38 五宅入口墙面砖雕局部

孙氏祠堂中的木雕主要集中在二层（图5—39），垂花柱和两层额枋间的垫块成为主要的装饰小件。细观孙氏祠堂正房二层明间的一副额枋（图5—40），其与檐柱之间吊有垂花柱，垂花柱垂花头阴雕绣球和叠瓣莲花，同时，为了构图稳定，下层额枋与垂花柱之间增加挂落相连，镂雕卷草纹，其力学支撑的作用已经在很大程度上被削弱了，这样主要是为了平衡视觉，达到美观的效果。额枋分为上下两层，两端有菱形雕花，中间夹一个垫块，为蝙蝠雕饰，蝙蝠正面浮雕荷花，这两者的融合可见其匠心独运。蝙蝠是中国传统民俗中的重要吉祥图案之一。“蝙蝠”谐音“遍福”，取义“福泽后世，福泽宗族”，象征着福气富贵、吉祥长寿。在工匠的巧手雕琢中，使得其形象得到了美化，成为常见的装饰纹样。

图5-39 孙氏祠堂正房木雕

与正房相比，孙氏祠堂厢房二层额枋（图5-41）制式与其相同，区别主要体现在垂花柱和下层额枋间的过渡部位，与正房相比，厢房木雕有一定程度的简化。从正房与厢房的木雕垂花柱上可以看出，厢房二层层高有所降低，故其垂花柱也随之变短，垂花头由绣球和叠瓣莲花简化为寿桃。为了突出正房的中心地位，使得厢房的装饰退居次席，而其垂花柱与额枋之间挂落的镂空雕花也简化为小型的卷草雕花。为了使其装饰不至过于简单，在垂花柱上浮雕方胜纹，寓意吉祥如意。

三宅院第一进院过厅历经岁月的侵蚀已经损毁较为严重，于2004年重建，拆下的过梁，现在被存放于湘峪古城东城门二层处。在村中老领导的带领下笔者找到两条曾经的过梁。这两条过梁浮雕麒麟踏地、龙豹相斗、鸳鸯荷花、玉兔菊花等主题，内容丰富，装饰精美，体现了明代装饰的浑然大气，圆润浑厚。

发现的两条三宅过厅雕梁因其装饰性很强，为单面镂雕，而且现重建的过厅仿制原有制式，故推测其为檐部额枋，过厅面阔五间，故推测雕梁A为过厅东梢间檐部额枋；雕梁B因其雕刻龙豹相斗，有较强的中心感，故推测为过厅明间檐枋。

雕梁A（图5-42）左端镂雕喜鹊荷花（图5-43），喜鹊双腿交错站立于荷茎之上，转

图5—40 孙氏祠堂正房明间额枋木雕

图5-41 孙氏祠堂东厢房木雕

图5-42 雕梁A三宅过厅东梢间额枋

图5-43 雕梁A三宅过厅东梢间额枋局部（一）

图5-44 雕梁A三宅过厅东梢间额枋局部（二）

身回首望向端部的荷花，惜其右腿已经缺损，其张口啼叫，好似报春时节，为大地迎来光辉，又如驾临喜事向人间报喜，欢喜的气氛跃然其间。喜鹊头上翎羽飞扬，向后延展，讨人喜爱。整体方形的构图让剩下的空间显得并不好分布，荷花斜身向外探出，花瓣三向展开，舒展大方，中间荷叶蜷曲成团，虽然已经完全绽放，但是中间还未舒展的花瓣好似预示着整个荷花更欲大展。恰恰体现了中国古人强调发展，不满足于静止的情怀，花开不停留于绽放，依然期待新一轮的盛开。其余部分装饰荷叶、莲藕。荷花和喜鹊在民居中随处可见，寓意喜上枝头、和和美美等，其演绎方式亦五彩纷呈，巧妙多姿。

图5-45 雕梁A三宅过厅东梢间额枋局部（三）

图5-46 雕梁A三宅过厅东梢间额枋局部（四）

雕梁A中部镂雕麒麟（图5-44），整个麒麟形态动感十足，昂首挺胸，口部大张，形态威严，眼睛圆睁；其背部向上翘起，前足低扑，后足压云，好像正在准备一跃向前；其尾部随风摇曳，配合周身围绕的祥云，好像其身上的鳞片也在随风飘扬，活灵活现。这段雕梁虽无繁琐的装饰，但每一根线条都能经得住推敲，精简干练，耐人寻味。

雕梁A右侧（图5-45）讲究严格的对称格局，主题依然为荷花与喜鹊，但是并未完全对称，而是寻求姿态的不同，这只喜鹊周身倒立，转头望向远端的荷花，荷花同样伸展向构图的远端，这样更使得整个额枋主次分明，重点突出。喜鹊背部迎人，双翅合拢，停留在层叠的荷叶上，荷花也并未见其茎干，亦为俯瞰，但荷叶俯仰有别，显得更为生动。

雕梁A右端（图5-46）菊花花瓣衬底，上面镂雕一只兔子，兔子四足跳跃而置，转头看向中心的麒麟，这只兔子弓背回首，好像正在端详着整个建筑。

三宅过厅明间额枋（图5-47）两侧镂雕喜鹊荷花（图5-48、图5-49），形态对称严谨，中间雕刻龙豹相斗图，向心感明显。雕梁B左端与右端形态与主题都非常统一，几乎呈镜像对称，尽端两只喜鹊尾部朝上，背部迎人，看到的为两只喜鹊的俯视图，回首转身，正在高声啼鸣。喜鹊身上的羽毛亦可细数，较东端开间额枋更为细致。同时，可见荷花花瓣上也体现出更多的阴雕细节，是为强调正中开间的中心地位。荷花花瓣舒展有致，风摆荷叶，取义清廉高洁，同时也是对和睦幸福的企盼。

雕梁B中间犹如太极图案的龙豹相斗图（图5-50）好像相生相克的两仪，似乎在循环相斗，势力此消彼长。豹子身材矫健，动作灵活，性情机敏，是描绘争斗场面的常见素材，这里的豹子蜷身回首，正面与龙相抗，豹子双蹄压云，伏身向前，两个前蹄浑厚敦实，后蹄弯曲有力，好像要争夺向上，其尾部与龙爪相接，龙与豹缠绕相连。龙的身体瘦长，呈半月形弯曲，头部龙口大张，正在向豹子咆哮，四只龙爪东西向完全张开，形态别致，龙鳞细致入微，片片可数。整个龙豹相斗的图案动感十足，是这里罕见的题材。

图5-47 雕梁B三宅过厅明间额枋

图5-48 雕梁B三宅过厅明间额枋局部（一）

图5-49 雕梁B三宅过厅明间额枋局部（二）

图5-50 雕梁B三宅过厅明间额枋局部（三）

九、匾额汇总

匾额又称匾牍、牌额，在传统意义上匾额是悬于门屏上的牌匾，人们在户上题字，以作居室的标志，随着时间的推移，匾额的内涵也变得更为丰富，成为表达宅主人个人志趣，标榜身份的象征，同时也是亲友馈赠礼尚往来的情感表达。有的时候，匾额只悬挂于内院，用来自我勉励，提携后辈。

在湘峪古村中，多数宅院都有专属的门牌匾额，可分为木匾额和石匾额两大类，在对村民的走访中发现很多匾额已经受到了不同程度的损毁，有的甚至只存在于村中老人的记忆之中，已然无从考证，这里将保存尚好的匾额悉数列出，由于在本书居住建筑部分已经对各个匾额进行阐释，在这里便不再赘述（表5-1）。

湘峪古村匾额汇总表　　表5-1

 熏宸石匾　位于湘峪南堡门入口处	 迎晖石匾　位于湘峪东堡门入口处	 来爽石匾　位于湘峪西堡门入口处
 恩荣四世石匾　弃置于东堡门处	 居之安石匾　位于十宅东南入口处	 乐循理石匾　位于书房院入口处
 凝瑞气石匾　位于四宅西北院入口处	 爽挹石匾　位于四宅西北院内西耳房处	 迎曦石匾　位于四宅西北院内东耳房处
 四部首司木匾　位于都堂院入口处	 耕读木匾　位于孙氏祠堂入口处	 勤俭木匾　位于孙氏祠堂出口处
 文衡武鉴木匾　位于官宅入口处	 南山翠拱木匾　位于十宅西北入口处	 积庆木匾　位于高台院入口处
 竹苞松茂木匾 位于孙氏祠堂门楼出口处	 都可轩木匾 位于十宅院西向院入口处	 其旋元吉木匾 位于帅府后宅入口处
 仁义居木匾 位于东寨东南院入口处	 福济□黎木匾 位于下佛堂院内，已被用作门扇	 学恕求仁木匾 位于四宅院落群东北院入口处

附 录

附录1 口述历史（采访时间：2012年）

1.张台聚回忆大男院

张台聚居住在大男院东厢房，他自小生活在古堡对面的南花园一带的窑洞中，直到1955～1956年村里搞合作社的时候，统一搬至城内，一直住在此院。他20岁外出参军，期间曾在北京、保定、张家口一带工作，70岁时返乡，至采访时已返乡5年。他详细介绍了大男院的几多变迁，为损毁殆尽的大男院还原些许信息。

眼前的大男院除修整过的东厢房和新加建的东南耳房外，均已荒废。且荒废的房屋中只有西厢房仍然保持传统形制。他回忆说，大男院曾经历经磨难，多次损毁，最后一次损毁在于一场大火将正房烧毁，复又重建，眼前所见景象自20世纪50年代起便是这般。由于大男院在古代形制较高，正房基址较大，故也是新中国成立后小学校址的良地，于1952年在此开办村办小学。但后来因为房小（三开间）人多，就搬到了官宅（指都堂院，五开间）。

对于唯一保存较为完好的西厢房，他介绍说，二层曾经有檐廊，故屋顶为长短坡，记忆中有花梁，但房屋甚危，难以考证。首层屋面梁板为油松木，内部已被腐蚀，只剩松油，但仍然具备承重作用。

另外，在改建方面，以前的大男院是一进三合院，南房是前面高台院的正房，不对此院开门，直到1970年修整，才将二层向北开门。院外的入口巷道较中街为宽，于1956年修建牲口房一座，将道路缩窄。

2.孙小留说帅府老院儿

孙小留是村中老人，现在居住在帅府院，是孙氏宗族后代，对村中往事较为了解。

关于堡中民居建筑，他说，帅府在抗战时期是指挥中心，书房院二层到三层的楼梯，可以直接通到角楼，帅府靠城墙的一侧为两个完整的院子和一个簸箕院，南街在帅府的东墙处截止。绣楼院在村中被称作东院，其北侧有北花园、观花亭，现已经全损坏，盖了新房。自孙小留记事起就是现在的状态。双插花院，原名王家院，是因为有一个姓王的住在这里，后来因为旅游开发，为了减少混淆，统一了建筑的名称。南山翠拱院经过改建，曾经在正房两边为四层高耳房，而后因为种种原因将这两个四层的耳房降低为三层，这个说法也得到了院主人的证实。

3.韦新焕追本溯源

韦新焕是村里的青年人，他对古村的历史多有研究，对各个方面涉猎较广。

对于古村起源问题，他说，元代以前，便有韩姓族人居住于此，年代约为元末明初，有墓志铭为证，惜已遗失。另外，村中还发现过秦汉烧制的空心砖，图案精美，雕工古拙。还有，在村里修建通风井时，曾发现过石器时代的石斧，又轻又硬，当地人称为雷公斧，惜流入河南。

关于墓葬问题，他说，过去墓碑漫山，合作社时期，刨墓碑是算公分的，且坟砖也常被二次利用修建房屋。另外，以前的墓室通常有几进院子，更有壁画砖雕。

在北城墙的问题上，他说，北城墙无城门而有假门，传说倒塌的时候发现下面有一个地下室，室中有一个泥人拿着簸箕向外筛米，当地人认为这是破坏风水的意思，即将官运福气等抛向南方，正是清朝以后村内无大官的原因。真正的北城墙于20世纪40年代倒塌，在60、70年代时作为学生勤工俭学的项目，一砖一瓦将其拆除。本应就此消失，但由于拆除中的一次事故而中途停止，故成了今日所见的残垣断壁的样子。

村内高楼众多，但年代久远，安全无保障，故村民常常选择下层的方法拆掉一层或多层。但拆房、修房在当时并没有安全保障，危险是常有的事，为此村民迷信老房有灵，不可乱拆。据他所知，在拆小男院、西二宅和北城墙的时候均有村民去世。

民国的大旱，使村内人口锐减，也是古村故事失传的一个重要原因。当时的藏兵洞里满是外地逃荒的人，更有吃孩子的传说。

他还说，传说中的牛王庙、马王庙、黑虎庙、菩萨庙确实存在过，但都是规模较小的三开间建筑，分散在古村周围的山中。

原来村内的道路极为平整，但也很窄，不便通车。官宅（都堂院）在拆除的时候，巨大的木梁弃置道旁，足足占了半条街。20世纪80年代疏通自来水管道之时，破坏道路，后又经历了中街拓宽，确保农用三轮车通行，致使路况变差。

4.任小立湘峪村补遗

在大男院为我们提供信息的还有任小立，他现居大官房，年轻时从东山村搬至此地。他为我们介绍说，东山村的岳城山，是晋城的五秀名山之一。

他为我们提供了两个重要的信息。其一，岳城山上曾有庙宇，是孙氏兄弟为了避暑修建的，庙宇所用石料巨大，足以显示财力；其二，传说原来的城墙没有角楼，直接在瞭望楼看烽火。

另外，他还为我们确定了周边山脉的俗称，将南山称为簸箕掌，其支脉称为印圪凸，北山称为后岭。在提到“龟王山”的时候他为我们提供了当地谚语：“金龟头上卧，银钱上来多”。

5.樊栓昌说庙宇建筑

樊栓昌老人是村政府的职员，“南山翠拱”院的主人，对村中事宜较为了解，对调查湘峪古村起到了很大帮助，对很多破损殆尽建筑的还原起到了不小的帮助。

关于东岳庙，他说，东岳庙由来已久，是方圆二十里的大庙，十里八乡都来求神，十分灵验，后于1958年拆庙改建小学，相传有82塑佛像，都在拆改的时候搬出山坡后全部散佚，直至2003年村中重修此庙。东岳庙曾经的格局与现在略有不同，曾经东岳庙中会搭台唱戏，故最下边为骡屋，比其他第一个地平。过去唱戏用骡马驮唱戏的箱子，戏子进城、进庙，骡马在骡屋里休整。戏台在关帝庙前，坐南朝北，耳房为厨房、休息室等附属功能，左右厢房为画廊，当地人讲这是在给关老爷唱戏，是对关老爷的无上敬仰。第二地平是山神土地庙，为保护东岳庙此处原有平台，无现在西侧的下山道路。

关于村中其他公共建筑，他说，白龙庙古而有之，于2007年在原址上重修，白龙老爷是掌管冰雹雨雪的神，村中逢旱便会祭拜，平时为保五谷丰登、家人无病无灾，也常有人去烧香祈愿。文昌阁原位于龟背山中段，为两层，现已拆毁，文昌阁中没有塑像，只供奉文昌老爷牌位。关老爷阁是为了纪念大火中挥手降雨的关老爷而特意修建的。上下佛堂隔街相望，供奉“老佛爷”像，下佛堂一层，却高7米许，其中东西厢房均有守堂人居住，均低于正房。鸿门寺、清心庵、黑虎庙等都曾是村中重要的庙宇，但也只留传说，不足为据。

关于传说故事，他说，在堡中“青蛙不叫”，这个故事由来已久，当时孙氏三兄弟在大官房办理公务，而当时正是夏日炎炎，村中水塘内有青蛙乱叫，扰得三兄弟无法办公，便下令村中青蛙不得扰人清静，从此，村中青蛙便没有再敢乱叫的。据其他村民说，至今为止，将青蛙捉至村中，其依然不敢乱叫。

6.王丹峰说湘峪村小学校

王丹峰老人是村中的老教师，年轻时曾在湘峪中心小学等附近几个村子的学校教书，是湘峪近50年来改变的有力见证者。

关于村中小学的变革，他说，在解放前，小佛堂（即下佛堂）是其父辈上学的地方，在解放初期，王丹峰老人在官宅（即都堂院）上学，经过六七年的时间，在西大庙（即东岳庙）建立湘峪中心小学，当时王丹峰老人在此教书，同时期在1967,1968年两年中，将张公庙扩展为湘峪中心小学分校。直至2003年新建小学校舍，西大庙便不再作为校舍使用。

关于堡内一些损毁的建筑，当时村中城墙除了西城墙较为完整，其他部分均破损较为严重，只剩根基。他说，西二宅北侧原为空地，堆放着碎石瓦砾，曾经也作为西大庙——湘峪中心小学的操场。其亲眼看到五宅废墟瓦砾中有石人石马，东院圪洞内曾经有匾额“风高桂阁”，惜已在“文革”时期尽数损毁。

7.孙思义说孙氏祖坟

孙思义是村中的老人，今年77岁，是孙家第四支的后人。他自幼居住在六宅院的马房院，是六宅院历史变迁的第一见证人。同时，他也为我们考证孙氏祖坟提供了不小的帮助。他说，六宅院的主院，原本住过一家姓王的人家，因此，又被称作王家大院。后来，王姓搬走，又有樊姓居民居住于此。

关于孙氏祖坟，他说，原本北山上有很大一片坟地，均是孙家的坟地，坟地上有十二属相的石像生，成圆形排列于坟茔的四周，后来，有盗墓分子将其偷走。关于北城墙，他说，北城墙在他幼时还在，墙面光滑平整，没有开门。城墙内就是上佛堂，是一个没有院子的独立窑洞。窑洞里供奉了三尊菩萨，旁边两个站着，中间的一个坐着。

8.孙小虎说孙大相

孙小虎是湘峪村的居民，今年53岁，是孙家孙大相一支的传人。孙大相是孙居相的叔伯兄弟。他的爷爷曾经做过国民党的军医，在湘峪村一代很有名气。孙小虎的爷爷曾经誊写过一版家谱，单记述的是大相那一支的孙氏子孙。孙大相这一支在孙耀祖这一代就变成了单传，故现在只有孙小虎一支为孙大相的正宗子孙。

9.连青云说村中老戏

连青云是湘峪村的居民，今年58岁，居住在二宅院，是村中知名的戏班班主的后人。他年轻时曾外出当兵，退伍后回乡务农。他对村中的老戏很了解，为我们了解村中老戏提供了珍贵资料。

据连青云讲，他的祖上擅长唱戏，经营的戏班子在沁水、阳城一代很有名望。民国时期著名的戏班班主连小瑞、连小何都是他祖上的人。他的叔叔连满锁、他的姑姑连小改都会唱戏。其中，他的姑姑连小改名声很大，有着一副好嗓子。村中有一个说法，叫“半坡唱戏，武安听见”，说的就是她的一副响亮嗓门。

据连青云讲，他的祖上本来自大阳县向东村。向东村整个村子都姓连，家家会唱戏，家家好唱戏，出了好些戏班子。这些戏班子以四处行走唱戏为生，哪里有人请，就去哪里唱。那时候，婚丧嫁娶都离不得一台好戏，所以生意一直很红火。

解放之后，戏班子的生意渐渐冷淡下来，唱戏不足以维持生计，所以好多青年子弟就放弃唱戏，另谋出路。在1975年左右，村中的老戏迎来了新的春天，村中也置备行头管弦，组建过戏剧团。时至今日，老戏真正有些暗淡，本村年轻人因为不赚钱而不愿学习。现在只有在三月三有庙会的时候才会搭台唱戏，地点一般都在东岳庙。

10.连鹏讲岳城山

连鹏是村里的年轻人，他在带我们攀登岳城山的时候为我们讲述了一个老人的故事。他说因为岳城山山势奇险，早在10年前就和村里的年轻人一起慕名来过岳城山。首次登上此山，的确有种会当凌绝顶的感觉。山路难寻，人迹罕至，但是景色瑰丽，令人流连。

在如此少有人烟的地方，却发现了一户人家。主人是一位老奶奶，热情好客。她时年74岁，曾同老伴一起在山上生活了50余年。在奶奶56岁时老伴去世，她便独自一人在这山上生活至今。老人虽然过着独居的生活，然而精神矍铄、性格开朗。当被问到为什么不回村里居住时，老人说山上空气清新、宁静自在，喜欢过这样的生活。

在被问到岳城山是如何被损毁的时候，老人说，它先后经历了两次劫难。第一次是在抗日战争时期，敌人进山扫荡时，乡亲们害怕敌人在此修建炮楼，在一夜之间放火将它烧个精光。第二次是在“文化大革命”时期，红卫兵又对砖雕、佛像进行了破坏。

附录2 科举功名

1.《嘉庆沁水县志》[1]

①科举

朝代	姓名	科举年代	历任职务
明	孙居相	万历壬辰	历户部仓场尚书
	孙鼎相	万历戊戌	历湖广巡抚，祀松江名宦
	孙如玉	万历壬子	—
清	孙鲲化	康熙己卯	北流知县

②恩贡

朝代	姓名	科举年代、职务	亲缘关系
明	孙如金	知河南仪封县，调沉邱知县	立相子
	孙如璋	崇祯乙亥亥贡	鼎相子
	孙如瑜	崇祯癸未贡，山东黄县知县	居相子
	孙如琰	顺治辛卯贡，平遥训导	—
	孙扬	顺治戊戌贡	—
	孙埙	顺治辛丑贡	—
清	孙如珙	康熙壬申贡	鼎相子

③加封

朝代	姓名	亲缘关系	加封
明	孙廷桢	居相、鼎相祖	初赠按察司事，累赠户部尚书
	孙辰	居相、鼎相父	封恩县知县，加封福建道监察御史，加赠工部主事，陕西按察史司，太仆寺卿。都察院右副御史，累赠光禄大夫，户部尚书

1 清徐品山重修，马艳点校。

2.《康熙沁水县志》

①科举

朝代	姓名	科举年代	历任职务
明	孙居相	万历戊子经魁，壬辰进士	任山东恩县知县，历官总督、仓场户部尚书
	孙鼎相	万历辛卯亚魁，戊戌进士	任松江府推官，升工部主事，调兵部，补礼部升员外，调吏部，升郎中，陕西参政，肃州备按察使，光禄寺少卿，太常寺少卿，太仆寺卿，都察院右副都御史，巡抚湖广
	孙如玉	万历壬子进士	—
清	孙如金	恩贡	任河南仪封知县，谪沈丘知县
	孙如瑜	崇祯癸未贡	任山东黄县知县
	孙如琰	顺治辛卯岁贡	任平遥县训导

②加封

朝代	姓名	亲缘关系	加封
明	孙廷桢	居相、鼎相祖	初赠按察司事，累赠户部尚书
	孙辰	居相、鼎相父	封恩县知县，加南京福建道御史，赠工部主事，陕西按察史司，太仆寺卿，都察院右副御史，户部尚书

③其他

朝代	姓名	亲缘关系	加封
明	孙如管	居相侄	光禄寺监事，升詹事府主簿
	孙如璧	居相子	廪监

3.《光绪沁水县志》

①科举

朝代	姓名	科举年代	历任职务
明	孙居相	万历壬辰	户部仓场、上疏
	孙鼎相	万历戊戌	历湖广巡抚，祀松江名宦
	孙如玉	万历壬子	—
清	孙鲲化	康熙己卯	北流知县

②恩贡

朝代	姓名	科举年代、历任职务	亲缘关系
明	孙如璋	崇祯乙亥亥贡	鼎相子
	孙如瑜	崇祯癸未贡，山东黄县知县	居相子
清	孙如琰	顺治辛卯贡，平遥训导	—
	孙扬	顺治戊戌贡	—
	孙如珙	康熙壬申贡	鼎相子
	孙如琯	詹事府主簿，光禄寺监事	可相子

③加封

朝代	姓名	亲缘关系	加封
明	孙廷桢	居相、鼎相祖	初赠按察司事，累赠户部尚书
	孙辰	居相、鼎相父	封恩县知县，加封福建道监察御史，加赠工部主事，陕西按察史司，太仆寺卿。都察院右副御史，累赠光禄大夫，户部尚书

附录3 《孙氏家谱》选录

……重，反不若古姓氏互见为得其真也。孙氏系出……之高平，寻徙沁水。始祖七传，至大司农拱……史玉阳公。天启中皆以忤珰坐罢……

……巍科甲第不以载，非子姓繁衍，人物□辑……世所称豪杰崛其之士，将安归乎？且孙同本于康叔固巳。顾其流既判，则阿鄄东……

1.晋泽沁水孙氏族谱序

……之兴也，其佐史法之□乎？右列国各有史，凡关治乱因□……故，则备录之，以俟后世之考镜，而开一家一姓之本末，则或……

……李，宦绩□赫，□志简……自既生既……公距今八十余年，或一二遗老，尚有能称说往事者，何寂寂不我告也。桑海变迁，风流销……

……以至云孙□敢庚姓别籍，以求异于本□……□可以救前□□，更之失矣。然而究其流弊，又或出于一切意料之外。与他通谱之事，行而援名□泰山会稽，讵能无辨，浸假一切罗致。弊不致渎宗……矣。周小史定世数，序照穆，其法颇简而……谱。□于□官遗义有当哉！余故略举……

……歇，古今人传，不传可胜悼哉？时予郡名宦祠。有司辄以时荐蕰藻，祀司李公之有功德于民物衰。而余又束发键户，及壮漫游齐豫燕晋间。于故是之荒□……览之，嘻亦陋矣……族内分最长，且子……失，凡六世，惧一时。谱……乖舛失次者……

……子之用心敬宗长……乎哉。若其门风之□详矣。予芜陋寡文……

康熙乙亥七月九峰……

2.孙氏族谱序

孙氏族谱，旧有云间陆平泉，金陵焦弱侯两先生序，距今八十余年。文谱散佚。且支□日益繁衍，或至纷纷错紊序。谋欲辑之者，此孝子慈孙，不忘其祖先之泽，而思以垂裕后昆，光照前烈之深心也，乃征余言弁其首。余惟孙氏为吾沁巨族，其始祖德辉，自泫水迁于沁之相谷村，因籍于沁。序谱者遂以德辉为……世远人湮，追不可……其淳谊厚积。赞言……敛言发祥，启厥嗣……丕显，肇开孙氏人……

公为先宫保，前壬辰……朝，余曾为传。载在……玉阳公。清操显于……易。亲之者如饮醇……惟比支苗裔，济济……水源木本。溯耶。从出总分气之于人之身，则敦睦之谊不可不讲也。作斯谱者，虞其紊则剖晰之，不使次第之或爽。虞其渎，则申别之，使不得乱厥宗焉。若夫兴衰之运存乎天，而荣替之机存乎人，孙氏之孝子慈孙，先不能忘其祖先之泽，而思以重后光前者，亦务自尽其……

……年家子西……

3.六世祖赞

一世祖 赞曰：

明初龙战，始迁自……浑浑，无怀葛天。惮烜无前编□初撰……延。

二世祖 赞曰：

二世祖公，伯止仲□陶穴，择地而安，噩噩……蒙，人力渐通。抑……浸番□大于……德是崇。

三世祖 赞曰：

岳崎维五，祖其岱岳。磅礴弘远，蒸云叆叆。本根既茂，霖雨既溉，孙发其祥，千秋未艾。

高祖 赞曰：

鸣惟我之高王父，其绩德累仁，所……子以孙贵，孙以子……之蝉聊而□者，夫岂为造物之所私。

曾祖 赞曰：

发厥所始，惟善是……穷未蚩。栽培有根，人文蔚蔚，枝叶偏……饼，或表鼓轩，肯……搆斯，孰非丕基……

祖 赞曰：

于皇我祖，内行纯□，□金还女，友义克笃。不卑抱闰，早返初服。□志……耕载耨，授以义经。鹏抟凤翥，司农柱……路。龙章屡赐，三□而偻。□寿康宁，受天之佑。诒厥孙……穀。嗟我后人，实忝其武。

4.年谱

先伯父，讳字伯辅，又字拱阳，万历戊子科。乡试四名，会试一百八十二名，廷试三甲一百三十九。吏部观政。初授山东恩县知县，戊戌行……南京福建道御史……阳仓，兼京……田印马。丙午掌河……案。戊申丁外艰，继服阙。壬子起北京福建道……回，协理癸丑外计，巡按顺天。甲寅告病。丁巳……江西九江道右参政……请诰，天启壬戌起光禄寺少卿，升太仆寺少卿，寻迁右佥……巡抚陕西。甲子升兵部左侍郎，告……为民。崇祯戊辰，起改户部左侍郎。未……吏部左侍郎。己巳晋总督仓场，户……庚午谴戍甲戌，卒于戍所。丙子入祀……所著有两台……居官必要抚泰小□。维风约笔……

癸丑侄……识

5.大中丞玉阳孙老先生赞

维公之貌，泰山岩然。维公之然，色良玉睟。维公之明，日月高悬。维公之寿，天地永绵。

治下晚生赵晓拜

6.年谱

先大人，讳字叔亨……阳，别号涧泉居士，万历辛卯，山西乡试……戌会试第二百三十名，廷试三甲十六……观政，授南直隶松江府推官。庚子……官。甲辰升……工部营膳司主事……厂。丁未调兵部武选司主事。戊申丁外艰，继丁内艰。辛亥除礼部主客司主事。升……司员外。壬子调吏部稽勋司员外，升验封司员外。癸丑调考功文选……□勋司郎中。本年养病。乙未升陕西黍政。辛亥升……司副使，壬戌太仆寺少卿，本年升光禄寺少卿，又升大常寺少卿，甲子升太仆寺正卿。本年升巡抚湖广，提督军务。都察院右副史、都御史。次年忤权相魏广征回籍。崇祯壬午，□推户部右侍郎。以老乱病，癸未卒。年七十……江府名宦。又有……府域内。顺治十二年，□松副史，王若朴……修。所著有承恩堂遗稿藏于家。

秋月不肖男 如琮 恭识。

7.大中丞玉阳孙老先……

正色立朝，壮猷经世……而祥刑在云间□□，则清通若襄秸……长。每欲进君子而逮小人。公比权衡，一意……苴以杜关说，坐是愠于群小。因而挤……胸中有数万甲兵。塞上未一二展布……间孟著□猷，蛮□欲其未威。云梦资以作文，逮牙……锦已成。虽帝简之方新，嗟谗人之无极。当天地战元皇之会，正宵人报恩怨之时。同道为朋，凡在顾厨俊反之列，怀璧其罪，辄加辟戍流诵之条。既持直道，三点何辞？坐以党名，一网打尽。白云可悦，耳不闻长乐钟声。赤眉是忧，心仍切未阴桑土。总戎合剿，徒……不行。助饷请兵，守望之情何笃。尚异……惊，俄然气作山河。人之云忘，行者为侧……相忤，论定盖棺。

晚学杨时化撰

8.孙立相……

私谥孝懿□岩孙……名士领袖。年甫及□，而卒之日，毋论识不……葡悲□如殒骨肉。乡先生及孝廉文……□岩。名不配才，寿不配德，宜傲河汾……谥。谥曰孝懿，则信其为孝懿也。按孝懿……上，莫可详。有德辉者，自高平徙沁之……遂为沁水人。辉生仕岩，岩生福，福生温，温生廷桢，廷桢生封侍御，晋封主事。龙岗公讳辰，是为孝懿之父。孝懿弱不好弄，落笔有异想。年十九，补弟子员。试辄冠其曹，早食廪，俛得隽而报罢，行者心恻。孝懿攻若自若，有至性。三岁丧太安人刘，日夕号泣，如老成人，每恨不得事母也，而专精事封公。时伯氏叔氏……四方之事，封公衎衎求食，紧季氏与……何仲氏殁，而仲氏之子光禄君，方奉……之白下，则又以季弟行犹子事，所以侍……者甚周。悼慵痛瘇瘁，至不应能省……可谓弟矣。封公春秋高，遘疾操药，焦……而侍者数兑月。及病稍矣，艰行步，则……扶携。夜分坐卧榻前，摩背俞涤中……腧又数年如一日也。封公竟不起，哀动……死孝。自含敛至窀穸，佐两必诚心，信无几微憾已。又宅事封公者，事继母沛孺人。踵封公卒，独遗一女，又踵裴孺人卒。孝懿视若同胞，殓葬赙赠，将以不忍死封公之意如此。两兄以直道迕时，并返初服，孝懿迎而劳之曰：此于国家为失计，顾一第子诸犹。不出户庭而得良师友者二，幸莫大焉。友于兄弟，是亦为政，其为此欤。他如脱里人潘兴张。王于□不居其功。又恤潘之孤以……怨，遗产□之不升。此于孝弟，亦属……以儒侠称季子，季子夷然不屑也，则信……为孝懿也。嗟嗟世衰道微，贵介子弟……囊橐间。猛注精力无足道，乃高旷轻□，半为李□□中。

恃家世骋机锋……惮而讳小人二字。□倒圣狂篾，□名……视人伦，泛泛然如萍相遇于水中耳。安……行淳备，如孙季子者哉。季子有才子……如金，廪学官，授河南仪封县令。次如玉，领□览书，余皆彬彬然，如史称泰懿，宣慈惠和之流也。然则季子之名与寿，不亦大且远哉。

南州舒曰□元直撰

舒元直曰：予读稽勋君之壮季子，与张侍御之铭季子暮，泫然不知涕之何从也。季子神交予，垂十四年。书疏往返，仅至再。然无一字不示予以心，而今已矣。夫为子弟而使兄安于……父安于家，食其精诚，岂易言乎哉！太平……西耒师于最久，谓季子虽萧然如寒……肝胆，以笃□义。噫广而俭，文而有礼，传称……如是。是其遗风欤。作孙孝懿季子传。家高平赤土孙氏也，当元至正鼎沸之秋……扶义之始。民之苦戎马，纷逃异处。余始祖，于沁水东之湘峪村，今十有一世……始祖即卜厝于村比之阳。至今七世两祖……第时，而族谱已修明矣。八世之十四祖，尝……之人作谱者，盖有萃涣之道焉。豫知世远则情踈，情踈则序紊。时出一二不肖，傲尊长者有之。侮仲伯者有之，而尊长仲伯，尊其□长其侪者，亦有之。悲天颠覆错乱至是，何忍言乎？不思今日之予若孙，即昔日之伯与仲。昔日之伯仲，即当日之一身。一身而若是，亦自忍甚矣。岂先人作谱之意哉？夫谱者非徒志子……繁衍，寔以明宗派之自出，俾观者知一……息傲侮之萌。故曰：有萃道焉。虽时余十五……真言而叹曰：呜呼噫嘻，吾伯与相父，相维以尚书丞显。时每元旦，率族少长，咸集家庙……各依祖孙父子伯叔兄弟之等差，抚几拜……有序。蔼然情乎，雍雍然一吾家之谱也……沧桑变更，宗派离涣，而角亏之风遂越。西……谣遂生，且以吾族尚文守礼之家，亦成反于……之举。嗟嗟虽此北富南贫，谁非阮氏之裔，而甘……同室操戈乎。感吾祖在天之灵，亦咨嗟太息流涕也。余目繫心悲，睦族之心素期，萃涣之道无有。尚幸族谱犹存，而宗派既明，则傲侮或息矣。谱诚萃涣之一道也。时二祖言毕，余即退，而与一二叔弟，遂将谱所以序者录之，未入者序之。及谱竣，从宗元曦弟索余题语，余曰有两祖之说在。顺治辛丑应种五十□□粹续于晚香斋

9.家谱小序

家之有谱，犹国之有……所以镜兴亡。谱所以尊祖而收族也。作谱者其……之心乎。曩闻诸叔元兄云：吾家之谱，创修于……司农公，救散佚矣。余于顺治甲午，曾在……迄今四十年中。升沉日异，生齿益繁，使挂一……支派混淆，昭穆舛错，有何以徵焉？况时……祖宗醇厚之泽渐澌，后人诗书之习渐少……无一二不肖，弁髦家法。桀骜恣睢，成捺……臂之变，而稽唇德色者无论已。余觍颜宗长，既不能挽习俗于颓败，思于流河九曲之中。稽以宿海之脉，人即无良，未有不瞿然惊惧然吾者矣。或曰，亲尽从祧，由衰绖而降之，至小功，则缌麻而外无服，则吉不庆，凶不吊，不庆不吊，为途人。途人面傲之侮之又何伤？抑知亲不得不杀，服之不得不降者，势也。言不能变而傲侮……心哉？试溯而上之，今日之途人，既即昔日之……昔日之兄弟，乃当日之一身，至是，不亦……嗟今竟视为途人也。而余宜亦谱也。幸其……于途人也，而余愈宜谱也，使观者晓然于……之所自，尊卑之由分。

雍和恤睦，以上慰……不以联涣散之情。桀骜者庶几……有萃道焉。如琮曰：替止乎六世……始基哉。一世以上，不可考矣。传信阙疑，谱□□也。若所讥遥遥华□者，曷敢蹈焉？年……乎，伯与父者，何堂搆而丹艧之。此科……之始也。盖孙氏自我伯我父而后大。琮又曰：古人死徙不出卿，以其有本业也。季世而下，田瘠人贫，能守土而重迁者，盖亦鲜矣。吾族十世之中，若先若泽者，出游于山东之而作贾，其派匪得而□焉？故今沂、泗间，每□其裔云。

康熙癸酉七月下浣八世□琮序。于静观室之竹，□窃思族之有谱。原以……也。其序次之法，在二三世，犹可燎如指掌……数传后，子姓繁衍，殊难派列。后忍得大□孙……本五世一祧，遂师共法而谱序之。一世……百世……水源木本。俱可溯流穷源，绝不……焉。然语不过二三册，存谱之家亦不过二三人……以来，亦是视为断笺餐编，几至湮没……正巳酉□。忽堂侄雨化持所存谱示余，曰：吾……谱，久不备肴。其间或名讳重犯，且挂一漏……心欲聚族之人于家庙，各为添注。且欲……再记其事，意甚可嘉。因思舍家族谱。既有明名公数辈，弁序其首。后有堂叔讳如琮，传替胪列。余鄙陋不文，既无能序，亦无庸赘序，因约略数语，以语来世者如此。

九世孙扶序于酣古书屋

附录4 人物传记

1.《大司马孙公》（明·张晗[1]）

孙居相，字拱阳，一字伯辅。万历壬辰进士，授恩县令。能声甚著，六年擢南台御史，兼摄七差，署掌七道。条陈时政，请推补催考选，添设学院，皆当时急务。如罪（黄）勋、刘世延肆毒留都税监，杨荣激变滇南，太和恶珰纵道士殴辱郡守，人莫敢问。公胪列其罪状，以请正法。乙巳京查处及权辅私人阁中，持旨不下。部郎刘元珍、庞时雍，疏论辄镌其级。御史刘九经，因推铨贰参四大臣，亦蒙谪降。台省几为结舌，公独引前朝故事，解救甚力。被察中有南大司农餙词奏辩，则引例纠其七不通且犯明禁，其人俯首而去。丙午军政参勋臣大帅及稗将之不肖者十一人，指摘甚当。丁未外计廉方面之不职者三十人。据事弹劾，殊光查典，因星变陈言，历数朝政阙失十二事。逆耳批鳞，舆论壮之。寻丁内外艰六年，起漕运御史。时徐光禄突言漕粮当折，民船不当雇。公三疏折之，卒使运务无滞，其裨于军国甚大也。巡按顺天，权珰敛迹，风采毅然，畿甸之民，无不爱畏者。公在台久，又以敢言特立。所持议常违众不恤，时轮相左，遂分左右袒南北，辗转流激，公始终不挫。虽身受射的，气益发舒。凡十二年迁江西参政，乃引疾不拜。天启初，进光禄少卿，改太仆，升□都御史，巡抚陕西，晋兵部侍郎。寻以王绍徽之诬削籍。崇祯元年，起户部左侍郎，理钱法。是年改吏部，晋户部尚书，总督仓场，催漕运，以实京庾。法严弊革，岁省五百余万。军国之储，赖以不匮。会以贪令乔□反噬，坐失官，戍潞州卒。享年六十有九。

2.《明史·孙居相及弟鼎相传》（明·无名氏[2]）

孙居相，字伯辅，沁水人。万历二十年进士，除恩县知县，征授南京御史。负气敢言，尝疏陈时政，谓“今内自宰执，外至郡守县令，无一人得尽其职。政事日废，治道日乖，天变人怨，究且瓦解土崩。纵珠玉金宝亘地弥天，何救危乱！”帝不省。诚意伯刘世延屡犯重辟，废为庶人，锢原籍。不奉诏，久居南京，益不法，妄言星变，将勒兵赴阙。居相疏发其奸，并及南京勋臣子弟暴横状。得旨下世延吏，安远、东宁、忻城诸侯伯子弟悉按问，强暴为戢。税使杨荣激变云南，守太和山中官黄勋嗾道士殴辱知府，居相皆极论其罪。

时中外多缺官，居相兼摄七差，署诸道印，事皆办治。大学士沈一贯数被人言，居相力诋其奸贪植党，一贯乃去，居相亦夺禄一年。连遭内外艰。服阕，起官，出巡漕运，还发汤宾尹、韩敬科

1 清·康熙 《沁水县志》。

2 清·张廷玉 《明史》卷二百四十，列传第一百四十二。

场事。廷议当褫官，其党为营护，旨下法司覆勘。居相复发敬通贿状，敬遂不振。故事，御史年例外转，吏部、都察院协议。王时熙、魏云中之去，都御史孙玮不与闻。居相再疏劾尚书赵焕，焕引退。及郑继之代焕，复以私意出宋槃、潘之祥于外，居相亦据法力争。吏部侍郎方从哲由中旨起官，中书张光房等五人以持议不合时贵，摈不与科道选，居相并抗章论列。

当是时，朋党势成，言路不肖者率附吏部，以驱除异己，势张甚。居相挺身与抗，气不少沮。于是过庭训、唐世济、李征仪、刘光复、赵兴邦、周永春、姚宗文、吴亮嗣、汪有功、王万祚辈群起为难，居相连疏搘拄，诸人迄不能害。至四十五年，亦以年例出居相江西参政，引疾不就。

天启改元，起光禄少卿。改太仆，擢右佥都御史，巡抚陕西。四年春，召拜兵部右侍郎。其冬，魏忠贤盗柄，复引疾归。无何，给事中陈序谓居相出赵南星门，与杨涟交好，序同官虞廷陛又劾居相力荐李三才，遥结史记事，遂削夺。

崇祯元年，起户部右侍郎，专督鼓铸。寻改吏部，进左侍郎，以户部尚书总督仓场。转漕多雇民舟，民惫甚，以居相言获苏。高平知县乔淳贪虐，为给事中杨时化所劾，坐赃二万有奇。淳家京师，有奥援，乞移法司覆讯，且讦时化请嘱致隙。时化方忧居，通书居相，报书有“国事日非，邪氛益恶”语，为侦事者所得，闻于朝。帝大怒，下居相狱，谪戍边。七年，卒于戍所。

（孙鼎相）

弟鼎相，历吏部郎中、副都御史，巡抚湖广，亦有名东林中。

3.《孙鼎相传》（明·无名氏[1]）

孙鼎相，字玉阳，万历戊戌（二十六年，1598年）进士。授松江推官，擢户曹。力拒大珰私请，干没诸弊，省工费数万。历铨曹，不徇情。备兵肃州，屯田裕饷。入为卿寺及三抚楚，卓乎群才之上。执政魏广徵父事逆阉忠贤，狼藉缙绅。鼎相语人曰：“魏件泉可谓无子。”见泉，广徵父允贞也。广徵闻之切骨，嗾御史张讷参论，回籍。方在朝时，久与吉水应山游，见忌群小。东林蒙祸，凡《天鉴》、《同志》诸录流布，鼎相其眉目也，几不免虎口矣。比怀宗诛珰，起户部侍郎，引年不拜。鼎相与兄居相同为籍魁，环睨欲得而甘心，乃卒以老寿终牖下，亦难之矣。著《承恩堂遗稿》数卷。

按：江阴陈君鼎《东林传》谓：“前明死难死事忠臣义士得四千六百余人，节烈妇女在外，有传六十卷，为偷儿胠去，仅存名录。概自东林讲学以来，贤良叠出，奈崔魏煽祸，逆案扬灰，熹、思两朝，斩艾殆无虚日，仁贤亡而国与之随尽矣。后生者闻齿及，畏之若洪水猛兽，局势之变乃至于此。”传本七录，曰《天鉴》、曰《雷平》、曰《同志》、曰《剃稗》、曰《点将》、曰《蝇蚋》、曰《蝗蝻》。逆珰魏忠贤于天启五年（1625年）十二月乙亥朔，矫旨削籍、追夺、逮问、追赃，号东林党人榜，颁示天下，共三百十九人。鸣呼，国无人矣！《雷平录》谓出沈?，《蝇蚋录》出温体仁，《剃稗录》出陈演、杨维垣，《点将录》出魏广徵，《蝗蝻录》出阮大铖，旁及复社诸君子，计两千两百五十五人，欲一网打尽之。说及金泽之登榜者有孙居相、孙鼎相、王允成、张慎言、翟学程、张鹏云、杨新期、张道浚，三百十九人中有八人焉。一隅之地，乃载多贤。元祐奸籍碑，千载一辙，千载同慨，亦千载同仰，赫然安民，石工今犹在版末也。因志之，见泽之名贤与太行同其峙，莫谓泽之人物唯指陵川郝文忠也。

---

1 清·朱樟《泽州府志》。

附录5 墓葬碑记

1.《皇清待赠处士介眉孙公》

窃思凤鉴之设，不可全信，不可不信。有云福人自有福地，此前不可有不卜窀而漫为墓葬者、目天子以至于庶人也。吾家自始祖以下，分坟而葬者，有业富，有发贵，有子杰昌盛不一其地。我曾祖卜葬南山，我祖我殳俱为□□然富贵。虽其唯求子孙昌盛而平安耳。□我殳归葬之□，子孙□弱□□，我九弟又见殇焉。若我无力迁穴而当归泉之际，迁就一穴，可与九弟而不入其坟耶？□夫细阅此地，下唯不可再葬，而且无余地矣。所延风鉴卜地于祖茔之东，迁我殳于其内，或可稍得起地气而子孙不致微弱，亦可使九弟一其坟灵在下致所□。我殳祖茔之侧空冢犹存，权作□我伯殳配侍焉。而至于我殳□讳诸我堂兄填列于后，以□不朽。

乾隆年月日
下孝男：行、之、极等
谨记

2.《明故孙公讳富岩暨孙氏合葬墓》

余祖自七世而上，□□考证，唯是六世祖德辉俗传。胜国时由高平县赤土坡移居沁水县相谷村。子二，长富岩，次仕岩。富岩乏嗣，仕岩生五子。既前五冢塌□者，才旺天顺中福等，为此伯仲各筑墓。□东西并峙传及五世。是□□倾圮，无存金□，此祖湮灭不传也。时囚拜扫，重建墓□□左□。后世有□庶不□，无后之祖云。

万历二十五年二月
……云州守□千户所

3.《明故孙公暨配李氏合葬墓》

□公讳旺，祖德辉，父仕岩，兄弟五人，公行五，配李氏生子二，曰与、曰聪，孙辈而下名数见族谱。余忝公四世，重孙虑公无志莫考也，于是集砖石鸠工役为筑此□，伴后世有凭庶知是祖幽宅云。

万历二十五年二月清明吉旦云州所至仕吏目奉。

勑封文林郎山东恩县知县，四世重孙□偕侄子与孙，五世重孙寿官尧相、进士居相、儒官可相、举人鼎相、廪生立相，六世重孙庠生一魁、省祭一贯、童生一本、如琯等仝立。□工赵宗爱、汝庆，筑石工韩嵩、巍镌。

4.《故孙公讳温暨配于氏等合葬墓》

公高祖不可考……祖仕岩配杨氏，父□配……及弟良公□五……四年……无据唯仅记。于氏公享寿迁……后绿祖茔前隘□佳城于祖茔之东。公从老弟十一人西行□三。公最长，故得□生□□穴。子三，曰明、曰绍、曰廷桢。孙四曰□□□，曰寅、曰卯、曰辰。廷桢子□增□生员，少卒无嗣。曾孙八……曰国相，曰□相……曰居相、曰可相、曰鼎相、曰立相。辰子玄孙十三，曰……大相子曰一贯，国相子曰一□，□相子曰一魁、曰一璧，□相子曰如珺，可相子曰居相、鼎相子各二，立相子四，皆幼名尚才定□不具。

万历二十五年十二月清明吉旦云。

守□□千户所致仕吏目奉敕封文林即山东恩……孙……

携侄子兴孙？孙……

居相儒官可相……玄孙庠生一魁……一璧童生一本如……

石工□□韩松……

5.《孙居相墓》

公生于嘉靖庚申九月九日，卒于崇祯甲戌九月四日。享年七十有五。

妣生于嘉靖壬戌十月二十一日，卒于崇祯庚午四月十五日。享年六十有九。

妣生于万历庚辰十一月十三日，卒于大清顺治戊子十二月二日。享年六十有九。

明总督仓场户部尚书显考孙公暨配诰封夫人显妣马氏、孺人高氏合葬墓。

孝子：如璧、如瑜；孙：捦、抒、抡、撰、抒、挹、抃；曾孙：元升、元享、其暹、其丛、元曦、其膏、其显、其兰、其晟、元善；玄孙：楠奉祀。

敕封孺人孝女张门孙氏、夫浦道副史孙张道湜同立。

6.《明茂才私谥孝懿孙梦得季君墓志铭》

赐进士第文林郎 原任曹县知县

奉旨钦取暂拟工部主事 赐进士第奉直大夫 兵部职方清吏司员外郎 晋进士

眷弟张慎言顿首拜撰

眷弟李春茂顿首拜书

窗眷弟杨时化顿首拜篆

今年三月之晦日，而孙季子梦得卒。卒日其两兄哭过恸，友人哭皆失声益。梦得属纩时，予及二三友朋环视之，顷刻而我梦得已若隔世矣。呜呼，哭无可奈何，则相与谥梦得。其伯兄侍御、叔兄稽勋君咸曰：吾季子于我两尊人生死之际，可谓无毫发遗憾矣。二三友朋亟是之。遂相谓曰：此于梦得可谓无间。言谥曰孝，无疑者。予曰：端恪沉厚，无以喻梦得，其曰孝庄可乎？友人杨孝廉、季雨曰：此甚当，但似非文学。谥诗曰：温温恭人，维德之基。梦得有焉。其谥曰孝懿，益谥法，温柔圣善曰懿。遂相与向梦得哭而告之，永谥曰孝懿矣。已而梦得之子如金等，以其伯稽勋司玉阳君所为状来，属予记志。予居平，不喜谀墓即名，公诸所载志传表状，谓皆当付煨烬。予既不肯谀人，梦得亦不肯受谀，唯不受谀是以可志。尝思夫子谓宗族称孝焉，乡党称弟焉，谓可为士。今世士大夫方谓此两言不足阿私所好，即喜自负者曰如斯而已乎。予谓此可举以称人称之者，无溢辞为所称者，无愧色吁，是唯梦得矣，是唯梦得矣。故事有旷世相感，使千载之下闻者涕泗泛滥，亦有目睹之反不动容者，则精诚之至与不至也。予每见梦得侍其尊人封君龙岗公，辄泣数行下曰：梦得有父母系，我独无。封公居平，欢然色喜，梦得辄踊跃不自胜，左右若孺子状。及封公病，忧见于色，然侍侧则百求封翁。色笑得一破，颜若欣然，如有所获。诸周旋坐起、视药饵、摩背、俞涤中、□厕，□逾，几年如一日也。及大渐佐，侍御及稽勋君诸众敛以暨窆穸，综理周至，涕泗将之。故予知梦得侍封公状最悉。尝谓友人曰：孝称封股庐墓易，如孙季子难。知者以予为笃论。裴孺人踵封公亦病，孺人无所出，独一女在。时方有封公艰，梦得□踊之余，又疆改容侍裴孺人。不肯向孺人所泣，复欲得其欢，亟求起色者，实向隅泪淋漓襟袖矣。嗣病□，梦得□瘠甚，不唯是浙女弟以病殁，竭蹶奔号，赙奠逾涯，殓葬周视，悲哀不自禁，感动旁人。梦得曰：我母待我□，帷独留此弱息，且先君子钟爱少女，先是□岁时，问遗以无忘。先君子之爱令已矣。言讫后滂沱不能已。吁，此可谓终身之慕矣。梦得仲兄先封公卒，时侍御暨稽勋君咸奉简书，仲君之子光禄亦奉封公之白门。仲君病聚剧。梦得为亲尝汤药、奉七箸，已不果起，周身周衣，罔有遗悔，不堪号踊，朝夕哭奠，比秋方须省试，遂不能赴。学校使者慎言□走吊仲君，见梦得良癯。唁已，不觉感，予乃相向哭，在原之谊笃挚如此。必诚必信，勿之有悔，其梦得之谓乎？两兄官辄南北，所在声籍甚。时上下中外之间，断断如也。两兄既用直道，而中外侧目矣。已得休沐辄谓曰：容容多后福。我伯兄既精白行。一意何知其他，直斯畏畏斯忌矣。若夙事颇□，不□牙出乎。进贤绌不肖，此冢宰及郎事者顷为言者，持其短长辄□视之，所誉生羽毛，所憎生疮痏。太宰覆毫无敢格言者，我叔兄以不用是道见忤时流，何□焉？两兄喜曰：吾季言是也。朝暮奉两兄□如事父也。是不唯见光禄，亦见梦得矣。梦得至性孝友，而□于礼。以故见者，级雅矜式，数感动人，使人泣下。少不弄长，不□口，不臧否人物，而泾渭井然。言呐如不出诸口，未尝轻见喜怒。□片言确乎不可□，凛然有难犯之色。沉毅狷直，而一□于厚。诸已责周急睦族，抚孤赴义如不及。里有潘某误□人□当抵，然良以误故为捐金给□者家，又为居其间卒出其狱。复有□某，其误如潘，亦赖以脱于□□某。为□者。所中主者□深入为具□末力白其□遂浔□减潘某者有不腼之产，乃早折其子未有折□之智豪者。方□□之□以身□恤□孤慷慨愤发□□然。不□先人以故。虽在诸生中德望为公私所寄。昔言两尊人既早背姊及不肖言形影相吊矣。梦得先大夫大参公所自择婿云时封公既以云州归梦得，及梦得为言家婿。行不流□，生无□□。大父拯□爱重之。每□言师事，梦得云以是不肖言。未尝不思先大父远□不知其子视其父更前辈雅重长者固如此。言既先大父命言厕。梦得伯仲间□是在麻之□。梦得博综今古，浏览既宏，结想殊□，每一□思，经营惨淡，落笔□然，绝有□旨。时两兄喜谓无以□吾季。年十九补学官弟子，浙用高等既廪。今汪大中丞静峰公可受抚吾省，志寰陈公所学皆楚材，有人伦□□极器重梦得两试□诸生已奏卿书辄不报时士论殊沸曰科第何须赖经史。文章无凭孙季子。以梦得少时高视□想，晋人士哲匠□之乃□□诸生乎？□我家宅相益有八士蒸起矣。次者遂为前驱□。壬子乡书□梦得谓□制义虽韶令□候清□然。尚薄遂□□耶。乃梦得□□固自厚不得一当有司文章果无凭也。诸□□举玉英梦得无日不进而载之不得有□熏茗□之习。曰此是吴越娟□汝□不得复□诸郎亦□来下帷奉命唯谨即慎言□而□壮而迂诞虽谬通籍益复□□梦得不以为不可□随事砭诲昔待□曹□时□芍药家园移书责我曰：此河阳花耶。言愧悔殊甚。噫。今日安得此长者之言，而称之此可以观梦得朋友之际矣。梦得讳立相，梦得其字，别号筑岩。其先不能详。有德辉者，其七世祖，自高平徙居沁之相谷。遂隶籍焉。辉生仕岩，岩生福，福生温，温生廷桢，桢生龙岗公讳辰。以公长子侍御君居相，封如其官已。又以叔子稽勋君鼎相晋封主事，母刘氏赠孺人、晋安人。裴孺人□其继母也。有仲子可相，先卒。梦得乃其季。云是为先文林春吾公之婿。即田南大参公所自择也。吾姊生八子两女，长如金，廪生。娶□惟评霍君準女。次如玉，举人，娶驾部李君春茂女。继娶儒官靳希勇女。次如珵，增生，娶王太宰孙庠生于尹女。次如□，庠生，娶儒官郭卫民女。次如琰，聘曹□女。如璨，聘孝廉张君洪翼女。次如琛，未聘。次如玮，原以言女许聘如玮，今言女夭矣。痛哉。女一过明经，张君五服子□，一字刘儒士源子天祺。孙女一如金出。吁。不知其子视其父、其大父，田南公既以封公辰长者，故识梦得今诸即胜冠以上。既沉毅果练余风气。上不知其父视其子后有以知梦得矣。诸子勉乎哉！梦得病□而祷者，若而人比殇，而咨嗟涕□郡人士以迨，识与不识者遍远近焉。吁。梦得其何道而能若是。梦得生于隆庆二年正月十五日，卒于万历四十五年三月廿九日，享年□五十耳。哀哉。今以十月十二日葬于封公之右。偏所谓七星峰。青龙之原者，言既志之，复为之铭。

7.《明茂才私谥考孝懿孙梦得暨张大孺人合葬墓志铭》

赐进士第理科尤给事中宗眷弟杨时化顿首拜撰

太孺人姓张氏为明故参政田南公之女，孙故右都御使藐山公之姊，故学者谥孝懿，孙梦得先生之妻孝懿，公之伯兄为明户部尚书拱阳公，叔兄为故巡抚王阳公，母家夫家显奕炫赫，甲阳沁两邑及叩其行，实不殊布素，太孺人诸子侄为先伯兄及门士予少芝兄读书，孙氏武安别至，太孺人诸子侄长者与予为友，少者与予侄壬午举人桂如为友，拱阳公又以予故戍潞州卫，予女归，王杨公之孙杨予抡孝懿公在师友之间，予已卯中式之明年，而孝懿公卒今三十年矣，天地改革，亲朋凋谢，追忆往昔，涕泪滂沱，不能搦管，虽然唯予颇悉孙氏家世，不忍言亦何忍不言。太孺人生而聪慧，英特娴于女诫，當字孝懿公时，拱阳两公尚未第，伯叔季萧然寒士也，顾员气下唯弟兄自相严泽，不与庸儿为伍，以是田南公独物色马，以太孺人许之，及归命之曰：母以贫故事，人不言。太孺人入门及芝诸姒后掺作，而前井臼汜扫不辞自为之怠，其为深闺秀质也，奉尊幛孝处诸姒和上下宜之，既而，拱阳二公先后歌鹿鸣成进士，入为御史礼曹两姒冠帔，俨然耀闾里，时田南公殁，藐山公为诸生俗目又轩而至，张太孺人视之前后若一，不以其故贬损若，曰：此吾夫吾弟吾子异日所自有也。孝懿公传雅能，为故词里人有难弟之，目顾困于名场，不售两公宦游仲氏，不禄独视家政他人处斯者，罔不自豪。雄擅势鱼肉维桑，而孝懿公恂恂似不能言微，独不为乡里所苦，一线一粟无所私，座容恒满应酬有隙，即策骞往武安别业与藐山及予兄弟课文艺若甚若人事者后食指众不淂已拆七箸既素，无私蓄田攎，又取其弊哓以厚让两兄及仲氏之子至两兄宦箧，一无所问，嗟乎，谁甘宴贫而室人不偏谪，我太孺人竟无一言若曰：有吾夫吾弟吾子在，岂忧衣食哉。太孺人有八子，伯仲最知名，于予同受知于督学萧山王公三才里中，皆喜道之曰：此孙氏之元恺也，仲子弱冠中壬子举人，孝懿公竟不第匿志以殁其病，也居于别馆，当易及蜀广竟无妇女一人至者，予甚讶之。既而闻太孺人云：男子不死于妇人之手，呜呼，此理经所记往谓徒处语不近人情，今于太孺人见之以孝懿、学问、人品，不淂于身者，当于其子，子又英多，乃先后相继夭折者五人两女并夭及。太孺人之终止五六及八在目前耳，三人者皆有声，庠序当卒成父兄志，然而太孺人不及见矣。孝懿公家世生平有藐山公志铭在，不复赘。太孺人生于隆庆辛未五年三月初四日，卒于顺治乙酉二年十月十六日者，享年七十有五岁。男八长如金恩贡任仪封县知县，后捕沈立县知县，娶孝廉大理司评事霍君惟准女，二如玉中壬子乡试娶大京兆李君春茂女继娶孺官靳□勇女，三如瑆廪生娶太宰子庠生王于□女，四如□□□娶儒官郭卫民女，五如琰首贡娶儒士马世庞女，六如璨廪生娶孝廉威县知县张君洪翼女，气如玮庠生娶孝廉□乡县知县□君传女，八如瑛庠生娶庠生王济女女，二长适明经威县知县□思王□子儒士张鈆，次適儒士刘源子庠生夭祺□□□□□□□□□□□县县丞曹纯善女，次汉锦娶孝廉周君□□女，次□□尚□□□孙女，七长適任县知县攎君时升子庠□□□□□□□□□□□□□嘉子儒士步武，三適庠生张君元初子，赐进士翰林院□□□而素，四適孝廉西安府府判于君琇子于王经，五、六、七俱幼，未字，重孙一溶幼未聘兹逌坟于本地大平东南山，与拱阳王阳两公塚適东南想望，若鼎立马卜于顺治四年丁亥五月二十日，迎孝懿公柩而祔葬之时化为之铭。

铭曰：积学也，不克要青矣，积德也，不获昌孙子，天道渺算孰测，所以贵贱贫富寿夭生死孰淂孰失孰悲孰喜，彼达人者，固将一视之，寿云彼善于此呜呼，赤□黄巢汉唐崩倾，九鼎有倦遑论，三仕朝荣夕枯，祸福相倚。假使贵寿如彼三公，今复安在，寒烟冷风况有灾祸，缙绅备闵向无宦达，祸亦何往，以此知彭殇可齐，五蕴皆空。

顺治四年五月

附录6 庙宇碑文

1.《金粧圣像并彩画舞楼碑记》

关帝庙落成于道光丙戌年，村众欣然谓诸神自兹得楼止之所矣。吾辈于春秋奉祀之吉，庶克免凋零之憾耳。顾业有创成之喜，复亏润色之资素焉，而无绘工乌乎可？有钦赐樊君冠军孙君者，笃信忠厚，有长者风。时适商与河北，淇邑募化得资若干，伐卖松树得资若干，甫（不见）工修饰，觉丹楹刻桶，□户朱栏，非特巍然有成功，而且焕乎其有文章矣。是为序。

募化河北布施□后

□福□　施钱二千文

□福寿　施钱二千文

永祥号　施钱小千文

恒昌典　施钱小千文

永足号　永盛坊　德盛号　福泰号　永丰号　永福号　景恒号　□盛号　广盛堂　公盛号

招勋普　靳金华　赵智林　张松茂　刘　泽　王仲夏　王悦北　王曰绍　梁　庚　永寿堂：以上各施钱一千文。

韩建功　施小八百文。

永宝号　福元号　明盛号　义成号　祥泰号　陈　尧　李敬修　太来号　武客卿　贾绍武　马德全　永恒号：以上各施钱五百文。

孙　绖　□绍□　孙进武　崔得仓：以上各施小二千文。

樊子麟　孙富佺　王得柱　吴　□　孙彤廷：以上各施小一千文。

□子□　王吉济　孙忠义　□绍儒　□玉水　孙珠玉　孙敦义：以上各施小五百文。

孙思敬　于募化小两千文。

赵振基　施小两千三百文。

孙行瑾　施小两千三百文。

共入布施五十八千九百文。入卖松树小五十三千文。通共入小一百一十七千九百文。油画等费使小一百零六千一百一十四文。买碑石立碑工价做对板使小三千八百文。通共使出小一百一十一千九百一十四文。

大清道光戊子年十月　吉旦

经理人：赵振基　崔得仓　孙行瑾

2.《张公庙》

尝诵地灵人杰之语，而知斯地之关于吾村匪浅鲜也。于上为下煞，于下为提纲，屹然中处，所系诚最重焉。然培地脉而钟其灵，孕人文而毓其秀，则又唯神是赖。

昔吾父小山翁同韩世太有见于此也，因率众捐资，创修张仙正殿三间，神祠成而无祷不应，有索皆男歌麟趾者遍遐迩。后因兵火频仍，未获完璧，识者伤之，幸而世难告平，世民复业，余虔心继昔，遂同韩灿、韩膺赐等广集众缘，共勑盛事，续修南亭三间，东楼三间，上塑五瘟之神，一时庙貌维新，焕然称巨观云。嗣是而疫无不作，民物阜安，俊彦挺生，人文蔚起，孰是孰非尊神之降祉，与斯地之发祥哉！则斯庙之大有造于吾邑，洵匪浅鲜矣。是役也，创修于大明天启元年十二月，续修于大清顺治七年三月。恐岁远人湮，忘其颠末，并施财者姓氏误灭不传也，因勒数语以记。随列众名于左：(略)

大清康熙三年岁次甲辰春月吉旦

会首：孙浚　董沐　谨志

康熙三年正月十五日立石，石匠王一对。韩佩、韩展等刊。(按：捐资姓名从略)

3.《补修上佛堂山神庙大庙坡路□记》

□村有上佛堂山神庙采久矣，但无碑记可考。访之故老，皆以为创自明季居多焉。历年既久，潮至□□，若□□毁□，则神与何依，而民无所庇矣。若欲葺治之，而我绵力之社芳难与举，因将松皮树砍伐变价，于是鸠工兀材□卜廿举事不再月，而缺者□□者，修虽我社之意，亦神之功，有以默运之也。除公卖之外稍有利，将大庙坡路覆之以石，所以便行人出。兹工告竣，勒之以石以为之记。

酣古壬林孙维翰沐手□

附录7 历史建筑测绘图选录

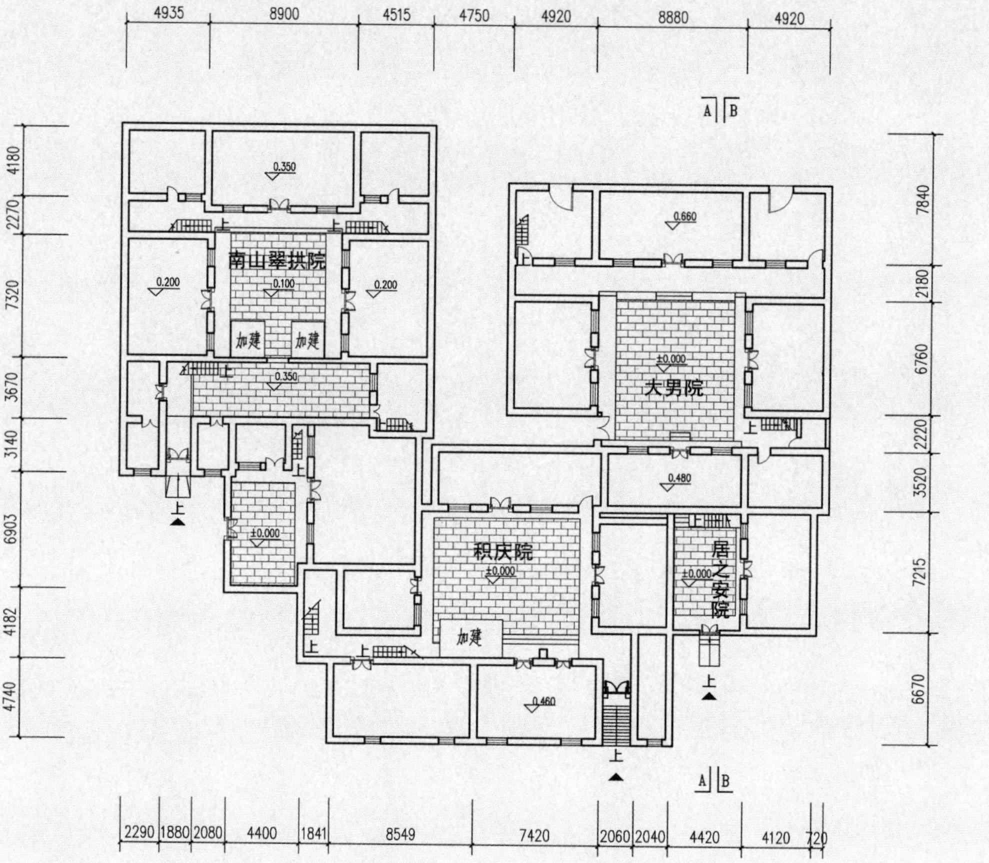

积庆院、居之安院、南山翠拱院、大男院首层平面图

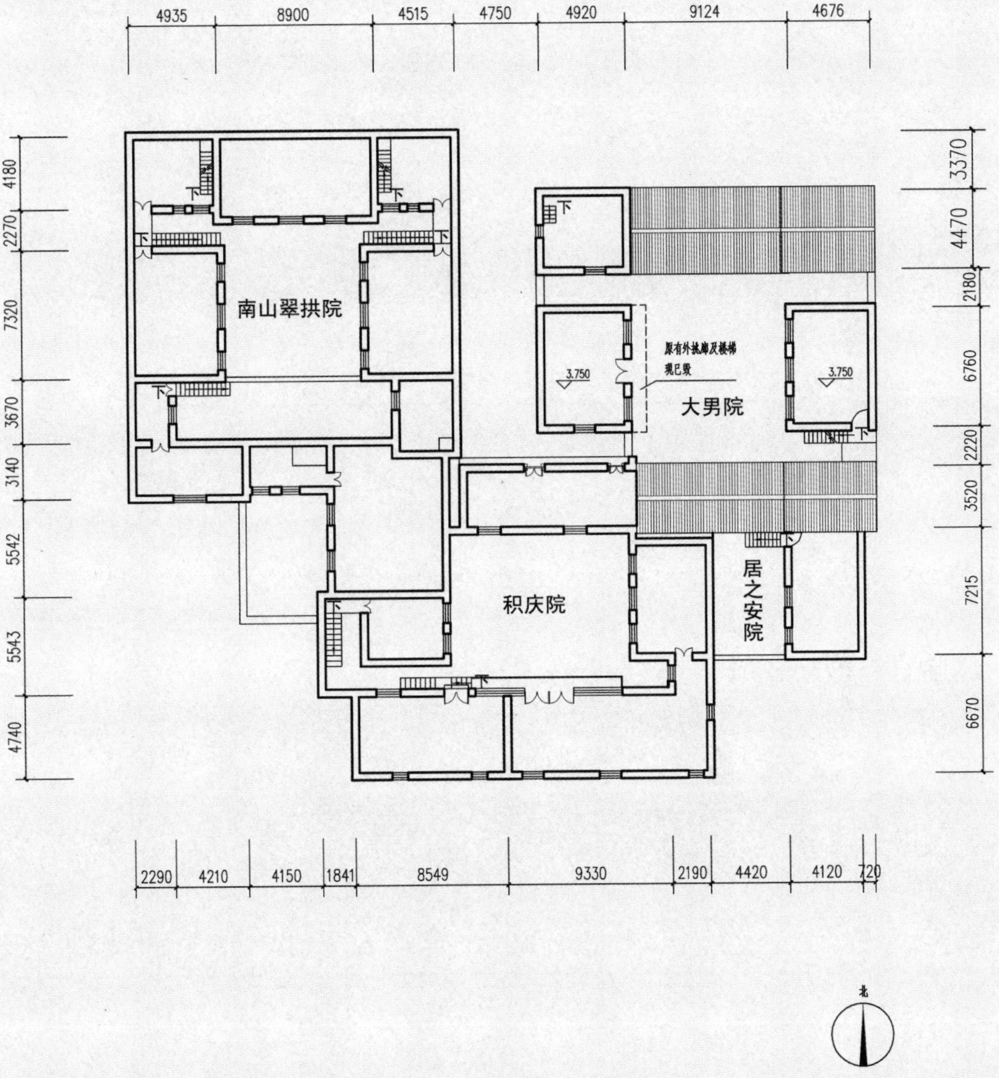

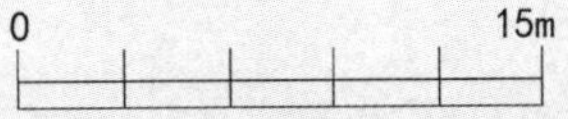

积庆院、居之安院、南山翠拱院、大男院二层平面图

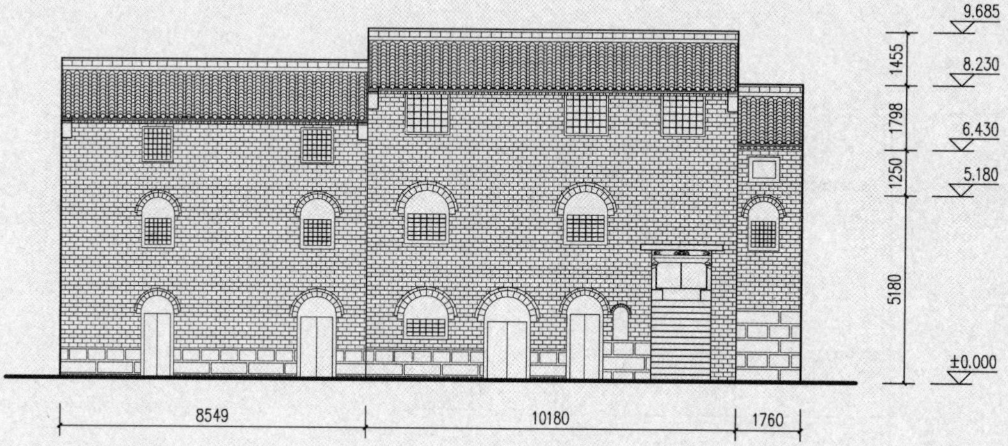

积庆院入口立面图

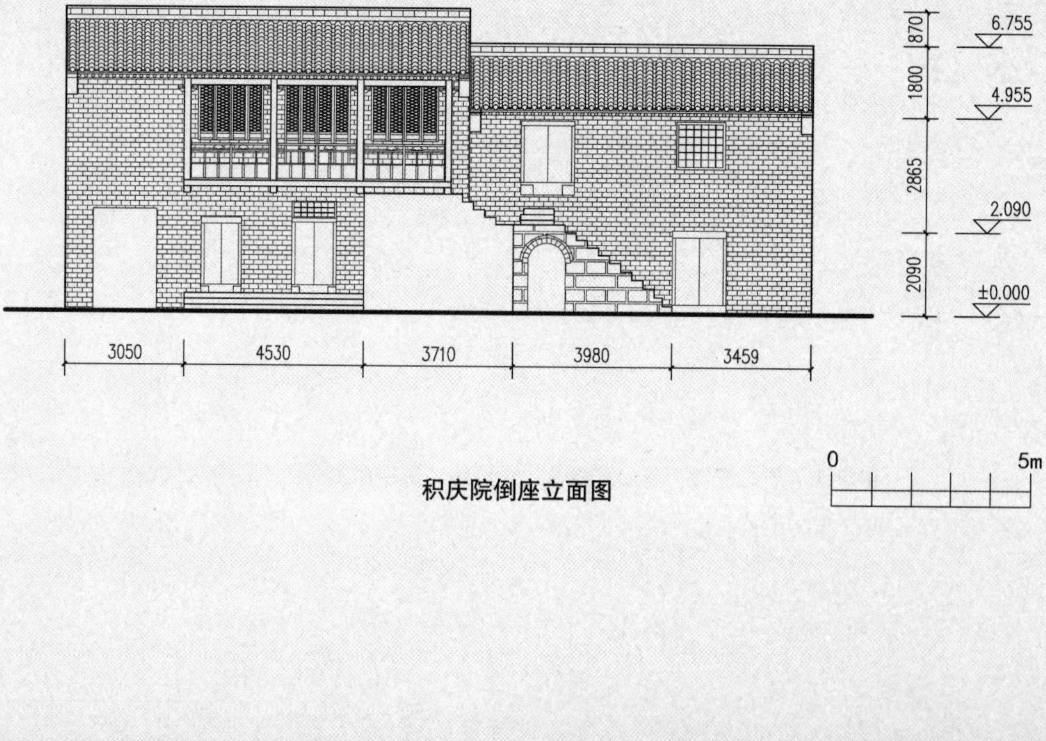

积庆院倒座立面图

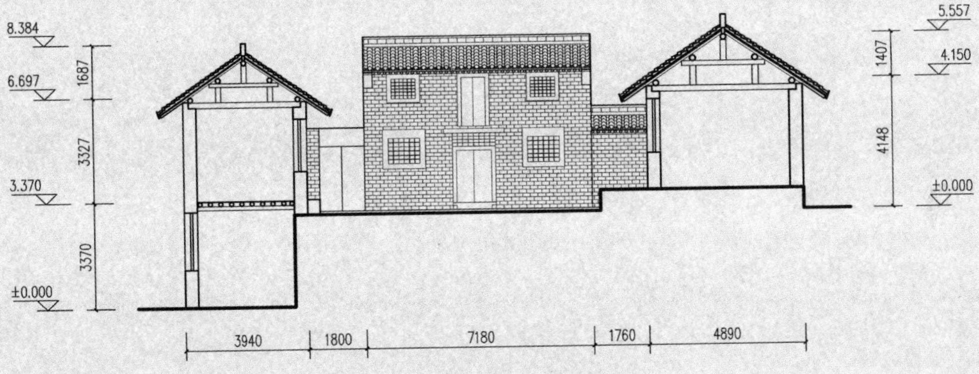

大男院A—A剖面图

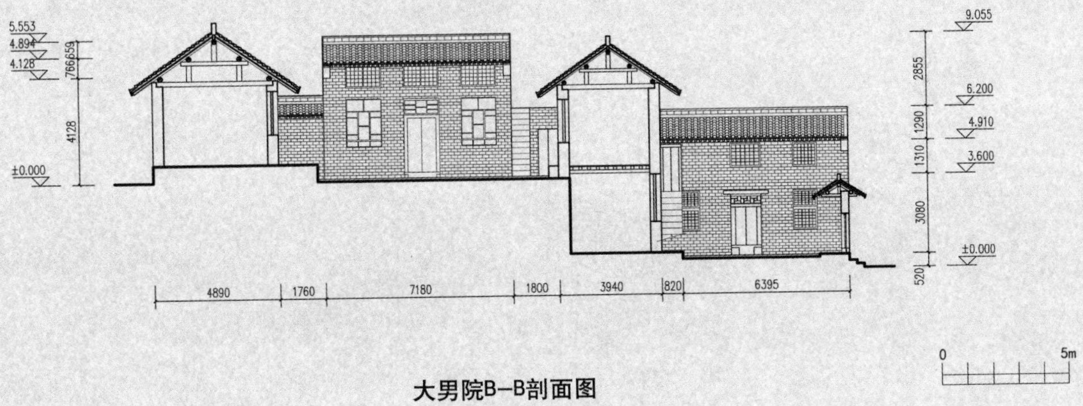

大男院B—B剖面图

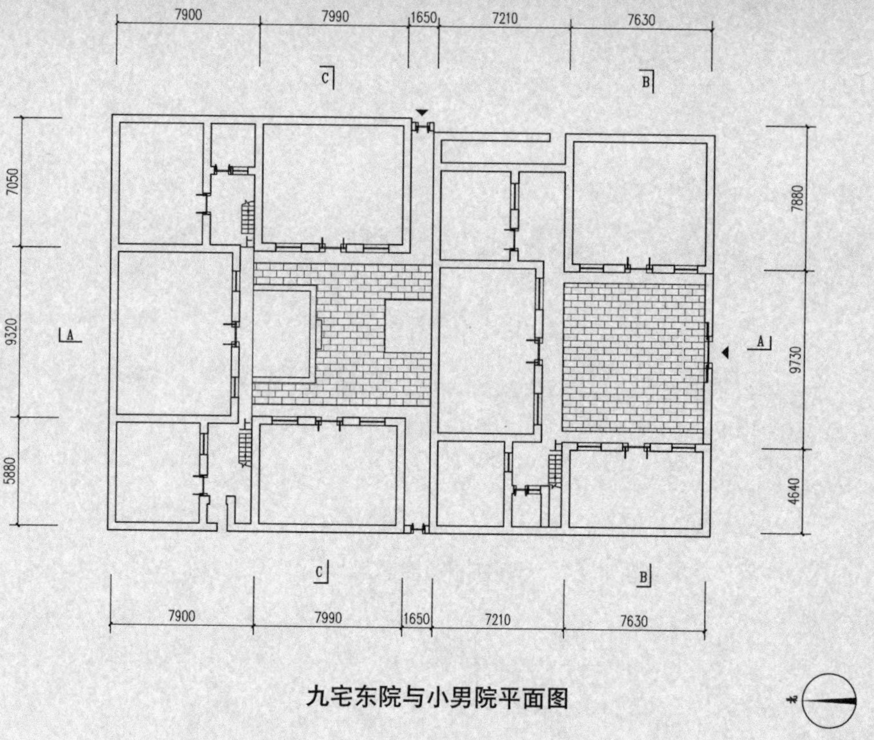

九宅东院与小男院平面图

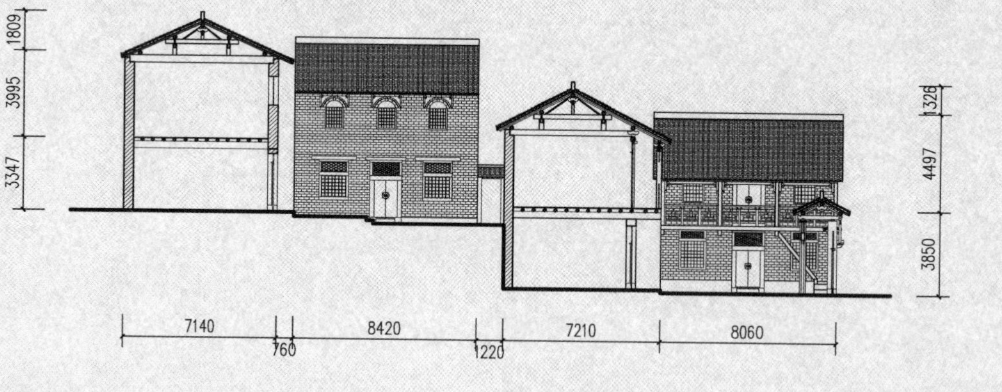

九宅东院与小男院A—A剖面图

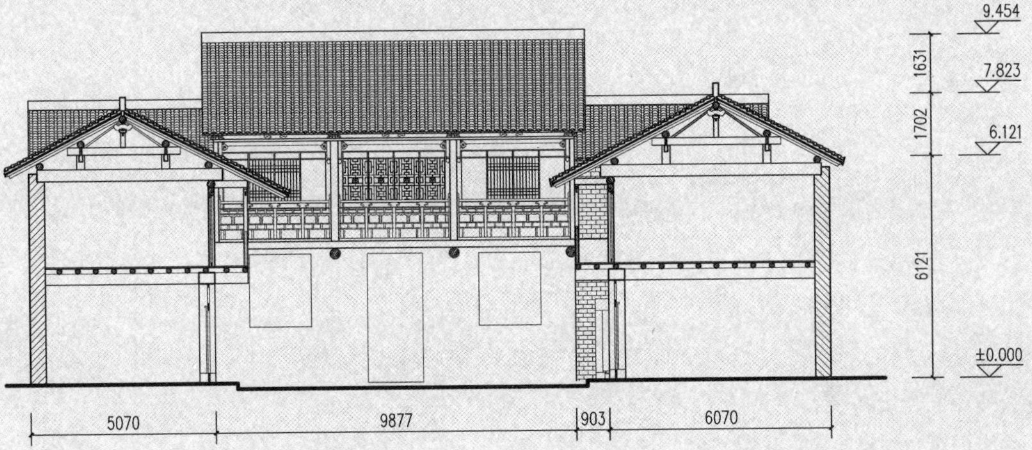

九宅东院B—B剖面图

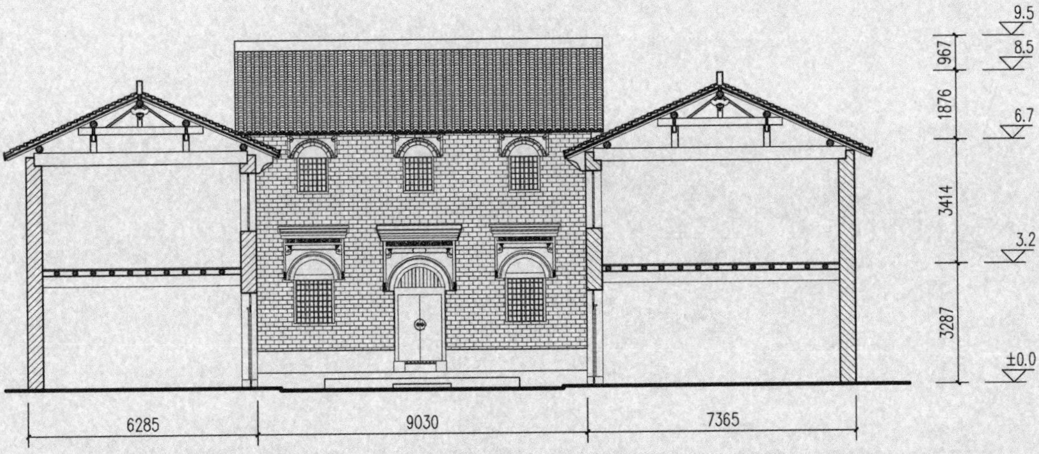

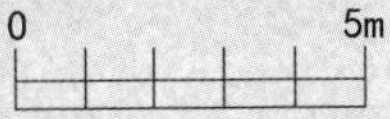

小男院C—C剖面图

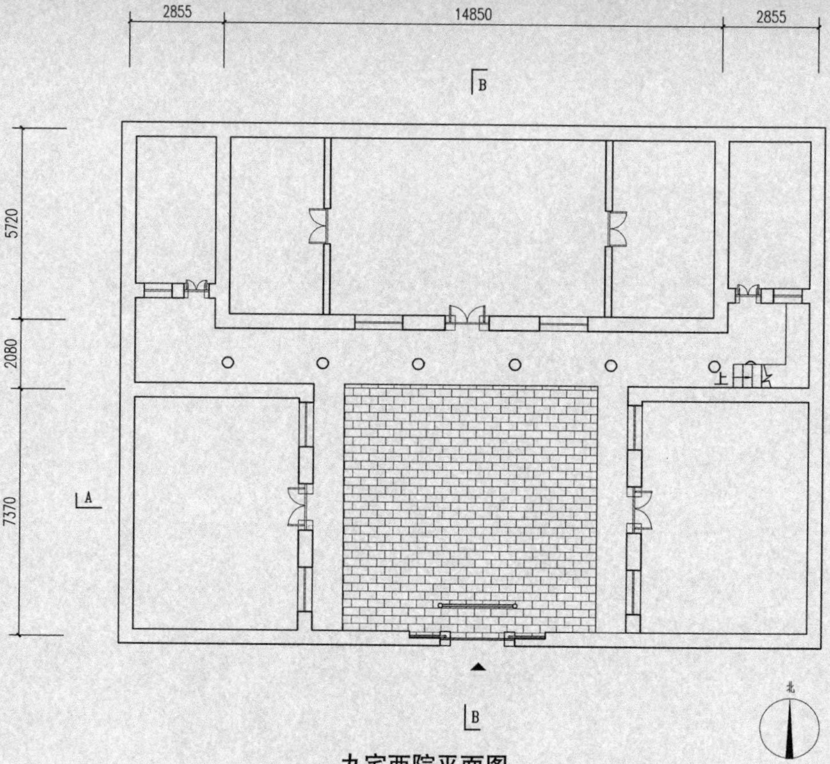

九宅西院平面图

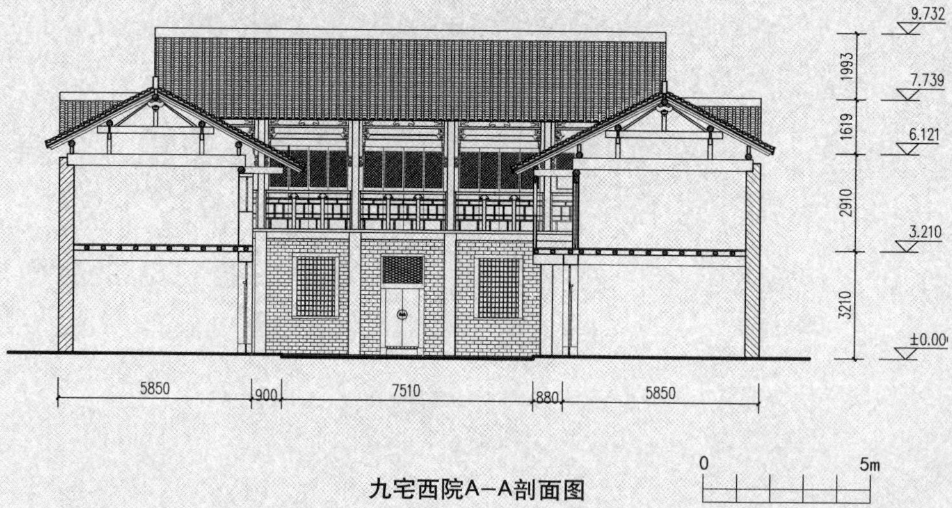

九宅西院A–A剖面图

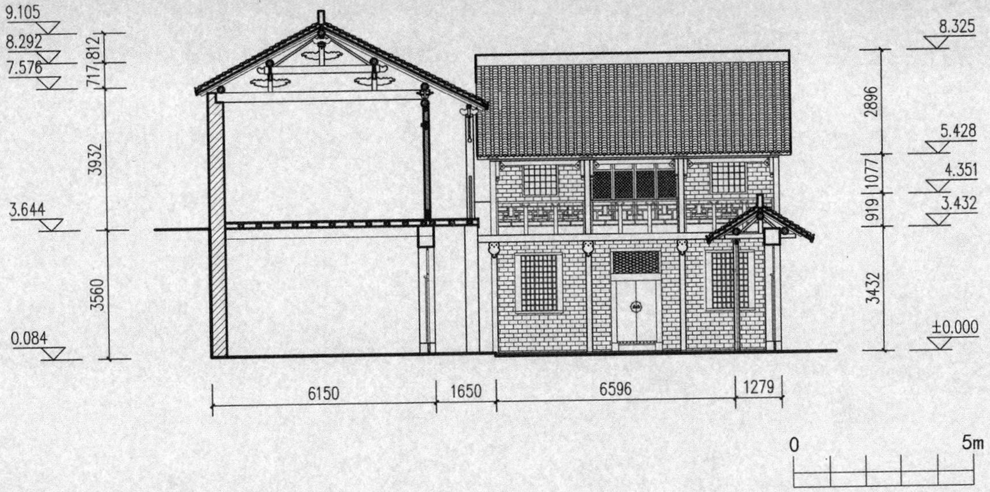

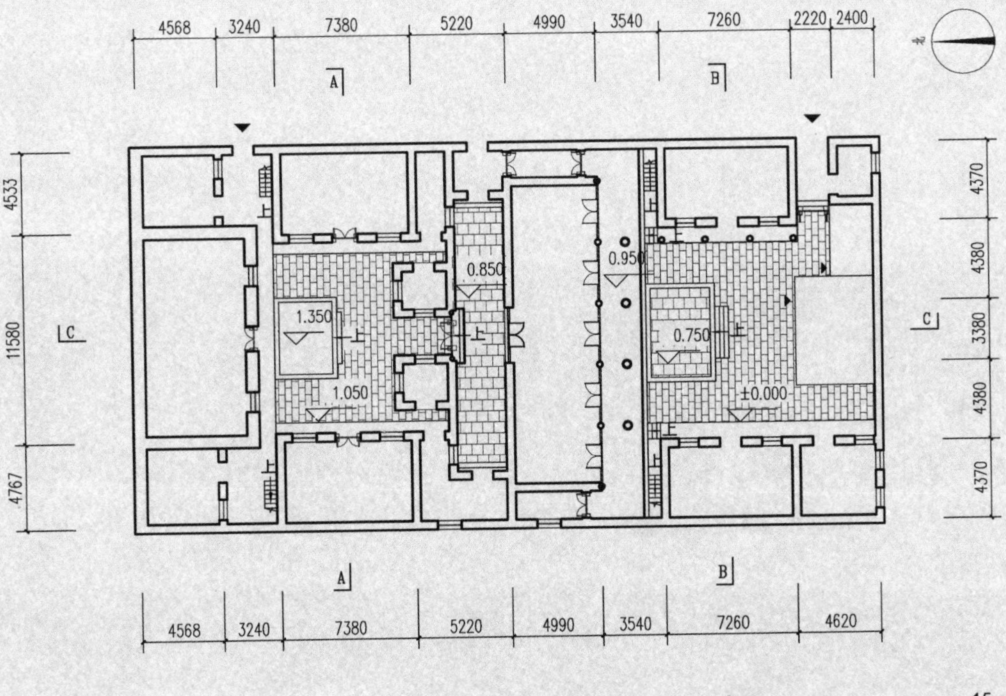

三都堂平面图

0 15m

附录

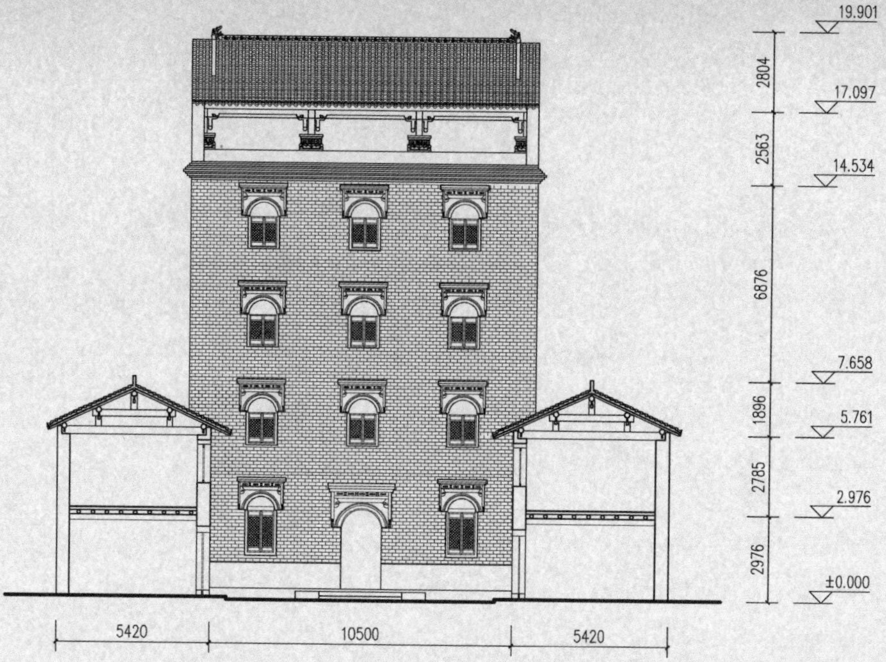

三都堂A—A剖面图

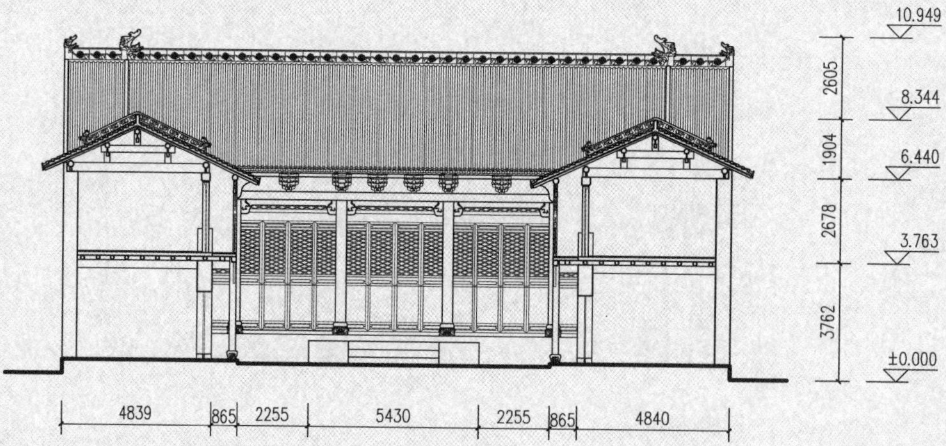

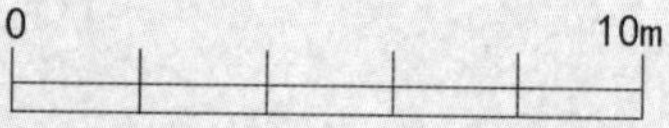

三都堂B—B剖面图

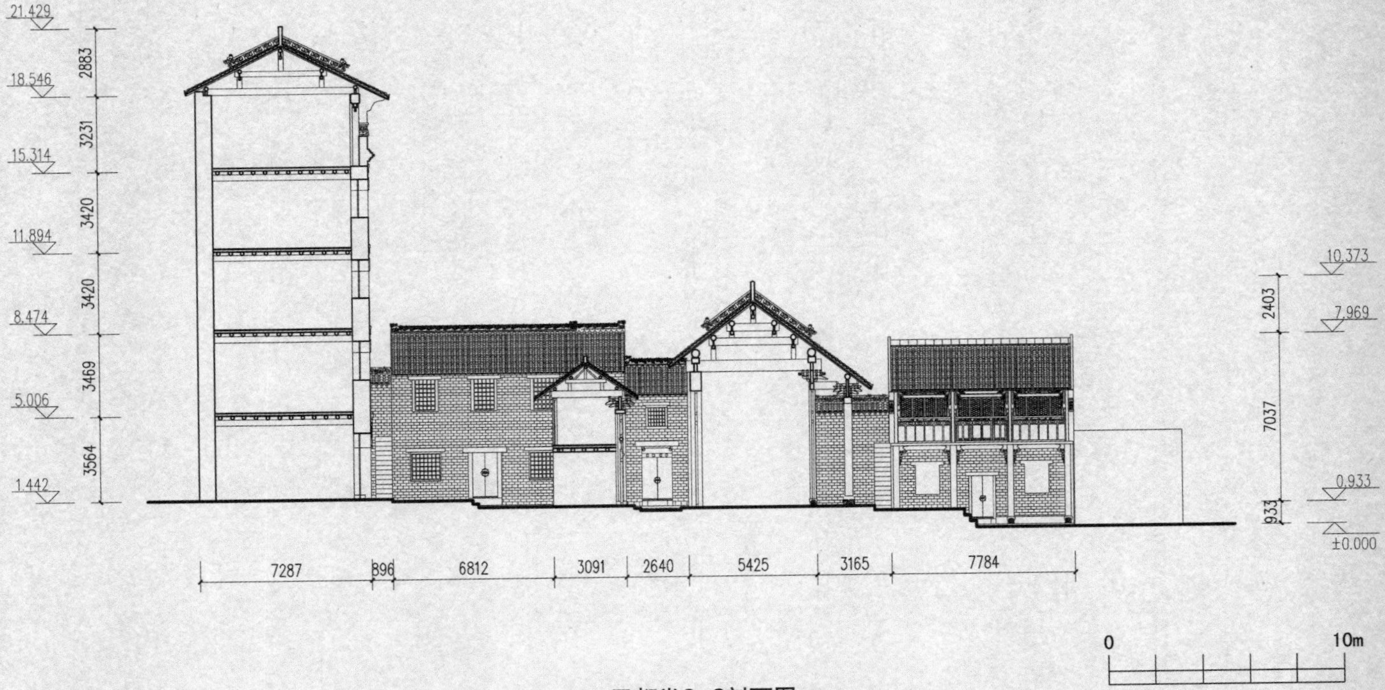
21.429
18.546
15.314
11.894
8.474
5.006
1.442
2883
3231
3420
3420
3469
3564
10.373
7.969
0.933
±0.000
2403
7037
933
7287
896
6812
3091
2640
5425
3165
7784
0
10m

三都堂C–C剖面图

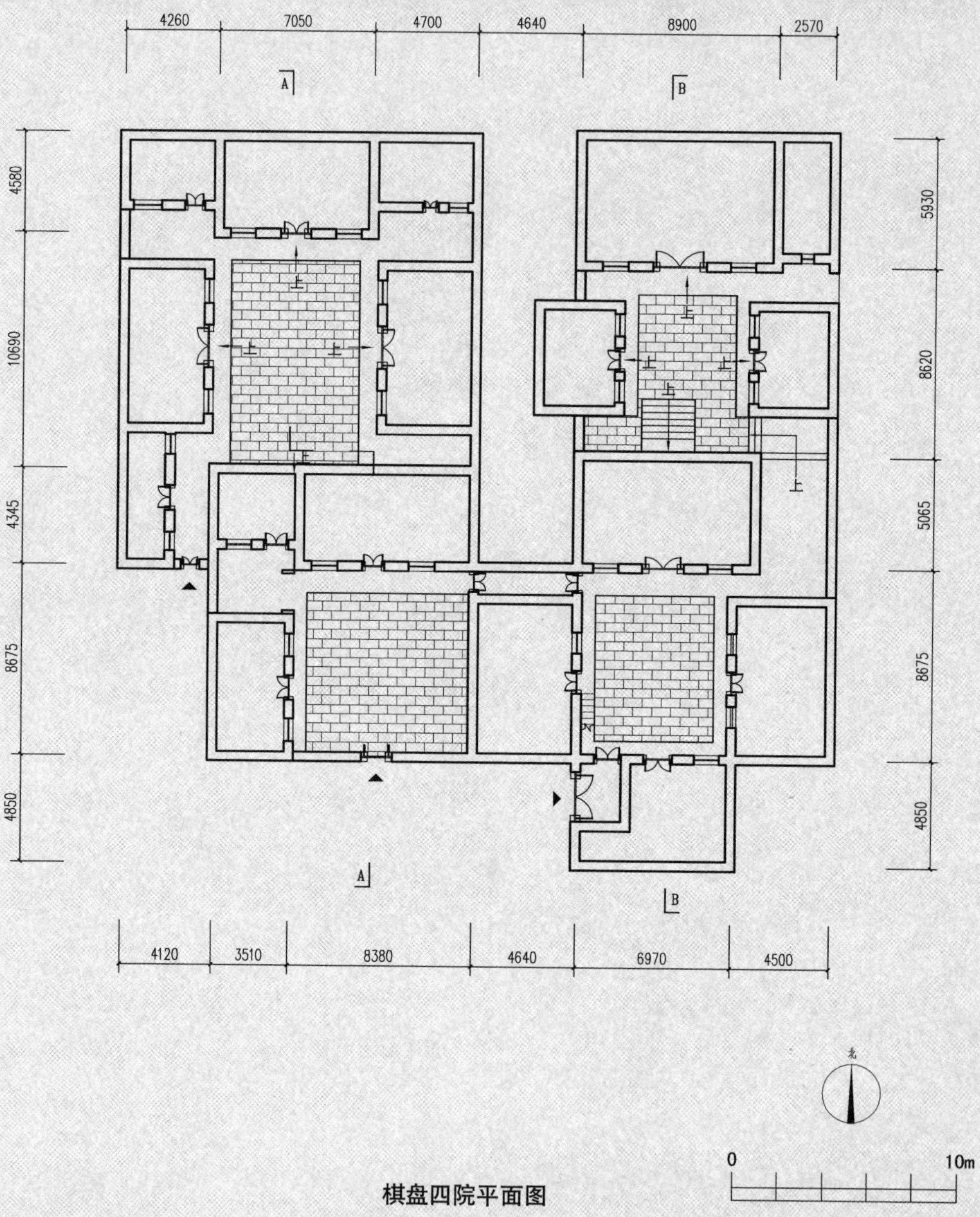
4260
7050
4700
4640
8900
2570
A
B
4580
10690
4345
8675
4850
5930
8620
5065
8675
4850
4120
3510
8380
4640
6970
4500
北
0
10m

棋盘四院平面图

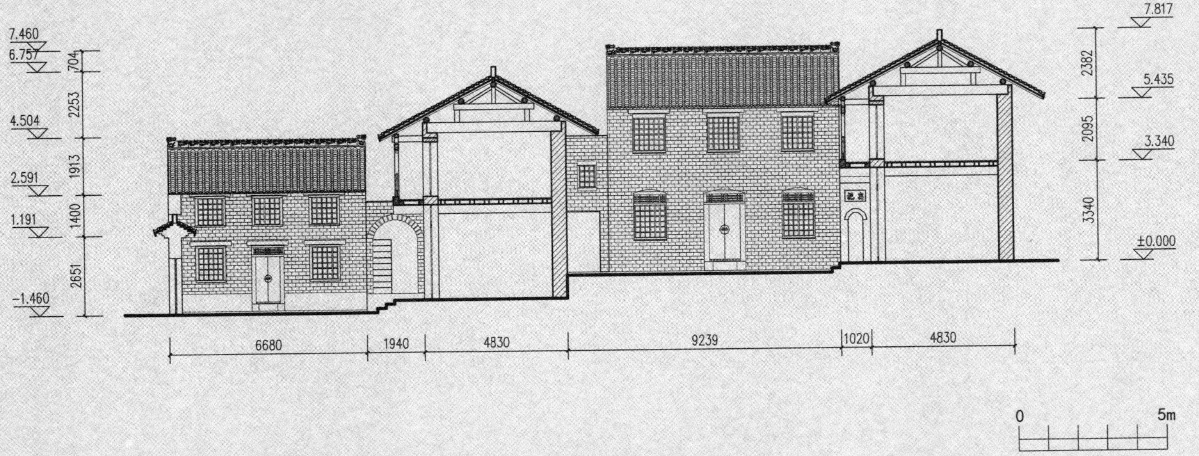

棋盘四院A—A剖面图

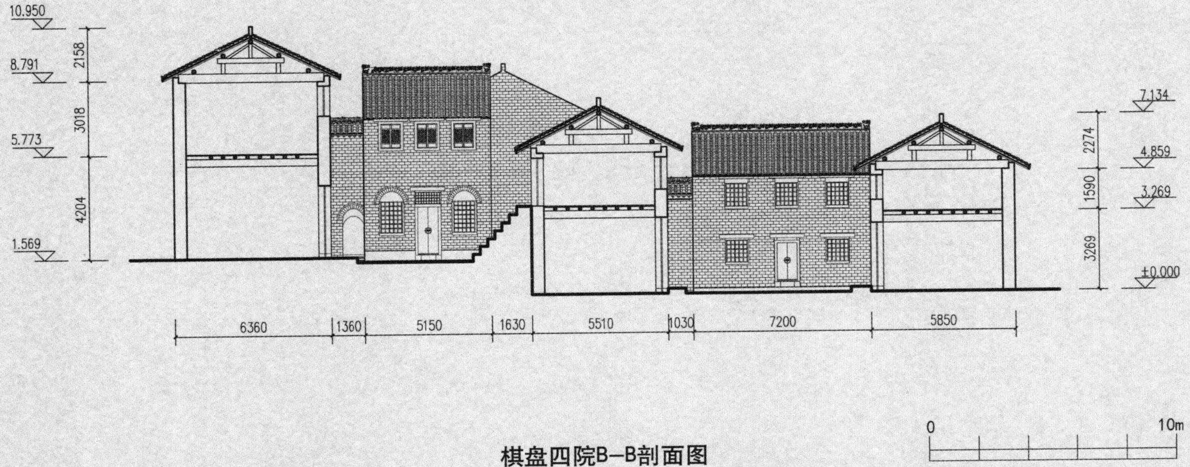

棋盘四院B—B剖面图

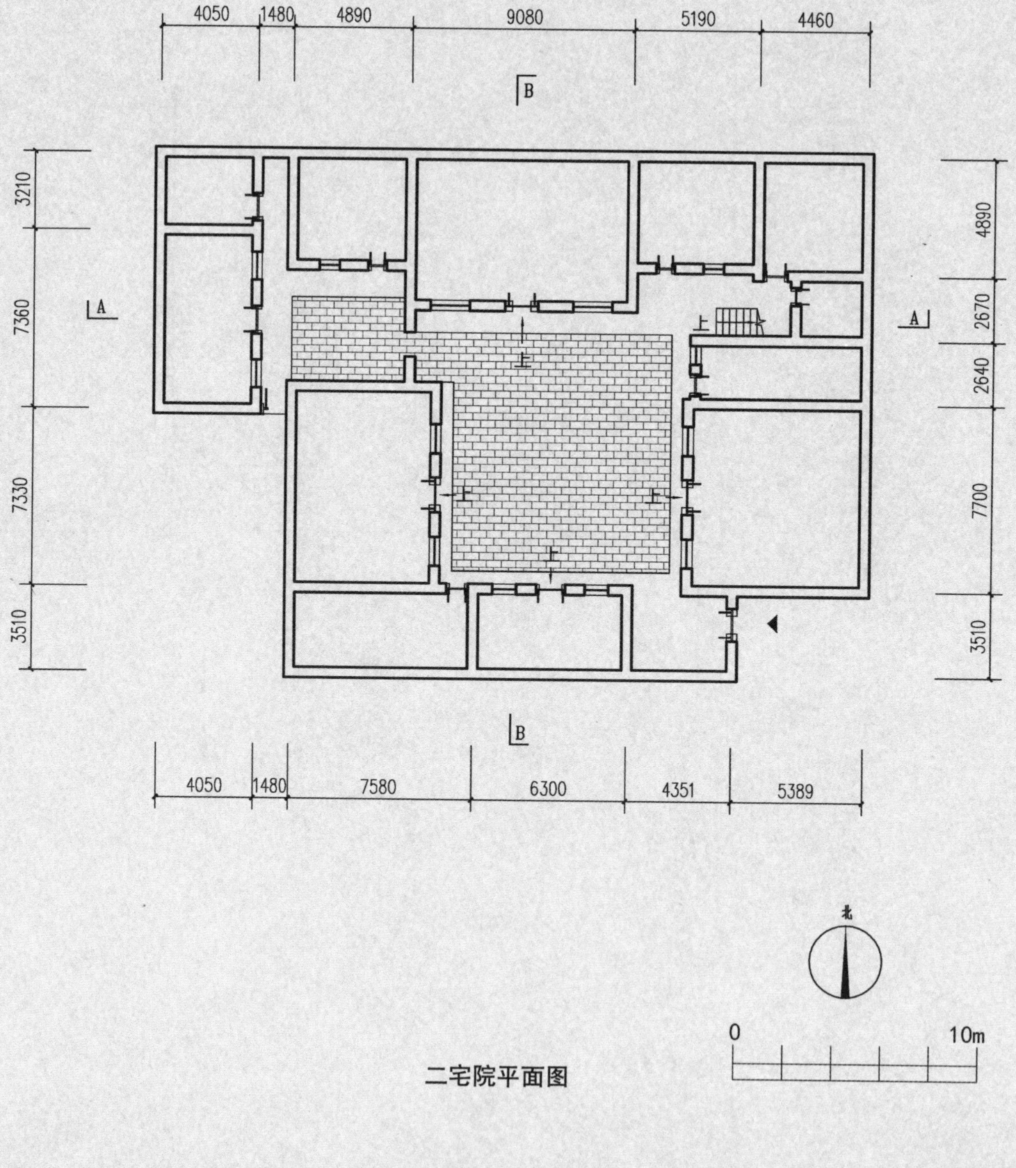

4050
1480
4890
9080
5190
4460
B
3210
7360
7330
3510
A
上
上
上
上
上
A
4890
2670
2640
7700
3510
B
4050
1480
7580
6300
4351
5389
北
0
10m

二宅院平面图

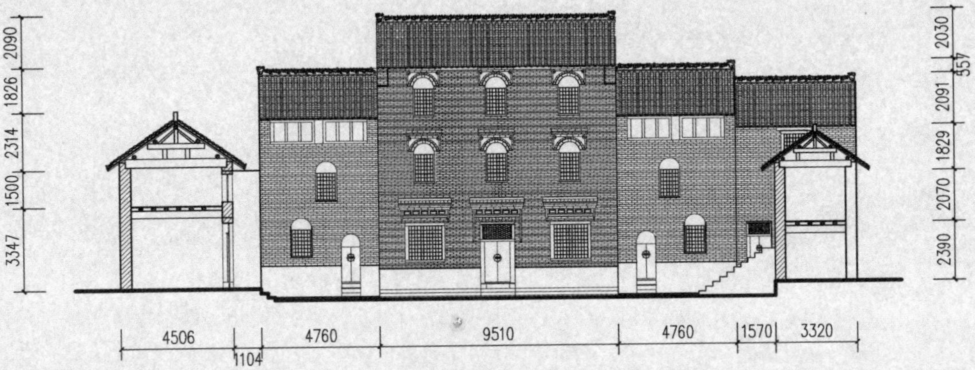

二宅院A—A剖面图

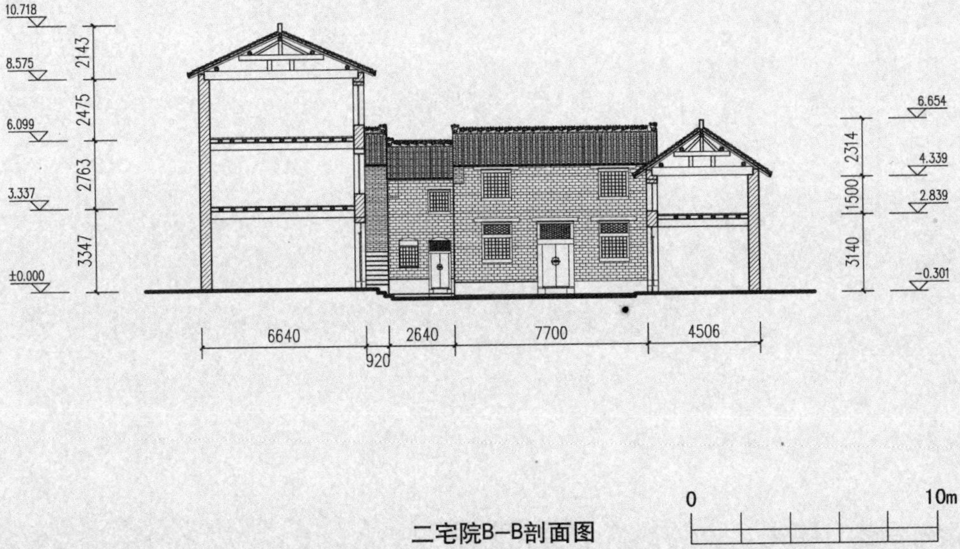

二宅院B—B剖面图

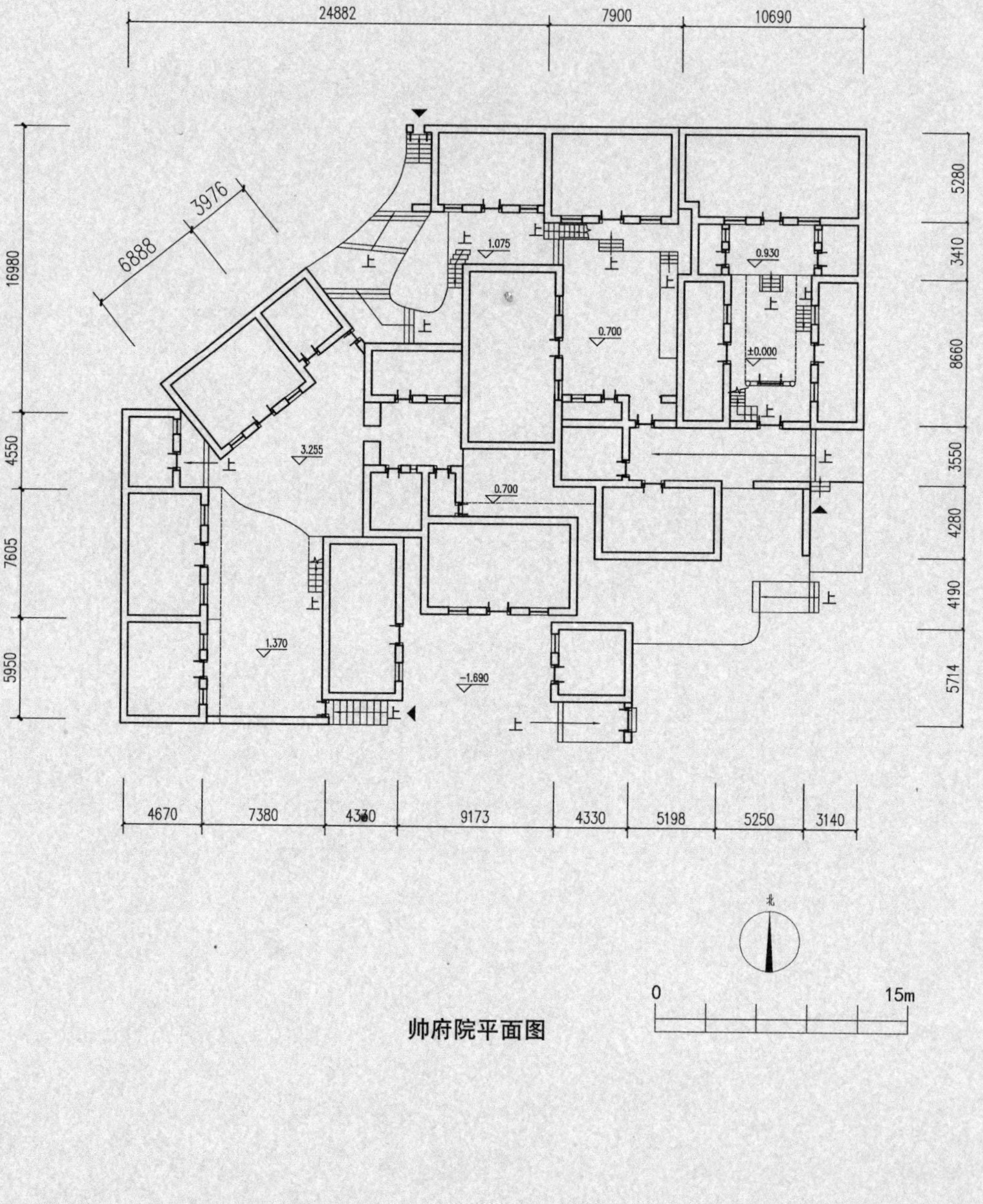

24882
7900
10690
3976
6888
16980
4550
7605
5950
5280
3410
8660
3550
4280
4190
5714
4670
7380
4330
9173
4330
5198
5250
3140
1.075
0.930
0.700
±0.000
3.255
0.700
1.370
-1.690
上
北
0
15m

帅府院平面图

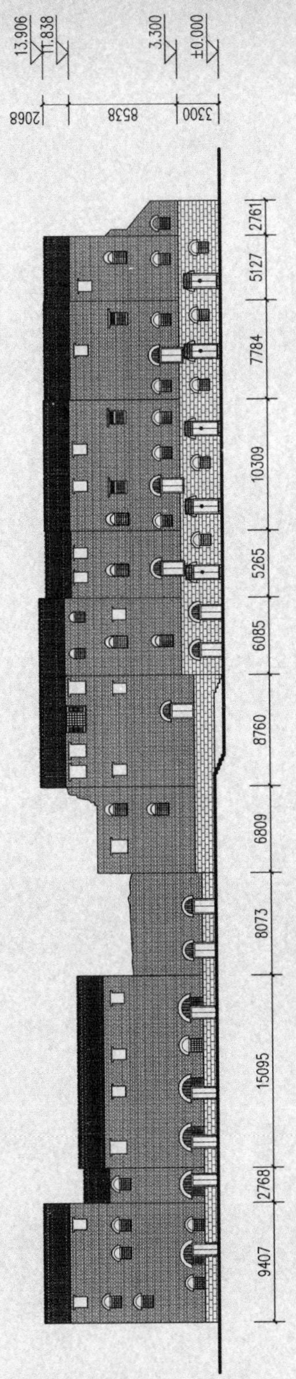

藏兵洞南立面图

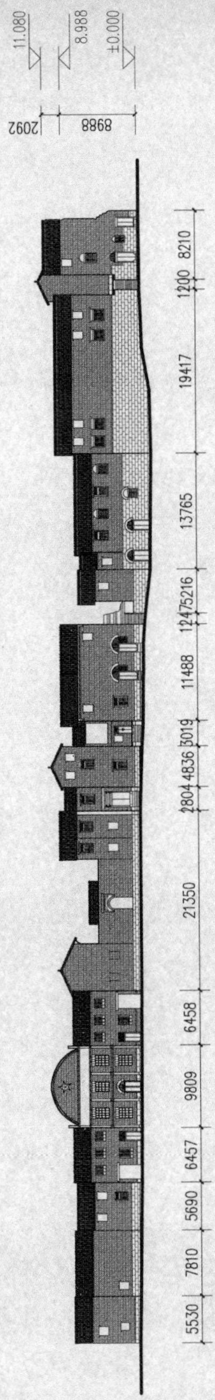

东门正街立面图

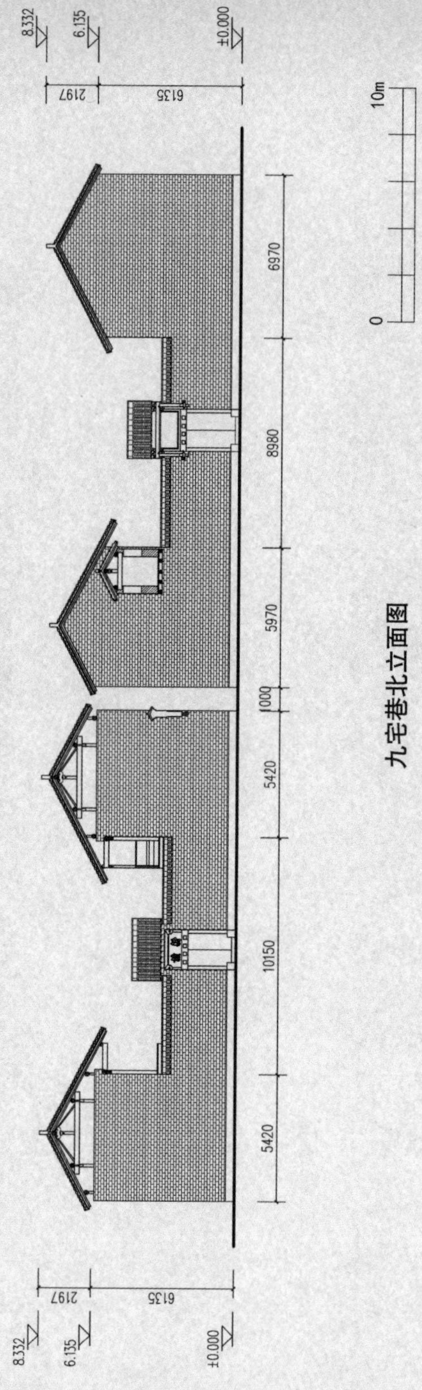
8.332
6.135
±0.000
2197
6135
6970
8980
5970
1000
5420
10150
5420
10m
0

九宅巷北立面图

后 记

尽管在古村镇调查工作中有很多困难，但我们课题组还是要不遗余力进行下去，其中的动力和缘由有很多，不过，最直接的动力则缘于调查工作自身的迫切性。因为如果你这一次没有调查和研究这幢老房子，很有可能下一次去时，这幢老房子已经荡然无存，从这里彻底消失了。有的可能由于无人居住，在风吹雨打中轰然倒塌，成为废墟；有可能因为主人为了给儿子娶媳妇，拆毁了老屋，修建了“时髦”的新房；有的可能因为主人生活所迫或见钱眼开，将其整体变卖。还有一种情况，在当下似乎更为普遍，就是宅子倒是保留下来了，但华丽的门窗没了，精美的柱础没了，别致的照壁没了……这些构件大多或被文物贩子收走，或被盗贼偷走，流向了文物市场。

就以湘峪村为例。我们2005年调查时，村东北有一石牌坊（属孙居相墓地），非常完整，也非常精美，牌坊前面还散落一些石像生。我们当时拍了很多照片，但由于时间匆忙，未能做测绘。到了2010年，我们筹凑了一些经费，准备去测绘这座牌坊，但当我们到了现场时，发现这座石牌坊已经毁坏，碎石断柱散落于田埂，令我们惋惜不已。据说是盗墓贼盗墓时，将其倾毁。我们2005年调查时，东堡门还基本保持原状，非常质朴，尺度也较小，和整体环境非常协调。但我们后来再去时，原来的老堡门被拆了，新修的门楼取而代之，尺度增加了很多，气势也“大”了很多，但突兀于环境之中，不伦不类。我们2005年调查时，堡前是湍湍小溪，有妇女在溪流前洗衣服，还有几只山羊在漫步，一幅静谧而恬静的乡村景象。而当我们后来再去时，小溪前面修建了巨大的拦河坝，有了开阔的水面。这大概是有些人“见多识广”，从城市里学来的时髦做法，但这破坏了乡村自然美景，破坏了历史环境的真实性。

上述的事，我们无力去阻止。20世纪中叶，梁思成曾极力呼吁北京老城墙的保护，不得用自己的身体去挡住拆除，但还是被拆了。最近几年，北京“梁林（即梁思成和林因）故居”的保护，几经周折，尽管文物部门、建设部门、很多专家、学者、新闻记人大代表等极力呼吁保护，尽管中央电视台、光明日报、新京报也做了很多跟踪报还是被“维修性拆除”了，引起一片哗然，让人唏嘘不已。只要整个民族的保护意根本提高，保护工作就极难有效展开。我们知道自己几斤几两，知道以己之力无下之现状。既然如此，还不如潜下心来，做些调查工作，留下一些宝贵的第一手资料。正是基于这样的认识，我们这几年一个聚落接着一个聚落，急迫而又有条不紊地展开调查工作。

当然，我们调查工作能顺利开展，得感谢很多同志。山西省住房与城乡建设厅厅长李栋梁、副厅长李锦生、总规划师翟顺河等领导对这套丛书给予了高度重视和积极支持；副巡视员张海同志（原村镇处处长）对本套丛书的定位、框架提出了许多宝贵意见和具体指导；村镇处处长于丽萍同志为了保证调查研究工作的顺利开展做了大量的组织和协调工作；在我们现场中，湘峪村的关家荣同志亦做了很多协调工作；我院罗奇老师通阅全书，提了很多很好的修改建议。中国建筑工业出版社为了唤起民众的文化遗产保护意识，也肩担道义，愿意出版这套没有“经济效益”的书。在此，一并表示真诚的谢意！

薛林平
北京交通大学建筑与艺术学院
2013年9月25日